Anyone can use the library.

② Starter
clever
He is clever.

③ Starter
fact
new fact

④ Starter
job
look for a job

⑤ Starter
man
a kind man

⑥ Starter
middle
in the middle of summer

⑦ Starter
sick
sick in bed

⑧ Starter
story
an amazing story

⑨ Starter
strange
a strange dream

⑩ Starter
trouble
get into trouble

⑪ Starter
write
wrote–written
wrote a letter

⑫ Lesson 1
adventure
a story of adventure

⑬ Lesson 1
among
among the people

⑭ Lesson 1
anything
Anything else?

⑮ Lesson 1
article
a newspaper article
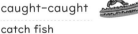

⑯ Lesson 1
away
far away

⑰ Lesson 1
because
Because I like it.

⑱ Lesson 1
catch
caught–caught
catch fish

⑲ Lesson 1
clear
on a clear day

⑳ Lesson 1
come
came–come
came home

㉑ Lesson 1
comfortable
comfortable weather

㉒ Lesson 1
find
found–found
found a coin

音声を聞きながら発音の練習をしよう。

音声アプリの「重要単語チェック」から
音声を聞いて，聞きとり，発音の練習をすることができます。
アプリの使い方は，表紙裏をご覧ください。

① Starter

㈹ だれでも

だれでも図書館を利用できる。

④ Starter

㈷ 仕事

仕事を探す

③ Starter

㈷ 事実

新事実

② Starter

㈢ 頭のいい

彼は賢いです。

⑦ Starter

㈢ 病気の

病気で寝ている

⑥ Starter

㈷㈢ 真ん中（の）

夏のさなかに

⑤ Starter

㈷ 男性

優しい男性

⑩ Starter

㈷ やっかいな事態

トラブルに巻き込まれる

⑨ Starter

㈢ 奇妙な

奇妙な夢

⑧ Starter

㈷ 物語，話

びっくりするような話

⑬ Lesson 1

㈺ ～の間に［で，の］

人々の間で

⑫ Lesson 1

㈷ 冒険

冒険物語

⑪ Starter

㈬ 書く

手紙を書いた

⑯ Lesson 1

㈬ 別の場所へ，（遠くへ）去って

遠く離れて

⑮ Lesson 1

㈷ 記事

新聞記事

⑭ Lesson 1

㈹ 何も，何か

ほかに何か？

⑲ Lesson 1

㈢ 晴れた

晴れた日に

⑱ Lesson 1

㈬ つかまえる

魚をつかまえる

⑰ Lesson 1

㈭ （なぜなら）～だから

わたしはそれが好きだから。

㉒ Lesson 1

㈬ 見つける

硬貨を見つけた

㉑ Lesson 1

㈢ ここちよい

ここちよい天気

⑳ Lesson 1

㈬ 来る

帰宅した

㉓ Lesson 1

happen

What happened?

㉔ Lesson 1

hope

I hope you like peaches.

㉕ Lesson 1

if

if it rains tomorrow

㉖ Lesson 1

important

an important event

㉗ Lesson 1

just

I'm just sad.

㉘ Lesson 1

lend

lent–lent

lend money

㉙ Lesson 1

lonely

feel lonely

㉚ Lesson 1

more

run some more

㉛ Lesson 1

never

never give up

㉜ Lesson 1

once

once lived in Osaka

㉝ Lesson 1

outside

play outside

㉞ Lesson 1

recently

Recently, I got a book.

㉟ Lesson 1

safe

a safe place

㊱ Lesson 1

scared

a scared man

㊲ Lesson 1

shout

Please don't shout.

㊳ Lesson 1

someday

go to India someday

㊴ Lesson 1

surprising

It's surprising.

㊵ Lesson 1

test

take a test

㊶ Lesson 1

useful

a useful dog

㊷ Lesson 1

wonder

I wondered, "What happened?"

㊸ Lesson 1

wonderful

a wonderful sight

㊹ Take Action! Listen 1

back

go back home

㊺ Take Action! Listen 1

borrow

borrow a book

㊻ Take Action! Listen 1

machine

a useful machine

25 Lesson 1	24 Lesson 1	23 Lesson 1
接 もし～ならば	動 希望する，望む	動 起こる，生じる
明日雨が降ったら	桃がお好きだといいですが。	どうしましたか？

28 Lesson 1	27 Lesson 1	26 Lesson 1
動 貸す	副 ただ，ほんの，ちょっと	形 重要な
お金を貸す	ただ悲しいだけだ。	重大な出来事

31 Lesson 1	30 Lesson 1	29 Lesson 1
副 決して～ない	副 もっと（多く）	形 孤独な，ひとりぼっちの
決してあきらめない	もっと走る	孤独に感じる

34 Lesson 1	33 Lesson 1	32 Lesson 1
副 最近	副 外へ ［で］	副 かつて，昔
最近私は本を手に入れた。	外で遊ぶ	かつて大阪に住んでいた

37 Lesson 1	36 Lesson 1	35 Lesson 1
動 叫ぶ	形 おびえた	名 安全な
大声を出さないで。	おびえた男性	安全な場所

40 Lesson 1	39 Lesson 1	38 Lesson 1
名 試験	形 驚くべき，意外な	副 いつか
試験を受ける	それは驚いた。	いつかインドに行く

43 Lesson 1	42 Lesson 1	41 Lesson 1
形 すばらしい	動 ～かしら（と思う）	形 役に立つ，便利な
すばらしい光景	何があったのかしらと思った。	役に立つ犬

46 Take Action! Listen 1	45 Take Action! Listen 1	44 Take Action! Listen 1
名 機械	動 借りる	副 もとのところに
便利な機械	本を借りる	家に帰る

47 Take Action! Listen 1

magazine

a fashion magazine

48 Take Action! Listen 1

pay

paid–paid

pay 1,000 yen

49 Take Action! Talk 1

forest

deep in the forest

50 Take Action! Talk 1

true

a true story

51 Lesson 2

abroad

go abroad

52 Lesson 2

become

became–become

became an adult

53 Lesson 2

better

a better idea

54 Lesson 2

collect

collect stamps

55 Lesson 2

connect

connect two parts

56 Lesson 2

daily

daily life

57 Lesson 2

engineer

work as an engineer

58 Lesson 2

farming

learn about farming

59 Lesson 2

forget

forgot–forgot (ten)

forget a ticket

60 Lesson 2

grow

grew–grown

grow vegetables

61 Lesson 2

happiness

lots of happiness

62 Lesson 2

health

in good health

63 Lesson 2

ideal

an ideal house

64 Lesson 2

improve

improve my car

65 Lesson 2

interest

take an interest in shogi

66 Lesson 2

market

fish market

67 Lesson 2

near

near and far

68 Lesson 2

overseas

go overseas

69 Lesson 2

pass

pass the exam

70 Lesson 2

reason

main reasons

㊾ Take Action! Talk 1	㊽ Take Action! Listen 1	㊼ Take Action! Listen 1
名 森林	動 払う	名 雑誌
森の奥深くに	1,000円を払う	ファッション誌

㊷ Lesson 2	㊶ Lesson 2	㊵ Take Action! Talk 1
動 ～になる	副 外国に [で, へ], 海外に [で, へ]	形 本当の
大人になった	外国へ行く	実話

㊹ Lesson 2	㊸ Lesson 2	㊷ Lesson 2
動 結びつける	動 集める	形 もっとよい
2つの部品をつなぐ	切手を集める	もっとよい考え

㊺ Lesson 2	㊻ Lesson 2	㊼ Lesson 2
名 農業	名 エンジニア, 技師	形 日常の
農業について学ぶ	エンジニアとして働く	日常生活

㊱ Lesson 2	㊰ Lesson 2	㊾ Lesson 2
名 幸福	動 栽培する	動 忘れる
たくさんの幸せ	野菜を育てる	チケットを忘れる

㊽ Lesson 2	㊿ Lesson 2	㊻ Lesson 2
動 改善する	形 理想的な	名 健康
車を改良する	理想的な家	健康で

㊿ Lesson 2	㊻ Lesson 2	㊽ Lesson 2
副 近く	名 市場	名 興味, 関心
至る所に	魚市場	将棋に興味を持つ

㊹ Lesson 2	㊸ Lesson 2	㊻ Lesson 2
名 理由	動 合格する	副 海外へ
主な理由	試験に合格する	海外へ行く

71 Lesson 2

report

a news report

72 Lesson 2

return

return home

73 Lesson 2

sell

sold–sold

sell flowers

74 Lesson 2

something

something warm

75 Lesson 2

soon

soon be back

76 Lesson 2

space

go to space

77 Lesson 2

such

such as family

78 Lesson 2

tourist

a tourist spot

79 Lesson 2

travel

travel to London

80 Lesson 2

visitor

a group of visitors

81 Lesson 2

voice

beautiful voice

82 Lesson 2

way

a good way

83 Lesson 2

without

さよなら…

without a word

84 Project 1

charity

a charity concert

85 Project 1

invent

invent the computer

86 Project 1

tell

told–told

tell a story

87 Project 1

tool

a useful tool

88 Take Action! Listen 2

board

a board game

89 Take Action! Listen 2

novel

read a novel

90 Take Action! Listen 2

toy

a toy robot

91 Take Action! Talk 2

agree

agree with her idea

92 Take Action! Talk 2

along

along the river

93 Take Action! Talk 2

doubt

I'm a king.

have doubt

94 Take Action! Talk 2

idea

a good idea

73 Lesson 2	72 Lesson 2	71 Lesson 2
動 売る	動 返す，帰る	名 報告
花を売る	家に帰る	報道

76 Lesson 2	75 Lesson 2	74 Lesson 2
名 宇宙	副 すぐに	代 何か，あるもの
宇宙へ行く	すぐに戻る	何か温かいもの

79 Lesson 2	78 Lesson 2	77 Lesson 2
動 旅行する	名 旅行者，観光客	形 そのような
ロンドンに旅行する	観光地	家族のような

82 Lesson 2	81 Lesson 2	80 Lesson 2
名 方法，やり方	名 声	名 訪問者，観光客
良い方法	美しい声	観光客の一団

85 Project 1	84 Project 1	83 Lesson 2
動 発明する	名 慈善	前 ～なしで
コンピューターを発明する	チャリティーコンサート	無言で

88 Take Action! Listen 2	87 Project 1	86 Project 1
名 板，台	名 道具	動 話す，言う
ボードゲーム	便利な道具	話をする

91 Take Action! Talk 2	90 Take Action! Listen 2	89 Take Action! Listen 2
動 賛成する	名 おもちゃ	名 小説
彼女の考えに賛成する	おもちゃのロボット	小説を読む

94 Take Action! Talk 2	93 Take Action! Talk 2	92 Take Action! Talk 2
名 考え	名 疑い，疑念	前 ～に沿って
よい考え	疑いを持つ	川に沿って

95 Word Bank

impossible

It's impossible.

96 Word Bank

necessary

necessary information

97 Word Bank

possible

try everything possible

98 Lesson 3

air

fresh air

99 Lesson 3

build

built–built

build a house

100 Lesson 3

electricity

use electricity

101 Lesson 3

else

Anything else?

102 Lesson 3

enough

enough food

103 Lesson 3

excellent

an excellent student

104 Lesson 3

finally

Finally, he came.

105 Lesson 3

gather

people gather

106 Lesson 3

hear

heard–heard

heard a surprising news

107 Lesson 3

hike

enjoy hiking

108 Lesson 3

however

It looks like "I". However, it's "I".

109 Lesson 3

including

five including pets

110 Lesson 3

large

large size

111 Lesson 3

material

building materials

112 Lesson 3

natural

natural disaster

113 Lesson 3

point

the points of his speech

114 Lesson 3

provide

provide people with food

115 Lesson 3

round

a round table

116 Lesson 3

sign

road signs

117 Lesson 3

simple

a simple breakfast

118 Lesson 3

solution

find a good solution

㊀ 可能な，実行できる

できるだけのことをする

㊀ 必要な

必要な情報

㊀ 不可能な

不可能だ。

---

100 Lesson 3

㊂ 電気

電気を使う

99 Lesson 3

㊐ 建てる，造る

家を建てる

98 Lesson 3

㊂ 空気

新鮮な空気

---

103 Lesson 3

㊀ 優れた

優れた生徒

102 Lesson 3

㊀ 十分な

十分な食べ物

101 Lesson 3

㊄ ほかに

ほかに何か？

---

106 Lesson 3

㊐ 耳にする

驚くべきニュースを耳にした

105 Lesson 3

㊐ 集まる

人が集まる

104 Lesson 3

㊄ ついに，最後に

ついに彼は来た。

---

109 Lesson 3

㊑ ～を含めて

ペットを含めて5名

108 Lesson 3

㊋ しかしながら

「エル」のように見えるが「アイ」だ。

107 Lesson 3

㊐ ハイキングをする

ハイキングを楽しむ

---

112 Lesson 3

㊀ 自然の

天災

111 Lesson 3

㊂ 材料

建築材料

110 Lesson 3

㊀ 大きい

大きいサイズ

---

115 Lesson 3

㊀ 丸い

丸いテーブル

114 Lesson 3

㊐ 供給する

人々に食べ物を供給する

113 Lesson 3

㊂ 要点

彼のスピーチの要点

---

118 Lesson 3

㊂ 解決（策）

よい解決策を見つける

117 Lesson 3

㊀ 簡単な

簡単な朝食

116 Lesson 3

㊂ 標識，看板

道路標識

119 Lesson 3

tiny

a tiny cat

120 Lesson 3

unique

a unique painting

121 Lesson 3

wood

in the woods

122 GET Plus 3

must

I must go.

123 GET Plus 3

rule

against the rule

124 Word Bank

double

ride double

125 Word Bank

traffic

a traffic light

126 Lesson 4

act

act for the world

127 Lesson 4

actually

Actually, it's a large rock.

128 Lesson 4

area

the Kanto area

129 Lesson 4

attract

The show attracted children.

130 Lesson 4

aunt

visit my aunt

131 Lesson 4

before

before you go to school

132 Lesson 4

coat

wear a coat

133 Lesson 4

confused

I'm confused.

134 Lesson 4

crane

a paper crane.

135 Lesson 4

everything

Everything is going well.

136 Lesson 4

glad

glad to see you

137 Lesson 4

hurt

hurt-hurt

hurt my leg

138 Lesson 4

instead

drink tea instead of coffee

139 Lesson 4

law

under the law

140 Lesson 4

native

native people

141 Lesson 4

plant

grow a plant

142 Lesson 4

protect

protect your head

⑫ Lesson 3	⑫ Lesson 3	⑪ Lesson 3
名 小さな森	形 独特な	形 とても小さい
小さな森で	独特な絵	とても小さいネコ

⑫ Word Bank	⑫ GET Plus 3	⑫ GET Plus 3
副 2人で，2倍に	名 規則，ルール	助 ～しなければならない
2人で乗る	規則に逆らって	私は行かなければならない。

⑫ Lesson 4	⑫ Lesson 4	⑫ Word Bank
副 実は	動 行動する	名 交通
実は大きな岩です。	世界のために行動する	信号

⑬ Lesson 4	⑫ Lesson 4	⑫ Lesson 4
名 おば	動 引きつける	名 地域，地方
おばを訪ねる	ショーは子どもたちを引きつけた。	関東地方

⑬ Lesson 4	⑬ Lesson 4	⑬ Lesson 4
形 困惑した	名 コート	接 ～する前に
私は困惑している。	コートを着ている	学校へ行く前に

⑬ Lesson 4	⑬ Lesson 4	⑬ Lesson 4
形 うれしい	代 すべてのこと［もの］	名 ツル
あなたに会えてうれしい	すべてうまくいっている。	折りヅル

⑬ Lesson 4	⑬ Lesson 4	⑬ Lesson 4
名 法律	副 （その）代わりに	動 傷つける
法律の下で	コーヒーの代わりに紅茶を飲む	足を傷つける

⑭ Lesson 4	⑭ Lesson 4	⑭ Lesson 4
動 保護する，守る	名 植物	形 その土地に生まれた
頭部を保護する	植物を育てる	原住民

143 Lesson 4

site

World Heritage Site

144 Lesson 4

skill

computer skills

145 Lesson 4

society

Western society

146 Lesson 4

spend

spent-spent

spend time with my friends

147 Lesson 4

sunset

a beautiful sunset

148 Lesson 4

tradition

Japanese tradition

149 Take Action! Listen 3

gate

a school gate

150 Take Action! Listen 3

passenger

a passenger train

151 Take Action! Talk 3

accident

a serious accident

152 Take Action! Talk 3

boat

ride a boat

153 GET Plus 4

note

make a note

154 Word Bank

feeling

express feelings

155 Word Bank

finish

finish my homework

156 Word Bank

guest

a dinner guest

157 Word Bank

raise

raise my hand

158 Word Bank

uniform

wear a uniform

159 READING FOR FUN 1

a few

a few hours

160 READING FOR FUN 1

awful

awful weather

161 READING FOR FUN 1

believe

I believe you.

162 READING FOR FUN 1

break

broke-broken

broke a window

163 READING FOR FUN 1

empty

an empty box

164 READING FOR FUN 1

kid

I'm just kidding.

165 READING FOR FUN 1

ring

rang-rung

The phone is ringing.

166 READING FOR FUN 1

Shall I ~ ?

Shall I go with you?

145 Lesson 4	144 Lesson 4	143 Lesson 4
名 社会	名 技術，技能	名 場所
西洋社会	コンピューターの技能	世界遺産

148 Lesson 4	147 Lesson 4	146 Lesson 4
名 伝統	名 日没	動 （時間を）過ごす
日本の伝統	美しい日没	友人と時間を過ごす

151 Take Action! Talk 3	150 Take Action! Listen 3	149 Take Action! Listen 3
名 事故	名 乗客	名 搭乗口，門
重大な事故	旅客列車	学校の門

154 Word Bank	153 GET Plus 4	152 Take Action! Talk 3
名 気持ち	名 メモ，覚書き	名 ボート
気持ちを表現する	メモをとる	ボートに乗る

157 Word Bank	156 Word Bank	155 Word Bank
動 上げる	名 客	動 終わらせる
手をあげる	夕食の招待客	宿題を終わらせる

160 READING FOR FUN 1	159 READING FOR FUN 1	158 Word Bank
形 とても悪い	形 少しの	名 制服
とても悪い天気	数時間	制服を着る

163 READING FOR FUN 1	162 READING FOR FUN 1	161 READING FOR FUN 1
形 からの	動 壊す，割る	動 信じる
からの箱	窓ガラスを割った	あなたを信じる。

166 READING FOR FUN 1	165 READING FOR FUN 1	164 READING FOR FUN 1
動 ～しましょうか。	動 鳴る	動 冗談を言う
ご一緒しましょうか。	電話が鳴っている。	冗談だよ。

shut

shut–shut

shut the door

smell

It smells good.

stuff

a sweet stuff

worry

worry about a test

choice

have some choices

choose

chose–chosen

chose a present

colorful

a colorful painting

compare

compare the sizes

country

a beautiful country

couple

a couple of students

cultural

cultural exchange

daughter

two daughters

deep

the deep sea

expensive

an expensive bag

file

attach a file

foreign

a foreign language

forward

look forward to seeing you

half

the first half

heavy

a heavy bag

island

a small island

keep

kept–kept

keep warm

list

high on the list

member

rugby club members

most

the most popular singer

169 READING FOR FUN 1	168 READING FOR FUN 1	167 READING FOR FUN 1
名 もの	動 (〜の) においがする	動 閉める
甘いもの	いいにおいがする。	ドアを閉める
172 Lesson 5	171 Lesson 5	170 READING FOR FUN 1
動 選ぶ	名 選択	動 心配する
プレゼントを選んだ	選択肢がいくつかある	試験の心配をする
175 Lesson 5	174 Lesson 5	173 Lesson 5
名 国	動 比べる，比較する	形 色彩に富んだ
美しい国	大きさを比べる	色彩に富んだ絵
178 Lesson 5	177 Lesson 5	176 Lesson 5
名 娘	形 文化の	名 (同じ種類の) 2 (, 3) つ
2人の娘	文化交流	2人の生徒
181 Lesson 5	180 Lesson 5	179 Lesson 5
名 ファイル	形 高価な，高い	形 深い
ファイルを添付する	高価なバッグ	深海
184 Lesson 5	183 Lesson 5	182 Lesson 5
名 半分	副 先に，前に	形 外国の
前半	あなたと会うことを楽しみにする	外国語
187 Lesson 5	186 Lesson 5	185 Lesson 5
動 保つ，続ける	名 島	形 重い
あたたくする	小さい島	重いかばん
190 Lesson 5	189 Lesson 5	188 Lesson 5
副 最も，いちばん	名 会員，メンバー	名 一覧表，リスト
最も人気のある歌手	ラグビー部員	リストの上位に

191 Lesson 5

north

the north wind

192 Lesson 5

offer

offer information

193 Lesson 5

opportunity

a great opportunity

194 Lesson 5

organize

organize a team

195 Lesson 5

prefecture

Ehime prefecture

196 Lesson 5

quite

quite popular

197 Lesson 5

relax

relax in my room

198 Lesson 5

south

South America

199 Lesson 5

than

taller than this building

200 Lesson 5

young

a young woman

201 Lesson 5

yourself

by yourself

202 Project 2

result

a result of a game

203 Project 2

survey

do a survey

204 Lesson 6

active

an active child

205 Lesson 6

coach

a tennis coach

206 Lesson 6

east

East Asia

207 Lesson 6

gift

give a gift

208 Lesson 6

humid

It's hot and humid.

209 Lesson 6

lead

a lead role

210 Lesson 6

leader

the leader of a club

211 Lesson 6

leaf

Leaves fall.

212 Lesson 6

manager

a baseball manager

213 Lesson 6

meal

a meal at a restaurant

214 Lesson 6

medicine

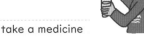

take a medicine

193 Lesson 5	192 Lesson 5	191 Lesson 5
名 機会	動 提供する	名 形 北（の）
すばらしい機会	情報を提供する	北風

196 Lesson 5	195 Lesson 5	194 Lesson 5
副 とても，ほんとうに	名 県	動 組織する
とても人気がある	愛媛県	チームを組織する

199 Lesson 5	198 Lesson 5	197 Lesson 5
接 〜よりも	名 形 南（の）	動 くつろぐ
この建物よりも高い	南アメリカ	部屋でくつろぐ

202 Project 2	201 Lesson 5	200 Lesson 5
名 結果	代 あなた自身を［に，で］	形 若い
試合の結果	あなたひとりで	若い女性

205 Lesson 6	204 Lesson 6	203 Project 2
名 コーチ	形 活発な，行動的な	名 調査
テニスコーチ	活発な子供	調査する

208 Lesson 6	207 Lesson 6	206 Lesson 6
形 湿気の多い	名 贈り物	名 形 東（の）
蒸し暑い	贈り物を渡す	東アジア

211 Lesson 6	210 Lesson 6	209 Lesson 6
名 葉	名 指導者	形 主要な
葉が落ちる	クラブのリーダー	主役

214 Lesson 6	213 Lesson 6	212 Lesson 6
名 薬	名 食事	名 監督，管理する人
薬を飲む	レストランでの食事	野球監督

215 Lesson 6
nearly

It's nearly two.

216 Lesson 6
plenty

plenty of money

217 Lesson 6
prepare

prepare for a trip

218 Lesson 6
ready

get breakfast ready

219 Lesson 6
rich

rich in fruit

220 Lesson 6
since

since 2010

221 Lesson 6
stress

release my stress

222 Lesson 6
towel

soft towel

223 Lesson 6
type

all types of cars

224 Lesson 6
wrap

wrap a present

225 Take Action! Listen 5
centimeter

twelve centimeters

226 Take Action! Listen 5
meter

ten meters tall

227 Take Action! Listen 5
staff

a store staff

228 Take Action! Talk 5
appreciate

I appreciate it.

229 Take Action! Talk 5
matter

What's the matter with you?

230 Take Action! Talk 5
pocket

an inside pocket

231 Take Action! Talk 5
train

take a train

232 Word Bank
copy

a copy machine

233 Lesson 7
afraid

be afraid of dogs

234 Lesson 7
arrive

arrive at school

235 Lesson 7
begin
began-begun

begin to rain

236 Lesson 7
common

in common

237 Lesson 7
continue

continue a trip

238 Lesson 7
conversation

conversation in English

217 Lesson 6	216 Lesson 6	215 Lesson 6
動 準備する	名 たくさん	副 ほとんど，ほぼ
旅行の準備をする	たくさんのお金	もう少しで2時です。

220 Lesson 6	219 Lesson 6	218 Lesson 6
前 ～以来（ずっと） 接 ～して以来	形 豊かな	形 用意ができて
2010年以来	果物が豊富である	朝食の用意をする

223 Lesson 6	222 Lesson 6	221 Lesson 6
名 種類，型，タイプ	名 タオル	名 ストレス
あらゆる種類の自動車	やわらかいタオル	ストレスを発散する

226 Take Action! Listen 5	225 Take Action! Listen 5	224 Lesson 6
名 メートル	名 センチメートル	動 包む
高さ10m	12センチメートル	プレゼントを包装する

229 Take Action! Talk 5	228 Take Action! Talk 5	227 Take Action! Listen 5
名 [the をつけて] 困った事	動 感謝する	名 職員
いったいどうしたの。	感謝します。	店員

232 Word Bank	231 Take Action! Talk 5	230 Take Action! Talk 5
名 コピー，複製	名 列車，電車	名 ポケット
コピー機	電車に乗る	内ポケット

235 Lesson 7	234 Lesson 7	233 Lesson 7
動 始める	動 到着する	形 こわがって
雨が降り始める	学校に着く	イヌをこわがる

238 Lesson 7	237 Lesson 7	236 Lesson 7
名 会話	動 続ける	形 共通の
英会話	旅を続ける	共通して

239 Lesson 7
custom

an old custom

240 Lesson 7
difference

difference between spring and fall

241 Lesson 7
difficulty

face a difficulty

242 Lesson 7
ever

Have you ever been to France?

243 Lesson 7
explain

explain an idea

244 Lesson 7
front

the front row

245 Lesson 7
hall

a city hall

246 Lesson 7
humor

a sense of humor

247 Lesson 7
joke

tell a joke

248 Lesson 7
laugh

laugh at the drama

249 Lesson 7
lucky

lucky numbers

250 Lesson 7
manners

bad manners

251 Lesson 7
only

only once

252 Lesson 7
opinion

a general opinion

253 Lesson 7
peaceful

a peaceful world

254 Lesson 7
pleasure

My pleasure.

255 Lesson 7
represent

represent Japanese culture

256 Lesson 7
sense

have a good sense

257 Lesson 7
single

a single tree

258 Lesson 7
someone

someone at the window

259 Lesson 7
spread
spread-spread

spread information

260 Lesson 7
twice

twice a week

261 Lesson 7
wear
wore-worn

have worn a kimono

262 Lesson 7
yet

haven't had lunch yet

图 難しさ，困難

困難に直面する

图 違い

春と秋の違い

图 習慣

古い慣習

图形 前（の）

最前列

動 説明する

アイデアを説明する

副 [疑問文] 今までに

今までにフランスに行ったことがありますか。

图 冗談

冗談を言う

图 ユーモア，おかしさ

ユーモア感覚

图 会館

市役所

图 作法，行儀

行儀が悪い

形 幸運な

ラッキーナンバー

動 笑う

ドラマを見て笑う

形 平和な，おだやかな

平和な世界

图 意見

一般的な意見

副 たった，ほんの

たった1回

图 感覚，わかる心

センスが良い

動 表す，意味する

日本文化を表す

图 喜び

どういたしまして。

動 広める

情報を拡散する

代 だれか

窓際にいるだれか

形 たった1つの

たった1本の木

副 [疑問文で] もう，[否定文で] まだ

まだ昼食を食べていない

動 〜を着る

着物を着た

副 2回，2度，2倍

週に2回

both

both of us

connection

a close connection

quality

high quality

should

should go to the hospital

might

might be better

decrease

The number decreases.

host

host a party

international

an international conference

past

past 10 years

poor

a poor person

product

new products

several

several months

used to

used to live in Osaka

add

add sugar

alone

travel alone

either

I don't like tomatoes,either.

exactly

That's exactly right.

nothing

have nothing to eat

notice

notice the change

order

order him to stand up

planet

a beautiful planet

quick

quick in action

simply

That was simply good luck.

somebody

Is somebody there?

㉖㉕ Take Action! Listen 6	㉖㉔ Take Action! Listen 6	㉖㉓ Take Action! Listen 6
⑧ 品質	⑧ 関係，つながり	⑪ 両方
高品質	密接な関係	私たち2人とも

㉖㉘ Project 3	㉖㉗ Take Action! Talk 6	㉖㉖ Take Action! Listen 6
⑩ 減る	⑪ ～かもしれない	⑪ ～すべきである
数が減る。	よくなるかもしれない	病院に行くべきである

㉗① Project 3	㉗⓪ Project 3	㉖㉙ Project 3
⑰ ここ～	⑰ 国際的な	⑩ （会などを）主催する
ここ10年	国際会議	パーティーを主催する

㉗④ Project 3	㉗③ Project 3	㉗② Project 3
⑰ いくつかの	⑧ 製品	⑰ 貧乏な
数ヶ月	新製品	貧しい人

㉗⑦ READING FOR FUN 2	㉗⑥ READING FOR FUN 2	㉗⑤ Project 3
⑪ ひとりで	⑩ 加える	⑪ 以前は～であった
ひとりで旅行する	砂糖を加える	以前は大阪に住んでいた

㉘⓪ READING FOR FUN 2	㉗⑨ READING FOR FUN 2	㉗⑧ READING FOR FUN 2
⑪ 何も～ない	⑪ （答えに従って）そのとおりです	⑪ ～もまた
何も食べるものがない	そのとおりです。	私もトマトが好きではありません。

㉘③ READING FOR FUN 2	㉘② READING FOR FUN 2	㉘① READING FOR FUN 2
⑧ 惑星	⑩ 命じる，言いつける ⑧ 命令	⑩ 気がつく
美しい惑星	起立するように彼に命じる	変化に気づく

㉘⑥ READING FOR FUN 2	㉘⑤ READING FOR FUN 2	㉘④ READING FOR FUN 2
⑪ だれか	⑪ ただ単に	⑰ 速く
だれかいるの？	ただ単に運が良かった。	行動が速い

目次

■ 成績アップのための学習メソッド　▶ 2 ～ 5

■ 学習内容

自分にあった学習法を
見つけよう!

成績アップのための学習メソッド

ぴたトレ1
要点チェック

教科書の基礎内容についての理解を深め，基礎学力を定着させます。

- 教科書で扱われている文法事項の解説をしています。
- 新出単語を和訳・英訳ともに掲載しています。
- 重要文をもとにした基礎的な問題を解けます。

問題を解くペース

英語は問題を解く時間が足りなくなりやすい教科。普段の学習から解く時間を常に意識しよう!

「ナルホド!」で
文法を復習

最初に取り組むときは
必ず読もう!

Words & Phrases

単語や熟語のチェック
をしよう。
ここに載っている単語
は必ず押さえよう!

注目!

⚠ミスに注意

テストによく出る!

テストで狙われやすい，
ミスしやすい箇所が
一目でわかるよ!

学習メソッド

STEP0 学校の授業を受ける

STEP1 ぴたトレ1を解く
ナルホド!も読んで，基礎をおさらいしよう。

STEP2 解答解説で丸付け
間違えた問題にはチェックをつけて，
何度もやり直そう。

STEP3 別冊mini bookで確認
単語や基本文を
繰り返し読んで覚えよう。

STEP4 得点UPポイントを確認
「注目!」「ミスに注意!」「テストによく出る!」を確認してから，
ぴたトレ2に進もう。

時間のないときは「ナルホド」
を読んでから，「注目!」「ミスに
注意!」「テストによく出る!」を
確認しよう!これだけで最低
限のポイントが抑えられるよ!

リー子

ぴたトレ2

練習

より実践的な内容に取り組みます。
また, 専用アプリを使ってスピーキングの練習をします。

- 教科書の文章を読み, 内容をしっかり把握します。
- スピーキング問題を解いて, 答え合わせをし, 文章と解答を音声アプリに吹き込みます。
  (アプリは「おんトレ」で検索し, インストールしてご利用ください。ご利用に必要なコードはカバーの折り返しにあります)

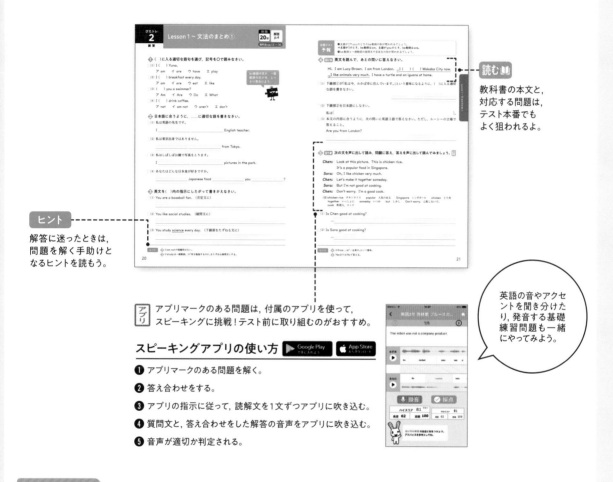

ヒント

解答に迷ったときは, 問題を解く手助けとなるヒントを読もう。

読む

教科書の本文と, 対応する問題は, テスト本番でもよく狙われるよ。

英語の音やアクセントを聞き分けたり, 発音する基礎練習問題も一緒にやってみよう。

> アプリマークのある問題は, 付属のアプリを使って, スピーキングに挑戦！テスト前に取り組むのがおすすめ。

スピーキングアプリの使い方　▶ Google Play　 App Store

❶ アプリマークのある問題を解く。

❷ 答え合わせをする。

❸ アプリの指示に従って, 読解文を1文ずつアプリに吹き込む。

❹ 質問文と, 答え合わせをした解答の音声をアプリに吹き込む。

❺ 音声が適切か判定される。

学習メソッド

STEP1 ぴたトレ2を解く

STEP2 解答・解説を見て答え合わせをする

STEP3 アプリを使って, スピーキング問題を解く

わからない単語や知らない単語があるときはお手本を聞いてまねしてみよう!

ター坊

成績アップのための 学習メソッド

テストで出題されやすい文法事項，教科書の内容をさらに深める
オリジナルの読解問題を掲載しています。

- 学習した文法や単語の入ったオリジナルの文章を載せています。
  初めて読む文章に対応することで，テスト本番に強くなります。

- 「よく出る」「差がつく」「点UP」で，重要問題が一目でわかります。

**発音問題も
チェック！**

発音・アクセント
問題も掲載！
何度も声に出し
て読んで発音を
意識しよう。

**オリジナル長文に
挑戦！**

ぴたトレ1や2で学習
した文法を基にした
長文が出題されるよ。
初めて見る文章にも
強くなろう。

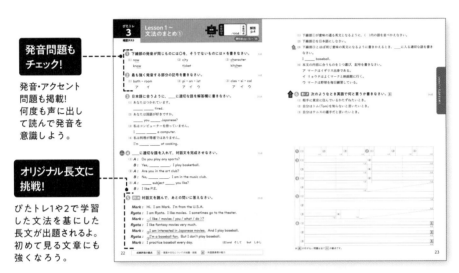

4技能マークに注目！

4技能に対応！
このマークがついている
問題は要チェック！

※「聞く」問題は，巻末のリ
スニングに掲載していま
す。

繰り返し練習しよう！

ポイントとなる問題は繰り
返し練習して，テストでも
解けるようにしよう！

学習メソッド

STEP1 ぴたトレ3を解く
テスト本番3日前になったら時間を計って解いてみよう。

STEP2 解答解説を読む
英作文には採点ポイントが示されているよ。
できなかった部分をもう一度見直そう。

STEP3 定期テスト予想問題を解く
巻末にあるテスト対策問題を解いて最後のおさらいをしよう。

STEP4 出題傾向を読んで，苦手な箇所をおさらいしよう
定期テスト予想問題の解答解説には出題傾向が載っているよ。
テストでねらわれやすい箇所をもう一度チェックしよう。

ぴたトレ3には
「観点別評価」
も示されてるよ！
これなら内申点
も意識できるね！

ピー助

定期テスト予想問題

定期テスト直前に解くことを意識した，全5回の実力テスト問題です。

● 長文問題を解くことを通して，解答にかかる時間のペースを意識しましょう。

観点別評価

本書では，

「言語や文化についての知識・技能」
「外国語表現の能力」

の2つの観点を取り上げ，成績に結び付くようにしています。

リスニング

文法ごとにその学年で扱われやすいリスニング問題を掲載しています。どこでも聞けるアプリに対応！

● リスニング問題はくりかえし聞いて，耳に慣れるようにしておきましょう。

※一部標準的な問題を出題している箇所があります（教科書非準拠）。
※リスニングには「ポケットリスニング」のアプリが必要です。
（使い方は表紙の裏をご確認ください。）

英作文

やや難易度の高い英作文や，表やグラフなどを見て必要な情報を英文で説明する問題を掲載しています。

● 学年末や，入試前の対策にぴったりです。

● 難しいと感じる場合は，解答解説の 英作力UP↗ を読んでから挑戦してみましょう。

［ ぴたトレが支持される**3**つの理由!! ］

1
35年以上続く超ロングセラー商品

昭和59年の発刊以降，教科書改訂にあわせて教材の質を高め，多くの中学生に使用されてきた実績があります。

2
教科書会社が制作する唯一の教科書準拠問題集

教科書会社の編集部が問題集を作成しているので，授業の進度にあわせた予習・復習にもぴったり対応しています。

3
日常学習〜定期テスト対策まで完全サポート

部活などで忙しくても効率的に取り組むことで，テストの点数はもちろん，成績・内申点アップも期待できます。

Lesson 1
Fun with Books (Starter)

| 教科書の重要ポイント | 一般動詞の過去形 | 教科書 pp.6〜7 |

Sir Arthur Conan Doyle <u>wrote</u> the *Sherlock Holmes* stories.

〔アーサー・コナン・ドイル卿は，シャーロック・ホームズの話を書きました。〕

過去の文のとき，動詞は過去形にする。

不規則動詞の過去形：不規則に変化する。

現在の文　Sir Arthur Conan Doyle <u>writes</u> the *Sherlock Holmes* stories.
└→現在形(主語が3人称単数なので，write→writes)

〔アーサー・コナン・ドイル卿は，シャーロック・ホームズの話を書きます。〕

過去の文　Sir Arthur Conan Doyle <u>wrote</u> the *Sherlock Holmes* stories.
└→過去形(writeは不規則動詞)

〔アーサー・コナン・ドイル卿は，シャーロック・ホームズの話を書きました。〕

1年生で習った不規則動詞の過去形の例

原形	過去形	原形	過去形	原形	過去形
go	went	see	saw	eat	ate
buy	bought	have	had	do	did
take	took	leave	left	feel	felt
fall	fell	say	said	make	made
swim	swam	teach	taught	shoot	shot
draw	drew	get	got	lose	lost
win	won	give	gave	run	ran
hit	hit				

不規則動詞の過去形は1つずつ確実に覚えていこう。

ナルホド！

Words & Phrases　次の英語は日本語に，日本語は英語にしなさい。

□(1) origin　（　　　　　　　　　）

□(2) detective　（　　　　　　　　　）

□(3) anyone　（　　　　　　　　　）

□(4) job　（　　　　　　　　　）

□(5) in fact　（　　　　　　　　　）

□(6) get into ...　（　　　　　　　　　）

□(7) 心配(事)；やっかいな事態　＿＿＿＿＿＿＿＿

□(8) 物語，話　＿＿＿＿＿＿＿＿

□(9) 病気の，病気で　＿＿＿＿＿＿＿＿

□(10) 真ん中(の)　＿＿＿＿＿＿＿＿

□(11) manの複数形　＿＿＿＿＿＿＿＿

□(12) writeの過去形　＿＿＿＿＿＿＿＿

1 日本語に合うように, （ ）内から適切な語を選び, 記号を○で囲みなさい。

⚠ミスに注意

1 (4)fall（原形）→fell（過去形）のようにつづりが似ている語に注意しよう。

☐(1) 私はきのう駅でカナに会いました。

I（ ア see イ saw ）Kana at the station yesterday.

☐(2) 私の兄は辞書を買いました。

My brother（ ア buys イ bought ）a dictionary.

☐(3) 彼女は8時に家を出ました。

She（ ア left イ leaves ）home at eight.

☐(4) 鉛筆が床に落ちました。

A pencil（ ア fell イ fall ）on the floor.

2 例にならい, 絵に合うように「私は先週…しました」という文を完成させなさい。

テストによく出る!

過去を表す語句

2 last week「先週」のように, 過去を表す語句は現在の文か過去の文かを判断するのに必要なので, しっかり覚えておく。

例 I taught English last week.

☐(1) I ＿＿＿＿＿＿＿＿＿ in the sea last week.

☐(2) I ＿＿＿＿＿＿＿＿＿ my umbrella last week.

3 日本語に合うように, （ ）内の語句を並べかえなさい。

注目!

with ...

3 (4)with ...で体の特徴を表すことができる。
例with blue eyes
（青い目をした）

☐(1) その男の子たちはやっかいな事態になりました。

(got into / the boys / trouble).

＿＿＿＿＿＿＿＿＿＿＿＿＿＿＿＿＿＿＿＿＿＿＿＿＿.

☐(2) だれでもこのコンピューターを使うことができます。

(use / anyone / can) this computer.

＿＿＿＿＿＿＿＿＿＿＿＿＿＿＿＿＿＿＿ this computer.

☐(3) 実は, 私の弟がこの絵をかきました。

(my brother / fact / drew / in / ,) this picture.

＿＿＿＿＿＿＿＿＿＿＿＿＿＿＿＿＿＿＿ this picture.

☐(4) 私はきのう, 髪の毛の短い女の子と会いました。

(met / I / a girl / short hair / with) yesterday.

＿＿＿＿＿＿＿＿＿＿＿＿＿＿＿＿＿＿＿ yesterday.

ぴたトレ 1
要点チェック

Lesson 1
Fun with Books (GET Part 1)

時間 **15分**
解答 p.1

〈新出語・熟語 別冊p.7〉

教科書の重要ポイント **接続詞（when, if）** 教科書 pp.8～9

When my mother came home, I was watching TV.
〔母が家に帰ってきたとき，私はテレビを見ていました。〕

If it is clear, we will play baseball. 〔もし天気がよければ，私たちは野球をします。〕

文と文，語句と語句をつなぐ語を接続詞と言う。

「…（する）とき」「…（した）とき」＝〈when＋主語＋動詞 ...〉【時について説明を加える】

whenの文 When my mother came home, I was watching TV.

時についての説明 ｜ 文の中心となる内容
└〈when＋主語＋動詞 ...〉が文の前半にくるときは，コンマ(,)が必要

〔母が家に帰ってきたとき，私はテレビを見ていました。〕

※〈when＋主語＋動詞 ...〉は文の後半に置くこともできる。このとき，コンマ(,)は不要。

I was watching TV when my mother came home.

文の中心となる内容 ｜ 時についての説明

「もし…ならば」＝〈if＋主語＋動詞 ...〉【条件や仮定を加える】

ifの文 If it is clear, we will play baseball. 〔もし天気がよければ，私たちは野球をします。〕

条件 ｜ 文の中心となる内容
└〈if＋主語＋動詞 ...〉が文の前半にくるときは，コンマ(,)が必要

※〈if＋主語＋動詞 ...〉は文の後半に置くこともできる。このとき，コンマ(,)は不要。

We will play baseball if it is clear.

文の中心となる内容 ｜ 条件

> 時や条件を表す部分〈when[if]＋主語＋動詞 ...〉の動詞は，未来のことを表すときでも現在形で表すよ。

ナルホド！

Words & Phrases 次の英語は日本語に，日本語は英語にしなさい。

□(1) recently （　　　　　　　　　）　　□(5) 貸す，貸し出す ＿＿＿＿＿＿＿＿

□(2) frustrated （　　　　　　　　　）　　□(6) 不安で，心配して ＿＿＿＿＿＿＿＿

□(3) scared （　　　　　　　　　）　　□(7) speakの過去形 ＿＿＿＿＿＿＿＿

□(4) do well （　　　　　　　　　）　　□(8) readの過去形 ＿＿＿＿＿＿＿＿

1 日本語に合うように，（ ）内から適切な語を選び，記号を
〇で囲みなさい。

☐(1) 私の父は学生のとき，サッカーのファンでした。
　　（ ア When　イ If ）my father was a student, he was a
　　soccer fan.

☐(2) あした晴れたら，ピクニックに行きましょう。
　　If it（ ア will be　イ is ）sunny tomorrow, let's go on a picnic.

☐(3) 私が彼を訪ねたとき，彼は宿題をしていました。
　　He was doing his homework（ ア when　イ if ）I visited him.

☐(4) もしあなたが忙しいなら，手伝いますよ。
　　I will help you（ ア when　イ if ）you are busy.

2 例にならい，絵に合うように「もし…ならば，～」という文
を完成させなさい。

例 have time　(1) be sick　(2) rain

例 **If I have time, I will read a book.**

☐(1) ＿＿＿＿＿＿ you ＿＿＿＿＿＿ sick now, go to the
　　hospital.

☐(2) We will stay at home ＿＿＿＿＿＿ it ＿＿＿＿＿＿ next
　　Sunday.

3 日本語に合うように，（ ）内の語句を並べかえなさい。

☐(1) 最近，私はブラウン先生と話しました。
　　（ I / recently, / with / talked ）Ms. Brown.
　　＿＿＿＿＿＿＿＿＿＿＿＿＿＿＿＿＿＿ Ms. Brown.

☐(2) テストでうまくいくと，私はうれしいです。
　　（ I / when / do well / on a test / , ）I'm happy.
　　＿＿＿＿＿＿＿＿＿＿＿＿＿＿＿＿＿＿ I'm happy.

☐(3) 私が家を出たとき，雨は降っていませんでした。
　　It（ raining / home / when / I / wasn't / left ）.
　　It ＿＿＿＿＿＿＿＿＿＿＿＿＿＿＿＿＿＿.

☐(4) 私はあなたにこの本を貸しますよ。
　　（ lend / I'll / you / this book / to ）.
　　＿＿＿＿＿＿＿＿＿＿＿＿＿＿＿＿＿＿.

ぴたトレ
1
要点チェック

Lesson 1
Fun with Books (GET Part 2)

時間 **15分**

解答 p.1

〈新出語・熟語 別冊p.7〉

教科書の重要ポイント | **接続詞（that）**

教科書 pp.10〜11

I think (that) the book is interesting. 〔その本はおもしろいと思います。〕

「…ということ」＝〈that＋主語＋動詞 …〉

| ふつうの文 | | The book is interesting. 〔その本はおもしろいです。〕 |

| that の文 | I think (that) the book is interesting. 〔その本はおもしろいと思います。〕

主語　　動詞

↳ 接続詞のthatは省略することができる

※ that the book is interesting は，動詞 think の目的語になっている。

I think (that) the book is interesting.

動詞thinkの目的語

※ think 以外にも，〈(that＋)主語＋動詞 …〉「…ということ」を目的語にとる動詞がある。

〈動詞＋(that＋)主語＋動詞 …〉で使われる動詞の例

hope「望む」

My parents hope (that) I will be a singer. 〔私の両親は私が歌手になることを望んでいます。〕

show「示す」

This book shows (that) health is important. 〔この本は健康が大切だということを示しています。〕

know「知っている」

I know (that) Eri can play the piano. 〔私はエリがピアノを演奏できるということを知っています。〕

ナルホド！

Words & Phrases 次の英語は日本語に，日本語は英語にしなさい。

☐(1) adventure （　　　　　　　）　　☐(7) 役に立つ，便利な ＿＿＿＿＿＿

☐(2) article （　　　　　　　）　　☐(8) 重要な，重大な ＿＿＿＿＿＿

☐(3) surprising （　　　　　　　）　　☐(9) 地方，地域 ＿＿＿＿＿＿

☐(4) thrilling （　　　　　　　）　　☐(10) (未来の)いつか ＿＿＿＿＿＿

☐(5) also （　　　　　　　）　　☐(11) 希望する，望む ＿＿＿＿＿＿

☐(6) picture （　　　　　　　）　　☐(12) 楽しむ；味わう ＿＿＿＿＿＿

1 日本語に合うように，（　）内から適切な語句を選び，記号を○で囲みなさい。

⚠ ミスに注意

1 think[hope, know]
thatの後ろには〈主語＋
動詞 ...〉の形が続くよ。

□(1) 私はその寺はとても古いと思います。

I（ ア think this　イ think that ）the temple is very old.

□(2) あなたがこの贈り物を気に入るといいなと思います。

I（ ア hope that you will　イ hope that will you ）like this present.

□(3) 私はあしたは雨が降ると思います。

I（ ア think it is　イ think it ）will rain tomorrow.

□(4) あなたはトムがハワイ出身だと知っていますか。

Do you（ ア know that Tom　イ know that Tom is ）from Hawaii?

2 例にならい，絵に合うように「私は…だと思います」という文を完成させなさい。

テストによく出る！

〈I think (that)＋主語
＋動詞 ....〉

2「私は…だと思う。」は
I think (that)のあと
に〈主語＋動詞 ...〉の
形を続ける。

例 interesting　(1) messy　(2) his father

例 **I think that this book is interesting.**

□(1) I think ＿＿＿＿＿＿ this room is messy.

□(2) I ＿＿＿＿＿＿ ＿＿＿＿＿＿ the man is his father.

3 日本語に合うように，（　）内の語句を並べかえなさい。

注目！

疑問文のとき

3(4)疑問文のときも
〈(that＋)主語＋動詞
...〉の語順はかわらな
い。

□(1) この記事はすしが世界で人気があることを示しています。

This article (that / popular / sushi / is / shows) in the world.

This article ＿＿＿＿＿＿＿＿＿＿＿＿＿＿＿ in the world.

□(2) 私たちは彼女が元気になることを望んでいます。

We (hope / fine / she / be / will).

We ＿＿＿＿＿＿＿＿＿＿＿＿＿＿＿＿＿.

□(3) 彼はケイトが2年前大阪に住んでいたことを知っています。

He (Kate / that / Osaka / lived / knows / in) two years ago.

He ＿＿＿＿＿＿＿＿＿＿＿＿＿＿ two years ago.

□(4) あなたは数学は難しいと思いますか。

Do you (think / math / difficult / is / that)?

Do you ＿＿＿＿＿＿＿＿＿＿＿＿＿＿?

ぴたトレ
1

要点チェック

Lesson 1 Fun with Books (USE Read)
～ 物語を朗読しよう (Speak)

時間
15分

解答
p.2

〈新出語・熟語 別冊p.7〉

教科書の重要ポイント 接続詞(because) 教科書 pp.12 ～ 14

He didn't say anything because he was too tired.
〔彼はあまりにも疲れていたので,何も言いませんでした。〕

「…なので」と理由や原因を加えて言うときはbecauseを使う。
「(なぜなら)…なので」=〈because＋主語＋動詞 ...〉

becauseの文 He didn't say anything because he was too tired.
　　　　　　 文の中心となる内容　　　　　　　　　 主語 動詞

〔彼はあまりにも疲れていたので,何も言いませんでした。〕

※〈because＋主語＋動詞 ...〉は文の前半に置くこともできる。このとき,コンマ(,)が必要。

Because he was too tired, he didn't say anything.
　　　 理由を表す内容　　　　　　 文の中心となる内容

※Why ...?「なぜ」という質問に対して理由を答えるとき,〈Because＋主語＋動詞 ....〉で
表すことができる。

Why did you go to Tokyo? 〔あなたはなぜ東京に行ったのですか。〕
—Because my grandmother lives there. 〔祖母がそこに住んでいるからです。〕

教科書の重要ポイント 朗読のときにしておくとよい印のつけ方 教科書 p.14

英文に印をつけて,より臨場感のある朗読をできるようにしよう。
・意味のかたまりごとに,英文を／で区切る。(コンマ(,)やピリオド(.)のあとなど)
・長い語句などはリズムよく言えるように,　　　　　をつける。
・聞き手を引きつけるために,強く読む単語や文字にマーカーを引く。

Words & Phrases 次の英語は日本語に,日本語は英語にしなさい。

□(1) wonder (　　　　　　　　　)　　□(6) 決して…ない _____

□(2) just (　　　　　　　　　)　　□(7) 起こる,生じる _____

□(3) outside (　　　　　　　　　)　　□(8) もっと(多く) _____

□(4) one day (　　　　　　　　　)　　□(9) findの過去形 _____

□(5) because (　　　　　　　　　)　　□(10) catchの過去形 _____

1 日本語に合うように，（ ）内から適切な語を選び，記号を
〇で囲みなさい。

⚠ミスに注意

1(1)(2)理由を表す文は
becauseのあとに続け
るよ。

Lesson 1

☐(1) 私は早く起きたので，朝食を作りました。

I made breakfast (ア that イ because) I got up early.

☐(2) 彼らは毎日練習したので，試合に勝ちました。

(ア Because イ When) they practiced every day, they
won the game.

☐(3) あなたはなぜその店に行ったのですか。

—卵がいくつか必要だったからです。

Why did you go to the store? —(ア If イ Because) I
needed some eggs.

☐(4) 彼女には兄が2人います。1人は医者で，もう1人は教師です。

She has two brothers. One is a doctor, and the (ア one
イ other) is a teacher.

2 日本語に合うように，____ に適切な語を書きなさい。

注目!

「昔々」

2(3)物語文の冒頭などに
使われる決まった表現。

☐(1) 私は空腹だったので，サンドイッチを食べました。

I ate sandwiches _____ I was hungry.

☐(2) ブラウン先生は親切なので，私たちは彼女が好きです。

_____ Ms. Brown is kind, we like her.

☐(3) 昔々，1匹のイヌがある少年と暮らしていました。

_____ _____ a time, a dog lived with a boy.

☐(4) ついに，彼らはその寺に着いた。

_____ _____ they got to the temple.

3 日本語に合うように，（ ）内の語句を並べかえなさい。

テストによく出る!

コンマ(,)の使い方

3(3)「…なので〜」を表
す〈because＋主語＋
動詞 …〉が文の前半に
くるときは，コンマ
(,)が必要。

☐(1) そのネコは勢いよく走り去りました。

(away / rushed / the cat).

_____.

☐(2) 彼はまっすぐ駅に行きました。

(he / straight / went / to) the station.

_____ the station.

☐(3) 私は具合が悪いので，早く寝るつもりです。

(I / I / because / will / am / go to bed / sick / ,) early.

_____ early.

☐(4) 私は音楽が好きなので，よくコンサートに行きます。

I (because / like / concerts / often / music / I / go to).

I _____.

Take Action! Listen 1
Take Action! Talk 1

教科書の重要ポイント **質問したり，情報を付け加えるときの表現** 教科書 pp.16 ~ 17

▼ 質問する表現

・**What's the story about?** 〔その物語は何についてですか。〕
　└→What is の短縮形

・**Where are you going to see it?** 〔あなたはどこでそれを見るつもりですか。〕
　└→場所をたずねる

・**Who's in the movie?** 〔その映画にはだれが出ていますか。〕
　└→Who is の短縮形

> いろいろな質問をして，相手から多くの情報を引き出そう。

▼ 情報を付け加える表現

・**It got a big award.** 〔それは大きな賞を受賞しました。〕

・**Michael Harris is in it.** 〔マイケル・ハリスがそれに出ています。〕

・**I'm going to see it at home.** 〔私は家でそれを見るつもりです。〕
　└→〈be going to＋動詞の原形 ...〉「…するつもりです」

ナルホド!

Words & Phrases 次の英語は日本語に，日本語は英語にしなさい。

□(1) pay　（　　　　　　　　　）　　□(3) 本当の　_____

□(2) machine（　　　　　　　　）　　□(4) 借りる　_____

1 日本語に合うように，（　）内から適切な語を選び，記号を〇で囲みなさい。

□(1) その映画は何についてですか。

　（ ア What　イ What's ）the movie about?

□(2) いいじゃない。

　（ ア Sounds　イ That ）good.

□(3) そのドラマにはだれが出ていますか。

　（ ア What's　イ Who's ）in the drama?

2 日本語に合うように，____に適切な語を書きなさい。

□(1) 私のおじがそのドラマに出ていました。

　My uncle _____ _____ the drama.

□(2) あなたのお兄さんはどこで野球をする予定ですか。

　_____ _____ your brother going to play baseball?

> **⚠ミスに注意**
>
> **2**(2)場所をたずねるときはWhereで文を始めて，疑問文の語順を続けるよ。

ぴたトレ 1

要点チェック

GET Plus 1 試着してもいいですか
Word Bank いろいろな動作

時間 **15分**　解答 p.2

〈新出語・熟語 別冊p.8〉

教科書の重要ポイント　許可を求める文　　教科書pp.18〜19

<u>May I</u> try on this shirt? 〔このシャツを試着してもいいですか。〕

—**Sure.** 〔もちろん。〕

許可を求める文

「…してもいいですか。」【許可を求める】＝〈<u>May I</u>＋動詞の原形 …?〉

| 許可を求める文 | May I **try on** this shirt? 〔このシャツを試着してもいいですか。〕 |

原形

| 応答文 | —**Sure.** 〔もちろん。〕 |

└→許可するとき

—**I'm afraid you may not.** 〔残念ですが，してはいけないと思います。〕

└→許可しないとき

※許可しないときは，Sorry, ...の「…」に許可できない理由を加えてもよい。

> Can I ...?も「…してもいいですか。」を表すことができるよ。

ナルホド!

Words & Phrases　次の英語は日本語に，日本語は英語にしなさい。

□(1) try on （　　　　　　　　）　　□(4) ナイフ，小刀，包丁 ＿＿＿＿＿＿

□(2) later （　　　　　　　　）　　□(5) 献立表，メニュー ＿＿＿＿＿＿

□(3) dictionary （　　　　　　　　）　　□(6) 伝言，ことづて ＿＿＿＿＿＿

---

1 日本語に合うように，（　）内から適切な語句を選び，記号を○で囲みなさい。

□(1) 今，テレビを見てもいいですか。

（ ア Do you　イ May I ）watch TV now?

□(2) ここに座ってもいいですか。

（ ア May you　イ May I ）sit here?

□(3) ((2)の答え)残念ですが座ってはいけないと思います。

（ ア I'm afraid　イ I'm sad ）you may not.

⚠ミスに注意

1 2(1)「…してもいいですか。」と言うとき，その動作をするのは話し手なので，主語をIにするよ。

---

2 日本語に合うように，＿＿＿に適切な語を書きなさい。

□(1) このコンピューターを使ってもいいですか。

＿＿＿＿＿＿＿ ＿＿＿＿＿＿＿ use this computer?

□(2) ((1)の答え)もちろん，どうぞ。

Sure, ＿＿＿＿＿＿＿ ＿＿＿＿＿＿＿.

教科書の 重要ポイント	接続詞	教科書 p.20

文と文，語句と語句をつなぐ語を接続詞と言う。

①「…(する)とき」「…(した)とき」＝〈<u>when</u>＋主語＋動詞 …〉

When <u>my mother</u> <u>came</u> home, I was watching TV.
　　　　主語　　　動詞　　　┗〈when＋主語＋動詞 …〉が文の前半にくるときは，コンマ(,)が必要

〔母が家に帰ってきたとき，私はテレビを見ていました。〕

＝I was watching TV when my mother came home.

②「もし…ならば」＝〈<u>if</u>＋主語＋動詞 …〉

If <u>it</u> <u>is</u> clear, we will play baseball. 〔もし天気がよければ，私たちは野球をします。〕
　 主語 動詞　　┗〈if＋主語＋動詞 …〉が文の前半にくるときは，コンマ(,)が必要

＝We will play baseball if it is clear.

③「…なので」＝〈<u>because</u>＋主語＋動詞 …〉

Because <u>Peter</u> <u>was</u> too tired, he didn't say anything.
　　　　　主語　　　動詞　　　┗〈because＋主語＋動詞 …〉が文の前半にくるときは，
　　　　　　　　　　　　　　　　コンマ(,)が必要

〔ピーターはあまりにも疲れていたので，何も言いませんでした。〕

＝Peter didn't say anything because he was too tired.

④「…ということ」＝〈<u>that</u>＋主語＋動詞 …〉

I think (that) <u>the book</u> <u>is</u> interesting. 〔その本はおもしろいと思います。〕
　　　　　　　　　主語　　　動詞
　　　　┗接続詞のthatは省略することができる

※that以下は動詞thinkの目的語になっている。

I think (that) the book is interesting.
　　　　　　　 動詞thinkの目的語

このthatは会話では省略
されることが多いよ。

⑤その他の接続詞

・and「…と～」「…そして～」

I have <u>a dog</u> and <u>a cat</u>. 〔私は(1匹の)イヌと(1匹の)ネコを飼っています。〕
　　　　語句　　　　語句

・or「…または～」

I want <u>a bag</u> or <u>a cap</u>. 〔私はかばんか帽子がほしいです。〕
　　　　語句　　　　語句

・but「…しかし～」

<u>I can play the piano</u>, but <u>my sister cannot play it</u>.
　　　　　文　　　　　　　　　　　　　　文

〔私はピアノを演奏することができますが，姉はできません。〕

ナルホド!

1 日本語に合うように，（ ）内から適切な語を選び，記号を
〇で囲みなさい。

□(1) 私は数学と英語を毎日勉強します。

I study math (ア and　イ or) English every day.

□(2) あなたは赤と青，どちらが好きですか。

Which do you like, red (ア or　イ and) blue?

□(3) もし時間があるなら，手伝ってくれませんか。

Can you help me (ア when　イ if) you have time?

□(4) 私は彼女はとても人気のある歌手だと思います。

I think (ア that　イ it) she's a very popular singer.

⚠ ミス に 注意

1(2)「赤と青，どちらが
…」は「赤または青のど
ちらが…」ということ。
日本語につられてand
を選ばないようにしよ
う。

2 （ ）内の指示にしたがって書きかえた文になるように，
＿＿に適切な語を書きなさい。

□(1) I came home. My sister was reading a book then.

（ほぼ同じ意味に）

＿＿＿＿＿＿＿ I came home, my sister was reading a book.

□(2) He is our new English teacher.　(Do you knowに続けて)

Do you know ＿＿＿＿＿ ＿＿＿＿＿ ＿＿＿＿＿

our new English teacher?

□(3) Let's go to the zoo.　(「次の週末晴れたら」という意味を加えて)

Let's go to the zoo ＿＿＿＿＿ ＿＿＿＿＿

＿＿＿＿＿ sunny next weekend.

テストによく出る!

〈that＋主語＋動詞〉
の語順

2(2)「…ということを知っ
ていますか。」は〈Do
you know (that)＋主
語＋動詞 …?〉の語順。
疑問文でも〈(that＋)
主語＋動詞〉の語順は
かわらない。

3 日本語に合うように，（ ）内の語句を並べかえなさい。

□(1) 私が起きたとき，母は朝食を作っていました。

My mother (making / was / when / breakfast) I got up.

My mother ＿＿＿＿＿＿＿＿＿＿＿＿＿ I got up.

□(2) 私は傘をなくしたので，新しいものを買いました。

(bought / I / a new umbrella / because) I lost mine.

＿＿＿＿＿＿＿＿＿＿＿＿＿ I lost mine.

□(3) トムはサッカーをしますが，野球ファンです。

Tom (plays / he's / soccer / a baseball fan / but / ,).

Tom ＿＿＿＿＿＿＿＿＿＿＿＿＿.

□(4) 私は彼がカレーを作れるとは思いません。

I (think / curry / he / that / don't / cook / can).

I ＿＿＿＿＿＿＿＿＿＿＿＿＿.

注目!

「…とは思いません」

3(4)「…とは思いません。」
はI don't think (that)
….で表す。

17

Lesson 1 ～ 文法のまとめ①

1 （ ）内に入る適切な語を選び，記号を〇で囲みなさい。

□(1) My sister was studying math （　）I got up.
ア that　イ when　ウ if　エ because

□(2) Everyone knows （　）Mr. Brown speaks Japanese well.
ア because　イ if　ウ this　エ that

□(3) （　）you have time, please come to my house.
ア If　イ That　ウ But　エ And

□(4) I went to a pool （　）it was very hot today.
ア if　イ that　ウ when　エ because

> 接続詞をたくさん学習したね。それぞれの意味や使い方をしっかり復習しよう。

2 日本語に合うように，＿＿に適切な語を書きなさい。

□(1) このサンドイッチを食べてもいいですか。
＿＿＿＿＿＿ ＿＿＿＿＿＿ eat this sandwich?

□(2) あなたたちがピクニックを楽しむといいなと思います。
I ＿＿＿＿＿＿ ＿＿＿＿＿＿ you will enjoy the picnic.

□(3) 今度の日曜日晴れたら，山に登りましょう。
Let's climb a mountain ＿＿＿＿＿＿ ＿＿＿＿＿＿ sunny next Sunday.

3 書く✍ 英文を（ ）内の指示にしたがって書きかえなさい。

□(1) Kate is good at cooking. Do you think so?　（thatを使って1文に）
＿＿＿＿＿＿＿＿＿＿＿＿＿＿＿＿＿＿＿＿＿＿＿

□(2) My father could ski well. He was a junior high school student.
（whenを使って1文に）
＿＿＿＿＿＿＿＿＿＿＿＿＿＿＿＿＿＿＿＿＿＿＿

□(3) Tom was sad. He dropped his wallet.　（becauseを使って1文に）
＿＿＿＿＿＿＿＿＿＿＿＿＿＿＿＿＿＿＿＿＿＿＿

4 書く✍ 日本語を英語になおしなさい。

□(1) あなたがこの絵を気に入ってくれたら，私はうれしいでしょう。
＿＿＿＿＿＿＿＿＿＿＿＿＿＿＿＿＿＿＿＿＿＿＿

□(2) 私はとても疲れていたので，早く寝ました。
＿＿＿＿＿＿＿＿＿＿＿＿＿＿＿＿＿＿＿＿＿＿＿

ヒント　**2**(3)条件を表す部分の動詞は，未来のことも現在形にする。
4(1)ifを使う。「…を気に入る」はlikeで表す。(2)理由を表す内容はbecauseのあとに置く。

定期テスト 予報
●文と文をつなぐ接続詞の使い方が問われるでしょう。
⇒when「…(する)とき」，if「もし…ならば」，because「…なので」の使い方をおさえておきましょう。
⇒「…ということ」を表す接続詞thatの使い方をおさえておきましょう。

5 読む📖 **英文を読んで，あとの問いに答えなさい。** Beatrix Potter, *The Tale of Peter Rabbit* より

( )( ) a time, Peter Rabbit lived with his mother and sisters.

One day their mother said, "When you go outside, never go into Mr. McGregor's garden. When your father went there, Mr. McGregor caught him and put him in a pie."

Peter's sisters were good rabbits, but Peter was naughty. He went straight to the garden. He ate some radishes.

When Peter was looking for parsley, he saw Mr. McGregor. Peter turned and rushed away. Mr. McGregor saw him and shouted, "Stop! Stop!"

☐(1) 下線部が「昔々」という意味になるように，( )に入る適切な語を書きなさい。

_____ _____ a time

☐(2) 本文の内容に合うように，次の問いに英語で答えなさい。

What did Peter see when he was looking for parsley?

_____

☐(3) 本文の内容に合うものを1つ選び，記号を○で囲みなさい。

ア ピーターは両親と姉妹といっしょに暮らしていた。

イ ピーターはお母さんの言いつけを守らずにマグレガーさんの庭に行った。

ウ ピーターは聞き分けのよいウサギだった。

6 話す🗣 **次の文を声に出して読み，問題に答え，答えを声に出して読んでみましょう。** アプリ

Ms. Bell : Why do you like *kotatsu*?

Aoi : Because I can relax in it. I often sleep in a *kotatsu*.

Ms. Bell : Oh, really?

Aoi : Also a *kotatsu* is eco-friendly because it warms a small space and doesn't use a lot of power.

Ms. Bell : That's great!

(注)relax くつろぐ　eco-friendly 環境にやさしい　warm あたためる　space 場所　power エネルギー

☐(1) Why does Aoi like *kotatsu*?　（sheで答える）

— _____

☐(2) Does *kotatsu* use a lot of power?

— _____

ヒント　**5** (2)Heで書き始める。　**6** (1)アオイの最初の発言参照。Becauseで書き始める。

19

ぴたトレ
3
確認テスト

Lesson 1 〜
文法のまとめ①

時間30分　／100点　合格70点　解答p.3

教科書 pp.5 〜 20

❶ 下線部の発音が同じものには〇を，そうでないものには×を書きなさい。　9点

(1) tr<u>ou</u>ble
　　r<u>u</u>sh

(2) <u>au</u>thor
　　j<u>o</u>b

(3) a<u>w</u>ard
　　imp<u>or</u>tant

❷ 最も強く発音する部分の記号を書きなさい。　9点

(1) dis - trict
　　ア　イ

(2) or - i - gin
　　ア　イ　ウ

(3) de - tec - tive
　　ア　イ　ウ

❸ 日本語に合うように，＿＿に適切な語を解答欄に書きなさい。　16点

(1) あなたが今忙しいなら，私が皿を洗いますよ。
　　I'll wash the dishes ＿＿＿ ＿＿＿ busy now.

(2) その男性は走りに走って，ついにその病院に着きました。
　　The man ran ＿＿＿ ran, and at ＿＿＿ he got to the hospital.

(3) この前の土曜日は雪が降ったので，家で映画を見ました。
　　I watched a movie at home ＿＿＿ ＿＿＿ snowed last Saturday.

(4) ドアを開けてもいいですか。
　　＿＿＿ ＿＿＿ ＿＿＿ the door?

❹ ＿＿に適切な語を入れて，対話文を完成させなさい。　15点

(1) A: ＿＿＿ was Shota doing ＿＿＿ you saw him?
　　B: He was walking his dog then.

(2) A: ＿＿＿ the book ＿＿＿?
　　B: It's a book about Japanese history.

(3) A: Do you know ＿＿＿ my uncle is a tennis player?
　　B: No, I don't. Is that true?

❺ 読む 対話文を読んで，あとの問いに答えなさい。　27点

Saki: I went to Hawaii for the first time during summer vacation.
Jack: Oh, really? That's great. ①(long / you / how / stay / did) there?
Saki: For five days.
Jack: What did you do there?
Saki: When I got there, it was raining. So I enjoyed shopping on the first day.
Jack: Did you swim in the sea?
Saki: Yes. I swam in the sea and in the pool. I became friends with a girl, Amy when I was swimming in the sea. She is fifteen years old. She dances the hula very well. She told me a lot about the hula.

Jack : You had a great time in Hawaii.

Saki : Yes. And I am very happy because Amy is going to come to Japan next
summer.

Jack : Really? I hope (②) she will enjoy many things in Japan.

(注)so それで，だから　　became become「…になる」の過去形　　… years old …歳
hula フラダンス　　told tellの過去形

(1) 下線部①が意味の通る英文となるように，（　）内の語を並べかえなさい。

(2) （ ② ）に入る適切な語を１つ選び，記号を書きなさい。

　　ア when　　イ that　　ウ if　　エ and

(3) 本文の内容に合うように，次の問いに英語で答えなさい。

　　Why is Saki happy?

(4) 本文の内容に合うものを１つ選び，記号を書きなさい。

　　ア サキは何度もハワイに行ったことがある。

　　イ サキがハワイに着いたとき晴れていたので，海やプールで泳いだ。

　　ウ エイミーはハワイでできたサキの友達で，フラダンスが上手である。

 ⑥ 書く✐ **次のようなとき英語で何と言うか，（　）内の指示にしたがって書きなさい。** 表 24点

(1) 友達に，時間があるときは何をするのかたずねたいとき。（whenを使って）

(2) 友達に，あした晴れたら公園でバスケットボールをするだろうと伝えたいとき。（if，will
を使って）

(3) 友達に，新しいくつがほしかったので，その店に行ったと伝えたいとき。（becauseを使って）

❶	(1)		(2)		(3)		❷	(1)		(2)		(3)	
		3点		3点		3点			3点		3点		3点

❸	(1)		(2)	
		4点		4点
	(3)		(4)	
		4点		4点

❹	(1)		(2)	
		5点		5点
	(3)			
		5点		

❺	(1)		(2)	
			7点	6点
	(3)		(4)	
			7点	7点

❻	(1)	表 8点
	(2)	表 8点
	(3)	表 8点

▶ 表 の印がない問題は全て 知 の観点です。

21

Lesson 2 My Dream (GET Part 1)

教科書の重要ポイント **to不定詞（名詞用法）** 教科書 pp.22 ～ 23

Koji wants <u>to read</u> the book. 〔耕司はその本が読みたい。〕

My dream is <u>to be</u> a teacher. 〔私の夢は教師になることです。〕

〈to＋動詞の原形〉はto不定詞と言い，いろいろな意味を表す。

to不定詞が名詞のはたらきをするときは，「…すること」という意味になる。（名詞用法）

Koji wants <u>to read</u> the book. 〔耕司はその本が読みたい。〕
　　　　　　　└→「本を読むこと」
　　　　want「望む」＋「本を読むこと」→「本を読みたい」

My dream is <u>to be</u> a teacher. 〔私の夢は教師になることです。〕
　　　　　　　└→「教師になること」
　　　My dream「私の夢」＝「教師になること」

To be a teacher is my dream.「教師になることが私の夢です。」のように，〈to＋動詞の原形 …〉が主語になることもあるよ。

・意味の違いを比べよう

Koji wants | the book |. 〔耕司はその本がほしい。〕

Koji wants | to read the book |. 〔耕司はその本が読みたい。〕
　　　　the bookとto read the bookはともに動詞wantsの目的語

ナルホド!

Words & Phrases 次の英語は日本語に，日本語は英語にしなさい。

□(1) soon 　　（　　　　　　　　）　　□(11) なぜ，どうして 　＿＿＿＿＿＿＿

□(2) travel 　　（　　　　　　　　）　　□(12) 医者 　＿＿＿＿＿＿＿

□(3) interpreter （　　　　　　　　）　　□(13) 技師，エンジニア 　＿＿＿＿＿＿＿

□(4) organic 　（　　　　　　　　）　　□(14) 声 　＿＿＿＿＿＿＿

□(5) abroad 　（　　　　　　　　）　　□(15) 通る；合格する 　＿＿＿＿＿＿＿

□(6) farming 　（　　　　　　　　）　　□(16) 何か，あるもの 　＿＿＿＿＿＿＿

□(7) overseas 　（　　　　　　　　）　　□(17) レストラン 　＿＿＿＿＿＿＿

□(8) vegetable 　（　　　　　　　　）　　□(18) 果物，木の実 　＿＿＿＿＿＿＿

□(9) painter 　（　　　　　　　　）　　□(19) 俳優 　＿＿＿＿＿＿＿

□(10) That's right. （　　　　　　　　）　　□(20) 祖父母 　＿＿＿＿＿＿＿

1 日本語に合うように，（　）内から適切な語句を選び，記号を〇で囲みなさい。

⚠️ **ミスに注意**

1 ⟨to＋動詞の原形⟩の形は，主語の人称や現在・過去などによってかわることはないよ。

☐(1) 私はピザが食べたいです。

I （ ア want to eat　イ to eat ） pizza.

☐(2) 母の仕事は病気の人々を助けることです。

My mother's job is （ ア to help　イ to helps ） sick people.

☐(3) 私は絵をかくことが好きです。

I like （ ア draw　イ to draw ） pictures.

☐(4) カナはピアニストになりたいです。

Kana wants （ ア to is　イ to be ） a pianist.

2 例にならい，絵に合うように「私の夢は…することです」という文を完成させなさい。

テストによく出る！

「…になること」

2 (2)「…になること」は to be …で表す。be は be 動詞の原形。

例	(1)	(2)
 play	 live	 be

例 **My dream is to play soccer in the U.K.**

☐(1) My dream is ＿＿＿＿＿＿ ＿＿＿＿＿＿ in Australia.

☐(2) My dream ＿＿＿＿＿＿ ＿＿＿＿＿＿ ＿＿＿＿＿＿ a cartoonist.

3 日本語に合うように，（　）内の語句を並べかえなさい。

注目！

⟨be 動詞＋coming⟩

3 (4)確実に起こりそうなことや決まった予定などを言うときは，現在進行形を使うことがある。

例 I'm leaving home at two.

「私は 2 時に家を出ます。」

☐(1) 彼女は花の写真を撮るのが好きです。

(take / she / pictures / likes / of / to) flowers.

＿＿＿＿＿＿＿＿＿＿＿＿＿＿＿＿＿＿ flowers.

☐(2) マキは音楽を聞きたいと思っています。

Maki (to / music / listen / to / wants).

Maki ＿＿＿＿＿＿＿＿＿＿＿＿＿＿＿＿＿＿.

☐(3) 私は医者になって人々を救いたいです。

(to / I / a doctor / want / be / and) save people.

＿＿＿＿＿＿＿＿＿＿＿＿＿＿＿＿＿ save people.

☐(4) 文化祭はもうすぐです。

(coming / the school festival / soon / is).

＿＿＿＿＿＿＿＿＿＿＿＿＿＿＿＿＿＿＿.

Lesson 2

Lesson 2 My Dream (GET Part 2)

教科書の重要ポイント **to不定詞（副詞用法，形容詞用法）** 　教科書 pp.24～25

Tom went to the park <u>to play</u> volleyball. 〔トムはバレーボールをするために公園へ行きました。〕

Miki has something <u>to eat</u>. 〔美紀は何か食べるものを持っています。〕

[副詞用法]

to不定詞が副詞のはたらきをするときは，「…するために」という意味になり，目的を表す。

Tom went to the park. 〔トムは公園へ行きました。〕

Tom went to the park to play volleyball. 〔トムはバレーボールをするために公園へ行きました。〕

公園へ行った目的
「バレーボールをするために」
※動詞wentを修飾する副詞のはたらき

[形容詞用法]

to不定詞が形容詞のはたらきをするときは，「…するための」という意味になる。

Miki has something. 〔美紀は何かを持っています。〕

Miki has something to eat. 〔美紀は何か食べるものを持っています。〕

「食べるための」
※somethingを修飾する形容詞のはたらき

> something to read「読むための何か」→「何か読むもの」，many things to do「するための多くのこと」→「多くのすべきこと」のように訳すと自然だよ。

ナルホド！

Words & Phrases 　次の英語は日本語に，日本語は英語にしなさい。

□(1) sell 　（　　　　　）　　□(9) （植物が）育つ；栽培する ＿＿＿＿＿＿＿

□(2) daily 　（　　　　　）　　□(10) 忘れる ＿＿＿＿＿＿＿

□(3) search 　（　　　　　）　　□(11) …なしで；…のない ＿＿＿＿＿＿＿

□(4) subtitle(s) 　（　　　　　）　　□(12) 幸福 ＿＿＿＿＿＿＿

□(5) return 　（　　　　　）　　□(13) （目的・目標を）達成する ＿＿＿＿＿＿＿

□(6) online 　（　　　　　）　　□(14) もっとよい ＿＿＿＿＿＿＿

□(7) exercise 　（　　　　　）　　□(15) 宇宙 ＿＿＿＿＿＿＿

□(8) market 　（　　　　　）　　□(16) 報告，報告書 ＿＿＿＿＿＿＿

1 日本語に合うように，（　）内から適切な語句を選び，記号を〇で囲みなさい。

⚠ **ミスに注意**

1(5)「なぜ」とたずねられて，「…するため」と目的を答えるときは〈To＋動詞の原形 ,...,〉で表すことができるよ。

□(1) 私は友達に会うために大阪へ行きました。

I went to Osaka (ア see　イ to see) my friend.

□(2) 彼は何か飲むものを持っています。

He has (ア to drink something　イ something to drink).

□(3) 彼女はテニスの選手になるために毎日テニスを練習しました。

She practiced tennis every day (ア to is　イ to be) a tennis player.

□(4) 私は辞書なしでこの本を読みました。

I read this book (ア without　イ with) a dictionary.

□(5) きのう，あなたはなぜ図書館に行ったのですか。

―本を借りるためです。

Why did you go to the library yesterday?

―(ア To borrow　イ I borrow) some books.

2 例にならい，絵に合うように「私は…するために～しました」という文を完成させなさい。

テストによく出る!

to不定詞の副詞用法

2「…するために」を表す副詞用法のto不定詞はふつう文の後半に置く。

例 **I went to the restaurant to have lunch.**

□(1) I visited the zoo ＿＿＿＿＿＿ ＿＿＿＿＿＿ pictures.

□(2) I stayed home ＿＿＿＿＿＿ ＿＿＿＿＿＿ my homework.

3 日本語に合うように，（　）内の語句を並べかえなさい。

注目!

「名詞の複数形'」

3(3)teachers'のように，-sで終わる名詞の複数形を「…の」という意味にするときは，単語の最後にアポストロフィー（'）だけをつける。

□(1) 私は字幕なしで映画を見るために，英語を勉強しています。

I study English (without / to / movies / watch) subtitles.

I study English ＿＿＿＿＿＿＿＿＿＿＿＿＿＿ subtitles.

□(2) 私たちの町には訪れるべき場所がたくさんあります。

(has / to / places / our town / visit / many).

＿＿＿＿＿＿＿＿＿＿＿＿＿＿＿＿＿＿＿.

□(3) 私は掃除をするために職員室に行きました。

(went to / clean / the teachers' room / I / to) it.

＿＿＿＿＿＿＿＿＿＿＿＿＿＿＿＿ it.

Lesson 2

Lesson 2 My Dream (USE Read)

教科書の重要ポイント	**to不定詞**	教科書 pp.26〜27

I want to be a farmer. 〔私は農場経営者になりたいです。〕

Farmers use technology to do many things.
〔農場経営者は多くのことをするために科学技術を使います。〕

I think that farming is a way to bring people together.
〔私は農業は人々を集める1つの方法だと思います。〕

〈to＋動詞の原形〉はto不定詞と言い，いろいろな意味を表す。

名詞用法

to不定詞が名詞のはたらきをするときは，「…すること」という意味になる。

I want to be a farmer. 〔私は農場経営者になりたいです。〕
　　→「…になることを望む」→「…になりたい」

副詞用法

to不定詞が副詞のはたらきをするときは，「…するために」という意味になり，目的を表す。

Farmers use technology to do many things. 〔農場経営者は多くのことをするために科学技術を使います。〕
　　　　　　　　　　　　　　　　　科学技術を使う目的
　　　　　　　　　　　　　　　　　「多くのことをするために」

形容詞用法

to不定詞が形容詞のはたらきをするときは，「…するための」という意味になる。

I think that farming is a way to bring people together.
　　　　　　　　　　　　　　　　　　　「人々を集めるための」

〔私は農業は人々を集める1つの方法だと思います。〕

\ナルホド!/

Words & Phrases 次の英語は日本語に，日本語は英語にしなさい。

☐(1) crop 　　　（　　　　　　　　）　　　☐(8) 理由，わけ 　_____

☐(2) improve 　（　　　　　　　　）　　　☐(9) 健康，健康状態 _____

☐(3) interest 　（　　　　　　　　）　　　☐(10) 集める，収集する _____

☐(4) ideal 　　（　　　　　　　　）　　　☐(11) 近く，近くに _____

☐(5) monitor 　（　　　　　　　　）　　　☐(12) 毎日の，日常の _____

☐(6) such as ... （　　　　　　　　）　　　☐(13) データ，資料；情報 _____

☐(7) in short 　（　　　　　　　　）　　　☐(14) becomeの過去形 _____

1 日本語に合うように，（　）内から適切な語句を選び，記号を○で囲みなさい。

☐(1) 私はドラマを見るのが好きです。

I like （ ア watch　イ to watch ） dramas.

☐(2) 私は夕食を作るために早く帰宅しました。

I came home early （ ア to make　イ making ） dinner.

☐(3) バスの中で読む本がほしいです。

I want （ ア a book to read　イ to read a book ） on the bus.

☐(4) 彼女はスペイン語を学ぶために海外へ行きました。

She went abroad （ ア to learn　イ to learns ） Spanish.

⚠ ミスに注意

1(3)want a book to readは「読むための本がほしい」（形容詞用法），want to read a bookは「本を読みたい」（名詞用法）という意味だよ。

2 日本語に合うように，＿＿＿に適切な語を書きなさい。

☐(1) それは人々を集めるよい方法です。

It's a good way to ＿＿＿＿＿＿ people ＿＿＿＿＿＿.

☐(2) ルーシーはバスケットボールのようなスポーツをよくします。

Lucy often plays sports, ＿＿＿＿＿＿ ＿＿＿＿＿＿ basketball.

☐(3) 要約すると，本を書くことは私の理想的な仕事です。

＿＿＿＿＿＿ ＿＿＿＿＿＿, to write books is my ideal job.

☐(4) 私には病気の動物を助けるという夢があります。

I have a dream ＿＿＿＿＿＿ ＿＿＿＿＿＿ sick animals.

☐(5) あなたのお姉さんはなぜジャガイモが必要なのですか。

—カレーを作るためです。

Why does your sister need some potatoes?

—＿＿＿＿＿＿ ＿＿＿＿＿＿ curry.

テストによく出る！

「…するという〜」

2(4)「…するという〜」は〈名詞＋to＋動詞の原形 …〉で表すことができる。

3 日本語に合うように，（　）内の語句を並べかえなさい。

☐(1) 私は音楽を聞きたいです。

(music / I / listen to / want / to).

＿＿＿＿＿＿＿＿＿＿＿＿＿＿＿＿＿.

☐(2) 私は絵をかくことが好きです。

(pictures / like / I / to / draw).

＿＿＿＿＿＿＿＿＿＿＿＿＿＿＿＿＿.

☐(3) 彼は何か飲むものを買いにその店に行きました。

He went to the shop (drink / buy / something / to / to).

He went to the shop ＿＿＿＿＿＿＿＿＿＿＿＿＿.

注目！

不定詞が２つある文

3(3)「…するために」という目的を表す副詞用法と「…するための」という形容詞用法を含む。

Project 1 将来の夢を紹介しよう

教科書の
重要ポイント　**英語で将来の夢を紹介しよう**　　教科書 pp.28 ～ 31

▼ 将来の夢を紹介するスピーチ原稿を書こう。

①冒頭 (Opening)

《将来の夢》具体的な職業や，したいことを述べる。

I want to be a[an]＋職業名. 〔私は…になりたいです。〕

My dream is to be a[an]＋職業名. 〔私の夢は…になることです。〕

I want to＋動詞の原形 .... 〔私は…したいです。〕

My dream is to＋動詞の原形 .... 〔私の夢は…することです。〕

②主文 (Body)

《理由・きっかけ》なぜその職業につきたいのか，どのようなきっかけでその夢を持ったの
か，具体的に説明する。First, Second, と順序立てて説明する。

③結び (Closing)

《まとめ》夢をかなえるためにこれから取り組むことなどを述べる。

I will .... / I am going to .... 〔…するつもりです。〕

Thank you. 〔ありがとうございます。〕
　└→スピーチの結びのことば

▼ スピーチ原稿ができたら，声に出して読んでみよう。
　　英文に印をつけて，より説得力のあるスピーチができるようにしよう。

・英文を／で区切る。（コンマ(,)やピリオド(.)のあとなど）

・長い語句などは，リズムよく読むように　＼をつける。

・聞き手を引きつけるために，強く読む単語や文字にマーカーを引く。

> 読む速さにも注意しよう。スピーチをするときは，目線
> を原稿ではなく，聞き手に向けることを心がけよう。

ナルホド！

Words & Phrases 次の英語は日本語に，日本語は英語にしなさい。

□(1) tell （　　　　　　　　　）　　　□(3) 道具，工具；手段 ＿＿＿＿＿＿＿

□(2) lyric （　　　　　　　　　）　　　□(4) 発明する ＿＿＿＿＿＿＿

1 日本語に合うように，（　）内から適切な語句を選び，記号を〇で囲みなさい。

⚠ ミスに注意

1(2)あとに目的語のyouがあるので，sayは不可。sayは「人」を目的語にとることができないよ。

□(1) 私は獣医になりたいです。

I want (ア be　イ to be) a vet.

□(2) 私は自分の夢についてあなたがたにお話しするつもりです。

I am going to (ア say　イ tell) you about my dream.

□(3) ショウタは友達に親切です。

Shota is kind (ア to　イ for) his friends.

□(4) 私は困っている人々のために何かしたいです。

I want to do something for people (ア to need　イ in need).

2 日本語に合うように，＿＿＿に適切な語を書きなさい。

注目!

立候補を促す表現

2(5)「だれかすすんでやりたい人はいませんか。」と立候補を促すときは，Any volunteers? と言う。

□(1) 私は母のように最善を尽くすつもりです。

I will do my ＿＿＿＿＿＿ ＿＿＿＿＿＿ my mother.

□(2) 私の夢は警察官になることです。

My dream is ＿＿＿＿＿＿ ＿＿＿＿＿＿ a police officer.

□(3) 私のお気に入りはこの映画です。

My ＿＿＿＿＿＿ ＿＿＿＿＿＿ this movie.

□(4) あなたは彼女に何か質問はありますか。

Do you ＿＿＿＿＿＿ ＿＿＿＿＿＿ questions for her?

□(5) だれかすすんでやりたい人はいますか。

Any ＿＿＿＿＿＿?

3 日本語に合うように，（　）内の語句を並べかえなさい。

テストによく出る!

「何か…なもの」

3(2)「何か…なもの」は〈something＋形容詞〉で表す。

例something special
「何か特別なこと」

□(1) 私は医者になるために熱心に勉強するつもりです。

(I / study / be / hard / will / to) a doctor.

＿＿＿＿＿＿＿＿＿＿＿＿＿＿＿＿＿＿＿ a doctor.

□(2) 私は何か役に立つものを発明したいです。

I (something / want / useful / invent / to).

I ＿＿＿＿＿＿＿＿＿＿＿＿＿＿＿＿＿＿＿.

□(3) ブラウン先生に大きな拍手を送りましょう。

Let's (to / a big hand / Ms. Brown / give).

Let's ＿＿＿＿＿＿＿＿＿＿＿＿＿＿＿＿＿.

□(4) 残念ながら，時間がなくなりました。

I'm (afraid / time / out of / we're).

I'm ＿＿＿＿＿＿＿＿＿＿＿＿＿＿＿＿＿.

Take Action! Listen 2
Take Action! Talk 2

教科書の
重要ポイント　**意見を言ったり，賛成するときの表現**　教科書 pp.32〜33

▼ 意見を言うときの表現

・**I think we can pick up trash.**〔私たちはごみを拾うことができると思います。〕
　└→「私は…だと思う」〈I think (that) ＋主語＋動詞 ....〉

・**I have an idea.**〔私に考えがあります。〕
　　　　　※これを言ったあとで，具体的な考えを述べる

人の意見をいいなと思ったときは，言葉できちんと伝えよう。

▼ 賛成する表現

・**That's a good idea.**〔それはいい考えです。〕

・**I agree with you.**〔私はあなたに賛成です。〕

・**I have no doubt.**〔間違いありません。〕
　└→直訳すると「少しも疑いません。」

＼ナルホド!／

Words & Phrases　次の英語は日本語に，日本語は英語にしなさい。

☐(1) board　（　　　　　　　　　）　　☐(4) (ふとした)思いつき，考え ＿＿＿＿＿＿＿

☐(2) agree　（　　　　　　　　　）　　☐(5) (道・川など)に沿って ＿＿＿＿＿＿＿

☐(3) president（　　　　　　　　　）　　☐(6) 疑い，疑念 ＿＿＿＿＿＿＿

1 日本語に合うように，（　）内から適切な語を選び，記号を
　〇で囲みなさい。

☐(1) 間違いありません。

　I have no (ア doubt　イ idea).

☐(2) それはいい考えです。

　That's a good (ア idea　イ agree).

2 日本語に合うように，＿＿＿に適切な語を書きなさい。

☐(1) 私はロボットはとても役に立つと思います。

　＿＿＿＿＿＿＿ ＿＿＿＿＿＿＿ robots are very useful.

☐(2) 私はあなたに賛成です。

　I ＿＿＿＿＿＿＿ ＿＿＿＿＿＿＿ you.

☐(3) 彼はきのう小さなかばんを拾いました。

　He ＿＿＿＿＿＿＿ ＿＿＿＿＿＿＿ a small bag yesterday.

⚠ミスに注意

2(1)I thinkのあとに〈主語＋動詞 ...〉を続けるよ。接続詞のthatが省略された形だね。

ぴたトレ
1
要点チェック

GET Plus 2 写真を撮ることは楽しい
Word Bank　It is … (for A) to ～.で使われることば

時間 **15分**

解答 p.6

〈新出語・熟語 別冊p.8〉

| 教科書の重要ポイント | 「(―が / ―にとって)～することは…です。」の文 | 教科書 pp.34～35 |

It's fun <u>for</u> me <u>to</u> take pictures.〔私にとって写真を撮ることは楽しいです。〕

英語では，主語が長い文は好まれないので，Itを主語のかわりとして使うことがある。
「(―が / ―にとって)～することは…です。」=〈It is … (for ―) to＋動詞の原形～.〉

<u>To take pictures</u> is fun for me.

　前にある主語　　　　後ろに送られた主語

= It's fun for me to take pictures.〔私にとって写真を撮ることは楽しいです。〕

　楽しいこと　私にとって　　写真を撮ること

「…」の部分にはdifficult「難しい」やimportant「重要な」などの形容詞が入ることが多いよ。

ナルホド!

| Words & Phrases | 次の英語は日本語に，日本語は英語にしなさい。|

☐(1) necessary （　　　　　　　　　　）　　☐(3) 随筆；(学校での)作文 ＿＿＿＿＿＿＿＿＿

☐(2) possible　（　　　　　　　　　　）　　☐(4) 不可能な；ありえない ＿＿＿＿＿＿＿＿＿

1 日本語に合うように，（　）内から適切な語句を選び，記号を〇で囲みなさい。

☐(1) 漫画の本を読むのは楽しいです。

　（ ア It　イ That) is fun to read comics.

☐(2) 私たちが英語を勉強することは大切です。

　It's important (ア for us　イ to us) to study English.

2 日本語に合うように，＿＿に適切な語を書きなさい。

☐(1) 彼にとってフランス語を話すことは簡単です。

　＿＿＿＿＿＿＿ easy ＿＿＿＿＿＿＿ him ＿＿＿＿＿＿＿
　speak French.

☐(2) 友達に親切にすることが必要です。

　＿＿＿＿＿＿＿ is necessary ＿＿＿＿＿＿＿ ＿＿＿＿＿＿＿
　kind to friends.

☐(3) あなたが英語でスピーチをすることは可能ですか。

　＿＿＿＿＿＿＿ ＿＿＿＿＿＿＿ possible for you ＿＿＿＿＿＿＿
　make a speech in English?

⚠ミスに注意

2(3)「―が～することは…ですか。」という疑問文はbe動詞isを文の最初に置く。否定文はbe動詞のあとにnotを置くよ。

ぴたトレ
1
要点チェック

文法のまとめ②

時間
15分

解答
p.6

〈新出語・熟語 別冊p.8〉

| 教科書の 重要ポイント | to不定詞（名詞用法・副詞用法・形容詞用法）・It is … (for A) to~. | 教科書 p.36 |

①to不定詞は，〈to＋動詞の原形〉の形で表す。

※主語が何であっても〈to＋動詞の原形〉の形はかわらない。

Tom wants to go to the park. 〔トムは公園に行きたいです。〕
3人称単数

※現在・過去・未来のいずれの文であっても〈to＋動詞の原形〉の形はかわらない。

I wanted to visit my grandmother yesterday. 〔私はきのう祖母を訪ねたかったです。〕
過去の文

※疑問文や否定文であっても〈to＋動詞の原形〉の形はかわらない。

What do you want to eat? 〔あなたは何を食べたいですか。〕
疑問文

② 名詞用法　「…すること」

Koji wants to read the book. 〔耕司はその本が読みたい。〕
→「…を読むことを望む」→「…を読みたい」

My dream is to be a teacher. 〔私の夢は教師になることです。〕
→be動詞の原形

名詞用法・副詞用法・形容詞用法は読解問題の英文中にもよく出てくるよ。どの意味が適切か，きちんと見極めよう。

③ 副詞用法　「…するために」

Tom went to the park to play volleyball. 〔トムはバレーボールをするために公園へ行きました。〕
公園に行った目的
「バレーボールをするために」

④ 形容詞用法　「…するための」

Miki has something to eat. 〔美紀は何か食べるものを持っています。〕
「食べるための」

⑤「(Aが / Aにとって)～することは…です。」＝〈It is … (for A) to＋動詞の原形 ～.〉

To take pictures is fun for me.
前にある主語　　後ろに送られた主語

＝ It's fun for me to take pictures. 〔私にとって写真を撮ることは楽しいです。〕
楽しいこと　私にとって　　写真を撮ること

for AのAは，〈to＋動詞の原形〉の意味上の主語になる（左の文で写真を撮るのはme）。

※英語では，主語が長い文は好まれないので，Itを主語のかわりとして使う。

ナルホド!

1 日本語に合うように，（　）内から適切な語句を選び，記号を〇で囲みなさい。

☐(1) 私は馬に乗ることが好きです。

I like （ ア ride　イ to ride ） a horse.

☐(2) 写真を撮ることがケイトの趣味です。

To take pictures （ ア is　イ are ） Kate's hobby.

☐(3) 私は何か飲むものがほしいです。

I want （ ア something to drink　イ to drink something ）.

☐(4) 私の弟は宿題をするために図書館へ行きました。

My brother went to the library （ ア for do　イ to do ） his homework.

⚠ ミスに注意

1(2)to不定詞が主語のときは3人称単数扱い。直前の名詞picturesが複数形であることに惑わされないようにしよう。

2 日本語に合うように，＿＿＿に適切な語を書きなさい。

☐(1) 毎朝ジョギングをすることはよいです。

＿＿＿＿＿＿ is good ＿＿＿＿＿＿ jog every morning.

☐(2) 彼にとって一輪車に乗ることは大変ではありません。

＿＿＿＿＿＿ isn't hard for ＿＿＿＿＿＿ ＿＿＿＿＿＿ ride a unicycle.

☐(3) カナエはなぜ早く起きたのですか。

―家族のために朝食を作るためです。

Why did Kanae get up early?

―＿＿＿＿＿＿ ＿＿＿＿＿＿ breakfast for her family.

☐(4) 父にはすべきことがたくさんありました。

My father had many ＿＿＿＿＿＿ ＿＿＿＿＿＿ ＿＿＿＿＿＿.

テストによく出る！

〈for A〉のAの形

2(2)意味上の主語を表す〈for A〉のAが代名詞のとき，meやhimなどの目的格の形にする。

3 日本語に合うように，（　）内の語句を並べかえなさい。

☐(1) 私の母の仕事は音楽を教えることです。

My mother's (to / music / is / teach / job).

My mother's ＿＿＿＿＿＿＿＿＿＿＿＿.

☐(2) 私は京都で訪れるべき場所を知りたいです。

(to / to / want / the places / know / I / visit) in Kyoto.

＿＿＿＿＿＿＿＿＿＿＿＿ in Kyoto.

☐(3) 私たちが宇宙を旅行することは不可能ですか。

(travel / impossible / it / for / to / is / us) in space?

＿＿＿＿＿＿＿＿＿＿＿＿ in space?

注目！

to不定詞の形容詞用法の訳し方

3(2)to不定詞の形容詞用法は「…するための」「…すべき」と訳すことができる。簡単に「…する」と訳すこともある。

例something to eat「食べる（べき）もの」

Reading for Information 1
施設の利用案内

教科書の重要ポイント　施設の利用案内を正しく読みとろう　教科書 p.37

Green Museum

■OPEN■ Tuesday – Sunday / 10:00 a.m. – 6:00 p.m.
　　↳施設のパンフレットの場合，開いている曜日や時間をチェックする

■TICKETS■

ADULT (over 17)	¥1,500
CHILD	
12-17	¥1,000
6-11	¥800
5 and under	¥300

↳家族で行った場合など，入場料の合計金額を問われることが多い
　金額が「ドル」なのか「円」なのかなどにも注目しよう

■DO NOT■
　・take pictures in the museum
　・eat or drink in the museum
↳施設内でしてはいけないこと
　ここでは「写真撮影」と「飲食」が禁止

■EVENTS■

①Talk Show 2:00 p.m. – 3:00 p.m. Every Sunday

A famous artist will talk about his or her own works.

You can talk with the artist after the show.

②Art lesson for children 9:00 a.m. – 11:00 a.m. Every Saturday

An Art teacher at a junior high school will show a way to draw pictures to children. Only elementary school students can join this event.

(注)talk show　トークショー　　artist　芸術家　　elementary school student　小学生

↳イベントの内容・実施日時・注意事項などを確認する
　参加者が限定されている場合などもあるので，よく読もう

ナルホド！

Words & Phrases　次の英語は日本語に，日本語は英語にしなさい。

□(1) adult （　　　　　　　　）

□(2) facility （　　　　　　　　）

□(3) pointed （　　　　　　　　）

□(4) dolphin （　　　　　　　　）

□(5) 賞，賞品　_____

□(6) forgetの過去形　_____

□(7) hearの過去形　_____

□(8) bringの過去形　_____

1 日本語に合うように，（　）内から適切な語句を選び，記号を〇で囲みなさい。

☐(1) ペットボトルの持ち込みは禁止です。

（ ア Please　イ Don't ）bring plastic bottles.

☐(2) 彼女は入浴したいと思っています。

She wants（ ア to take　イ taking ）a bath.

☐(3) 私はどこに行けばいいでしょうか。

（ ア When　イ Where ）should I go?

☐(4) 小さいロッカーはいくらですか。

How（ ア many　イ much ）is a small locker?

⚠ミスに注意

1(4)「いくら」と値段をたずねるときは，How muchで文を始めるよ。

Reading for Information 1

2 日本語に合うように，＿＿＿に適切な語を書きなさい。

☐(1) そのトークショーを見に来てください。

＿＿＿＿＿＿ and ＿＿＿＿＿＿ the talk show.

☐(2) 私はブラウン先生が子どもたちに英語を教えると聞きます。

I ＿＿＿＿＿＿ Mr. Brown will ＿＿＿＿＿＿ English to children.

☐(3) そのイベントは何時に始まりますか。

＿＿＿＿＿＿ ＿＿＿＿＿＿ does the event start?

☐(4) 彼らは私をコンサートに招待してくれました。

They invited ＿＿＿＿＿＿ ＿＿＿＿＿＿ the concert.

テストによく出る!

時刻をたずねる表現

2(3)「何時に」とたずねるときはWhat timeで文を始める。

3 日本語に合うように，（　）内の語句を並べかえなさい。

☐(1) 私たちはそのイベントに参加したいです。

(to / the event / want / join / we).

_____.

☐(2) そのボールを買うのにいくらかかりますか。

(to / much / it / buy / is / how) the ball?

_____ the ball?

☐(3) もしあなたがそこへ行きたくないのなら，家にいなさい。

(there / you / to / don't / if / go / want / ,) stay home.

_____ stay home.

☐(4) 私は食べ物を持ってくるのを忘れました。

(forgot / eat / I / to / to / something / bring).

_____.

注目!

「…するのを忘れる」

3(4)「…するのを忘れる」は〈forget to＋動詞の原形〉で表す。

ぴたトレ
2
練習

Lesson 2 ～
Reading for Information 1

時間 **20分**

解答 p.7

教科書 pp.21 ～ 37

文中でのto不定詞の役割をしっかりおさえておこう。

❶ ( )に入る適切な語句を選び，記号を〇で囲みなさい。

☐(1) I hope to ( ) you soon.

ア see イ sees ウ saw エ seeing

☐(2) I want ( ).

ア something book イ something to read

ウ read something エ to something read

☐(3) Why did you go to Australia? —( ) study English.

ア Because イ To ウ For エ I

☐(4) ( ) is fun to dance with my friends.

ア It イ That ウ This エ She

❷ 日本語に合うように， ＿＿＿に適切な語を書きなさい。

☐(1) 私の弟は留学したいと思っています。

My brother ＿＿＿＿＿＿ ＿＿＿＿＿＿ study abroad.

☐(2) あなたにとってフランス語を話すのは簡単ですか。

＿＿＿＿＿＿ it easy ＿＿＿＿＿＿ you to speak French?

☐(3) 1時間前に雨が降り始めました。

It started ＿＿＿＿＿＿ ＿＿＿＿＿＿ an hour ago.

❸ 書く✎ 英文を( )内の指示にしたがって書きかえなさい。

☐(1) I got up early. (「公園で走るために」という意味を加えて)

＿＿＿＿＿＿＿＿＿＿＿＿＿＿＿＿＿＿＿＿＿＿＿＿＿＿＿＿＿＿＿＿＿

☐(2) Kyoto has many places. (「訪れるべき」という意味を加えて)

＿＿＿＿＿＿＿＿＿＿＿＿＿＿＿＿＿＿＿＿＿＿＿＿＿＿＿＿＿＿＿＿＿

☐(3) Tom likes to listen to the radio. (下線部をたずねる疑問文に)

＿＿＿＿＿＿＿＿＿＿＿＿＿＿＿＿＿＿＿＿＿＿＿＿＿＿＿＿＿＿＿＿＿

❹ 書く✎ 日本語を( )内の語数で英語になおしなさい。

☐(1) 映画を見ることが私のお気に入りのことです。(6 語)

＿＿＿＿＿＿＿＿＿＿＿＿＿＿＿＿＿＿＿＿＿＿＿＿＿＿＿＿＿＿＿＿＿

☐(2) あなたは何か食べるものを持っていますか。(6 語)

＿＿＿＿＿＿＿＿＿＿＿＿＿＿＿＿＿＿＿＿＿＿＿＿＿＿＿＿＿＿＿＿＿

ヒント ❷(2)疑問文である点に注意。(3)「…し始める」は〈start to＋動詞の原形 …〉で表す。
❹(1)to不定詞で文を始める。「映画を見る」はsee[watch] movies。(2)「食べるための何か」と考える。

● to不定詞の３つの用法と It is ...（for ─）to ～.の文の形が問われるでしょう。
⇒ to不定詞の３つの用法の意味「…すること」「…するために」「…するための」をおさえておきましょう。
⇒「（─が／─にとって）～することは…です。」の文の形をおさえておきましょう。

5 読む📖 自分の夢について書いた花のスピーチ原稿の英文を読んで，あとの問いに答えなさい。

I want （　　）（　　）a farmer. I have three reasons.

First, I like fresh vegetables. Fresh food is important for our everyday lives and health. I want to grow healthy and organic vegetables for everyone.

Second, I am interested in technology. Farmers use technology to do many things. For example, they use drones to monitor crops and sensors to collect data twenty-four hours a day. I want to learn technology to improve farming.

Third, I think that farming is a way to bring people together. One day, I worked at a farm with other visitors from near and far, such as families, students, and tourists. We harvested some vegetables together.

□(1) 下線部が「私は農場経営者になりたいです。」という意味になるように，（　）に入る適切な語を書きなさい。　　　I want ＿＿＿＿＿＿＿＿＿ ＿＿＿＿＿＿＿＿＿ a farmer.

□(2) 農場経営者たちがドローンを使うのは何のためですか。日本語で書きなさい。
（　　　　　　　　　　　　　　　　　　　　　　　　　　　　　　　　）

□(3) 本文の内容に合うものを１つ選び，記号を○で囲みなさい。
　　ア 花は自分のために健康によい有機栽培の野菜を作りたいと思っている。
　　イ 花は農業をよりよくするために科学技術を学びたいと思っている。
　　ウ 花は家族や学生や旅行者たちと農場で野菜を植えた。

6 話す🗣 次の文を声に出して読み，問題に答え，答えを声に出して読んでみましょう。

アプリ

The robot was not a company product. A team of junior high school students in Osaka developed it. It was difficult for them to program the robot. They worked hard on it. They believe that it will be helpful for sign language users.

(注)company 会社　　product 製品　　develop 開発する　　program プログラムを作る
　　believe 信じる　　helpful 役に立つ　　sign language 手話　　user 使用者

□(1) Who developed the robot?
　　─ ＿＿＿＿＿＿＿＿＿＿＿＿＿＿＿＿＿＿＿＿＿＿＿＿＿＿＿＿＿＿

□(2) Who will the robot be helpful for?
　　─ ＿＿＿＿＿＿＿＿＿＿＿＿＿＿＿＿＿＿＿＿＿＿＿＿＿＿＿＿＿＿
＿＿＿＿＿＿＿＿＿＿＿＿＿＿＿＿＿＿＿＿＿＿＿＿＿＿＿＿＿＿＿＿＿＿＿＿

ヒント　**5** (2)第３段落３文目参照。目的を表す副詞用法のto不定詞に注目。
　　　　6 (1)２文目参照。(2)最終文参照。

ぴたトレ
3
確認テスト

Lesson 2 ~
Reading for Information 1

時間 30分 ／100点　合格 70点　解答 p.7

教科書 pp.21 ～ 37

❶ 下線部の発音が同じものには○を，そうでないものには×を書きなさい。　9点

(1) s<u>oo</u>n　　　　　　(2) s<u>u</u>ch　　　　　　(3) abr<u>oa</u>d

impr<u>o</u>ve　　　　　　s<u>u</u>btitle　　　　　　gr<u>ow</u>

❷ 最も強く発音する部分の記号を書きなさい。　9点

(1) or-gan-ic　　　　(2) en-gi-neer　　　　(3) pos-si-ble

ア　イ　ウ　　　　　　ア　イ　ウ　　　　　　ア　イ　ウ

❸ 日本語に合うように，＿＿に適切な語を解答欄に書きなさい。　16点

(1) きょうはお母さんを手伝う時間がありません。

I don't have time _____ _____ my mother today.

(2) 私はテレビを見るために早く帰宅しました。

I came home early _____ _____ TV.

(3) 彼女はバイオリンを練習することを決めました。

She _____ _____ practice the violin.

(4) 外国を旅行することは興味深いです。

_____ interesting _____ travel overseas.

❹ ＿＿に適切な語を入れて，対話文を完成させなさい。　15点

(1) *A :* Is your hobby cooking?

B : Yes, it is. I like _____ _____ very much.

(2) *A :* Are you thirsty?

B : Yes, I am. I want something _____ _____.

(3) *A :* _____ it possible _____ Ms. Brown to write *kanji*?

B : Yes, it is. She _____ write *kanji* well.

❺ 読む📖 対話文を読んで，あとの問いに答えなさい。　27点

Amy : What are you doing now, Ryoko?

Ryoko : I'm doing my English homework. Our teacher said, "Read an English book and write a report about it." ①(read / it / for / is / me / difficult / to) an English book without a dictionary.

Amy : If you use one, it will take a long time.

Ryoko : I think ②so, too. I'll do my best.

Amy : That's great. I'll help you if you need my help.

Ryoko : Thank you, Amy.

Amy : Well, I went to the aquarium last month. I want to go there again. Let's go there together next Sunday.

成績評価の観点　知…言語や文化についての知識・技能　表…外国語表現の能力

Ryoko : Oh, I have many things to do next Sunday. How about next Saturday?

Amy : I will be free next weekend. Let's go to the aquarium next Saturday.

Ryoko : Yes, let's.

(注)take （時間が）かかる　　free　ひまな

(1) 下線部①が意味の通る英文となるように，（　）内の語を並べかえなさい。

(2) 下線部②が指している内容を具体的に日本語で書きなさい。

(3) 本文の内容に合うように，次の問いに英語で答えなさい。

Will Ryoko be busy next Saturday?

(4) 本文の内容に合うものを1つ選び，記号を書きなさい。

ア　エイミーが話しかけたとき，リョウコは英語の宿題をしていた。

イ　エイミーは先週，水族館に行った。

ウ　エイミーとリョウコは次の日曜日に水族館へ行くつもりである。

❻ 書く！ 次のようなとき英語で何と言うか，（　）内の指示にしたがって書きなさい。

表　24点

(1) 友達に，何になりたいかたずねたいとき。（6語で）

(2) 友達に，何か食べるものを買いたいと伝えたいとき。（7語で）

(3) 友達に，試験に合格するためにどれくらい長く勉強するかたずねたいとき。

（the examを使って，9語で）

❶	(1)		(2)		(3)		❷	(1)		(2)		(3)	
		3点		3点		3点			3点		3点		3点
❸	(1)						(2)						
								4点					4点
	(3)						(4)						
								4点					4点
❹	(1)					5点		(2)					5点
	(3)						5点						
❺	(1)												7点
	(2)												7点
	(3)							7点	(4)				6点
❻	(1)												表 8点
	(2)												表 8点
	(3)												表 8点

▶ 表 の印がない問題は全て 知 の観点です。

39

ぴたトレ
1
要点チェック

Lesson 3
Every Drop Counts (GET Part 1)

時間 15分
解答 p.8

〈新出語・熟語 別冊p.9〉

| 教科書の重要ポイント | There is[are] ....の文 | 教科書 pp.40〜41 |

There is a big park in this town. 〔この町には大きい公園があります。〕

There are two big parks in this town. 〔この町には2つの大きい公園があります。〕

Is there a big park in this town? 〔この町には大きい公園がありますか。〕

—**Yes,** there is. / **No,** there is not. 〔はい, あります。／いいえ, ありません。〕

「(〜の場所に)…があります。」は〈There is[are] ....〉で表す。

be動詞のis, areはあとの「…」にくる名詞が単数か複数かによって使い分ける。

肯定文　There is a big park in this town. 〔この町には大きい公園があります。〕
　　　　　　　単数

　　　　　There are two big parks in this town. 〔この町には2つの大きい公園があります。〕
　　　　　　　複数

疑問文　Is there a big park in this town? 〔この町には大きい公園がありますか。〕
　　　　└→文の最初にbe動詞を置く

応答文　—Yes, there is. / No, there is not. 〔はい, あります。／いいえ, ありません。〕
　　　　　　└→答えの文でもthereを使う

※〈There is[are] ....〉の「…」にはtheやmyなど特定する語(句)をつけないこと。

× There is <u>my</u> bag on the chair.

○ My bag is on the chair. 〔私のかばんはいすの上にあります。〕

過去の文では, be動詞をwas, wereにするよ。

ナルホド!

Words & Phrases 次の英語は日本語に, 日本語は英語にしなさい。

□(1) count　　(　　　　　　)

□(2) valley　　(　　　　　　)

□(3) fog　　(　　　　　　)

□(4) bookshelf　(　　　　　　)

□(5) finally　　(　　　　　　)

□(6) over there　(　　　　　　)

□(7) 丸い, 円形の　_____

□(8) 標識, 看板　_____

□(9) …のために　_____

□(10) 雲　_____

□(11) 独特な, とても珍しい　_____

□(12) カフェ　_____

1 日本語に合うように，（　）内から適切な語句を選び，記号を○で囲みなさい。

□(1) ベッドの上にネコがいます。

There (　ア is　イ are　) a cat on the bed.

□(2) 公園にいくつかのベンチがあります。

There (　ア is　イ are　) some benches in the park.

□(3) 駅の近くにたくさんの人がいました。

There (　ア are　イ were　) many people near the station.

□(4) 教室に時計はありますか。—はい，あります。

(　ア There is　イ Is there　) a clock in the classroom?

—Yes, (　ア there　イ it　) is.

⚠ ミスに注意

1 (1)～(3)あとに続く名詞が単数ならis，複数ならare。過去の文ならwas[were]にするよ。

2 例にならい，絵に合うように「…に～があります」という文を完成させなさい。

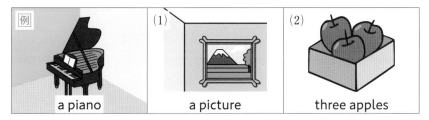

例	(1)	(2)
a piano	a picture	three apples

例 **There is a piano in my house.**

□(1) There ＿＿＿＿＿＿＿＿ a picture ＿＿＿＿＿＿＿＿ the wall.

□(2) There ＿＿＿＿＿＿＿＿ three apples ＿＿＿＿＿＿＿＿ the box.

テストによく出る！

場所を表す前置詞

2 「…の上に」はon，「…の中に」はin，「…に近くに」はnearなど，場所を表す語を覚えておく。

(1)onは「表面に接していること」を表すので，on the wallは「壁にかかっている」ことを表す。

3 日本語に合うように，（　）内の語句を並べかえなさい。

□(1) 向こうに大きな木があります。

(big / there / a / is / over there / tree).

＿＿＿＿＿＿＿＿＿＿＿＿＿＿＿＿＿＿＿＿＿＿＿.

□(2) 霧のために湖が見えませんでした。

We (because of / couldn't / the lake / see) the fog.

We ＿＿＿＿＿＿＿＿＿＿＿＿＿＿＿＿ the fog.

□(3) この近くにレストランはありますか。—いいえ，ありません。

(restaurants / are / any / there) near here?

—(there / not / are / no / ,).

＿＿＿＿＿＿＿＿＿＿＿＿＿＿＿＿ near here?

—＿＿＿＿＿＿＿＿＿＿＿＿＿＿＿＿＿＿＿.

注目！

疑問文と答え方

3 (3)There is[are] ....の文の疑問文は文の最初にbe動詞を置く。答えの文でもthereを使う。

Lesson 3
Every Drop Counts (GET Part 2)

教科書の重要ポイント **動名詞／付加疑問文** 教科書 pp.42 ～ 43

I like playing soccer. 〔私はサッカーをすることが好きです。〕

Playing soccer is a lot of fun. 〔サッカーをすることはとても楽しいです。〕

There was fog in the morning, wasn't there? 〔朝は霧が出ていましたよね。〕

①「…すること」は動詞の–ing形で表すことができる。名詞と同じはたらきをする。

現在進行形 I am playing soccer. 〔私はサッカーをしています。〕
「サッカーをしている」 ※playingは動詞のはたらき

動名詞 I like playing soccer. 〔私はサッカーをすることが好きです。〕
「サッカーをすること」 ※playingは名詞のはたらき (＝I like to play soccer.)

Playing soccer is a lot of fun. 〔サッカーをすることはとても楽しいです。〕
「サッカーをすること」 (＝To play soccer is a lot of fun.)

※動名詞は，「…すること」を表すto不定詞の名詞用法と同じように使うことができる。動詞によって，目的語にto不定詞，動名詞のどちらを使うかが決まる。

動名詞とto不定詞のどちらも使える動詞	like, startなど
動名詞だけが使える動詞	enjoy, finishなど
to不定詞だけが使える動詞	want, hopeなど

②「…ですね」と確認するときなどに使う表現を付加疑問文という。肯定文と否定文で，形が異なる。付加疑問の主語は前の文の主語を代名詞にする。ただし，There is[are] ～.の文ではthereを使う。元の文が肯定文のときは否定形の付加疑問，元の文が否定文のときは肯定形の付加疑問を続ける。

There was fog in the morning, wasn't there? 〔朝は霧が出ていましたよね。〕
肯定文 否定形の付加疑問

Mr. Brown isn't from Australia, is he? 〔ブラウン先生はオーストラリア出身ではないですよね。〕
否定文 肯定形の付加疑問(Mr. Brownは代名詞heにする)

ナルホド！

Words & Phrases 次の英語は日本語に，日本語は英語にしなさい。

□(1) excellent (　　　　　　　　　)

□(2) wood(s) (　　　　　　　　　)

□(3) a lot of … (　　　　　　　　　)

□(4) 空気，大気 ＿＿＿＿＿＿＿＿＿

□(5) 推理小説，ミステリー ＿＿＿＿＿＿＿＿＿

□(6) ハイキングをする ＿＿＿＿＿＿＿＿＿

1 日本語に合うように，（　）内から適切な語句を選び，記号を○で囲みなさい。

☐(1) 私の姉は手紙を書くことが好きです。

My sister likes（ ア writing　イ write ）letters.

☐(2) クッキーを焼くことが私の趣味です。

Baking cookies（ ア is　イ are ）my hobby.

☐(3) 私は野菜を栽培したいです。

I want（ ア growing　イ to grow ）vegetables.

☐(4) あなたはきょう忙しいですよね。

You are busy today,（ ア are you　イ aren't you ）?

⚠ミスに注意

1(3)wantは目的語にto不定詞だけをとる動詞だよ。動名詞は使えないので注意しよう。

2 例にならい，絵に合うように「私は…して楽しみました」という文を完成させなさい。

例 **I enjoyed playing tennis.**

☐(1) I enjoyed ＿＿＿＿＿＿ in the sea.

☐(2) I ＿＿＿＿＿＿ ＿＿＿＿＿＿ pictures of stars.

テストによく出る!

〈enjoy＋動詞の-ing形〉

2「…して楽しむ」は〈enjoy＋動詞の-ing形〉で表す。enjoyは動名詞だけを目的語にとる動詞。

3 日本語に合うように，（　）内の語句を並べかえなさい。

☐(1) ケイトと話すのはとても楽しかったです。

(with / a lot of / was / fun / talking / Kate).

＿＿＿＿＿＿＿＿＿＿＿＿＿＿＿＿＿＿.

☐(2) 2時間前に雨が降り始めました。

(two / it / raining / hours / started) ago.

＿＿＿＿＿＿＿＿＿＿＿＿＿＿＿ ago.

☐(3) 彼女は料理をすることが好きではありません。

(not / does / cooking / like / she).

＿＿＿＿＿＿＿＿＿＿＿＿＿＿＿＿.

☐(4) たくさんの子どもたちがいましたよね。

(were / children / weren't / there / there / many / ,)?

＿＿＿＿＿＿＿＿＿＿＿＿＿＿＿＿?

注目!

付加疑問文

3(4)「…ですよね」と確認するときは付加疑問文にする。

There were …の文には〈, weren't there?〉をつける。

Lesson 3

ぴたトレ
1
要点チェック

Lesson 3
Every Drop Counts (USE Read)

時間 **15**分
解答 p.9

〈新出語・熟語 別冊p.9〉

教科書の重要ポイント **There is [are] ....の否定文** 教科書 pp.44 ~ 45

In many parts of the world, <u>there is not</u> enough clean water.
〔世界の多くの地域には，十分なきれいな水がありません。〕

「(~の場所に)…がありません。」は〈There is [are] not ....〉で表す。
否定文はbe動詞のあとにnotを置く。

肯定文 There is ☐ enough clean water. 〔十分なきれいな水があります。〕
否定文 There is not enough clean water. 〔十分なきれいな水がありません。〕
　　　　　　　 └→be動詞のあとにnotを置く

waterは数えられない名詞だから，be動詞はisを使うよ。

ナルホド!

Words & Phrases 次の英語は日本語に，日本語は英語にしなさい。

☐(1) including (　　　　　　　　　) ☐(4) 供給する，与える ＿＿＿＿＿＿＿

☐(2) however (　　　　　　　　　) ☐(5) 十分な ＿＿＿＿＿＿＿

☐(3) large (　　　　　　　　　) ☐(6) 不足，欠乏 ＿＿＿＿＿＿＿

1 日本語に合うように，(　)内から適切な語句を選び，記号を〇で囲みなさい。

☐(1) 私の家の近くに郵便局はありません。
There (ア is not　イ aren't) a post office near my house.

☐(2) そのとき教室に生徒は1人もいませんでした。
There (ア weren't　イ wasn't) any students in the classroom then.

2 日本語に合うように，＿＿＿に適切な語を書きなさい。

☐(1) 水蒸気が小さな水のしずくに変わりました。
The water vapor ＿＿＿＿＿＿ ＿＿＿＿＿＿ tiny drops of water.

☐(2) 先生が生徒たちに新しい教科書を提供しました。
The teacher ＿＿＿＿＿＿ the students ＿＿＿＿＿＿ new textbooks.

⚠️ミスに注意

2(2)provide A with B で「AにBを提供する」という意味だよ。

44

Lesson 3
Every Drop Counts (USE Speak)

| 教科書の 重要ポイント | グループで英語で話し合うときの表現 | 教科書 p.46 |

▼ 話し合いをするときの表現

【話を切り出す】　Let's start.　〔始めましょう。〕

　　　　　　　　Who has an idea?　〔アイデアがある人はいますか。〕

【発言を促す】　Who has a different opinion?　〔違う意見の人はいますか。〕

　　　　　　　　What do you think?　〔あなたはどう思いますか。〕

【意見を言う】　How about ...?　〔…はどうですか。〕

　　　　　　　　I want to ....　〔私は…したいです。〕

【賛成／反対する】　I agree.　〔賛成です。〕

　　　　　　　　I like the idea, but ....　〔そのアイデアは好きですが…。〕

【意見をまとめる】　Time's up.　〔時間です。〕

　　　　　　　　Let's vote for one, A or B.　〔AかBのどちらか1つに投票しましょう。〕

|ナルホド|

Lesson 3

| Words & Phrases |　次の英語は日本語に，日本語は英語にしなさい。

☐(1) else　（　　　　　　　　）　　☐(3) hearの過去形　＿＿＿＿＿＿＿＿＿

☐(2) heartwarming（　　　　　　　）　☐(4) 投票する　＿＿＿＿＿＿＿＿＿

1 日本語に合うように，（　）内から適切な語句を選び，記号を○で囲みなさい。

☐(1) あなたはどう思いますか，マーク。

　　　（ ア How　イ What) do you think, Mark?

☐(2) アイデアがある人はいますか。

　　　（ ア Who　イ Is there) has an idea?

⚠ミスに注意

1 (1)「あなたはどう思いますか」はHowではなくWhatで文を始めるよ。間違えやすいので注意しよう。

2 日本語に合うように，＿＿＿に適切な語を書きなさい。

☐(1) 何かほかのものを食べましょう。

　　　Let's eat ＿＿＿＿＿＿＿ ＿＿＿＿＿＿＿.

☐(2) 私にはそれをするのは大変です。

　　　＿＿＿＿＿＿＿ hard ＿＿＿＿＿＿＿ me to do that.

☐(3) それはよい選択です。

　　　That's a ＿＿＿＿＿＿＿ ＿＿＿＿＿＿＿.

ぴたトレ
1
要点チェック

Lesson 3
Every Drop Counts (USE Speak)

時間 **15**分

解答 p.9

〈新出語・熟語 別冊p.9〉

教科書の重要ポイント 　**英語で町を紹介しよう**　　教科書 p.47

▼ 町の何を紹介するのかを決める

- Places to visit 〔訪れるべき場所〕
- Food to eat 〔食べるべき食べ物〕
- Events to join 〔参加すべきイベント〕

あなたの町のおすすめの場所や食べ物，行事などを，今までに習った表現を使って，英語で紹介してみよう。

▼ 町を紹介する表現

- There is[are] ... in my town. 〔私の町には…があります。〕
- I recommend .... 〔私は…をおすすめします。〕
- ... is full of ～. 〔…は～でいっぱいです。〕
- ... is the best event to ～. 〔…は～するのにいちばんよいイベントです。〕

ナルホド！

Words & Phrases 　次の英語は日本語に，日本語は英語にしなさい。

☐(1) gather 　　(　　　　　　　　)

☐(2) parade 　　(　　　　　　　　)

☐(3) thousands of ... (　　　　　　　　)

☐(4) 推奨する，推薦する 　＿＿＿＿＿＿＿＿

☐(5) たな 　＿＿＿＿＿＿＿＿

☐(6) (5)の複数形 　＿＿＿＿＿＿＿＿

1 日本語に合うように，（　）内から適切な語を選び，記号を〇で囲みなさい。

☐(1) 動物園でサルを見ることは楽しいです。

（ ア Watching 　イ Watch ）monkeys in the zoo is fun.

☐(2) この前の7月，私は夏祭りに参加しました。

I（ ア joins 　イ joined ）the summer festival last July.

⚠ミスに注意

1(1)「…すること」は動詞の -ing 形（動名詞）または to 不定詞の名詞用法で表せるよ。

2 日本語に合うように，＿＿＿に適切な語を書きなさい。

☐(1) 子どもたちは元気がみなぎっています。

Children are ＿＿＿＿＿＿ ＿＿＿＿＿＿ energy.

☐(2) それは参加するのにいちばんよいイベントです。

It's the ＿＿＿＿＿＿ event to ＿＿＿＿＿＿.

☐(3) 私の町には2つの大きな祭りがあります。

＿＿＿＿＿＿ ＿＿＿＿＿＿ two big festivals in my town.

GET Plus 3 魚釣りをしてはいけません
Word Bank 公園や図書館，交通のルールに関することば

〈新出語・熟語 別冊p.9〉

教科書の重要ポイント 「…しなければならない」「…してはいけない」 教科書 pp.48〜49

The sign says you <u>must not</u> fish here.

〔看板にここで魚釣りをしてはいけませんと書いてあります。〕

It also says we <u>must</u> beware of snakes.

〔ヘビに注意しなければいけませんとも書いてあります。〕

「…してはいけない」＝〈must not＋動詞の原形〉

「…しなければならない」＝〈must＋動詞の原形〉

The sign says you must not fish here.
　　　　　　　↑　　　　　　　　　動詞の原形
　　　接続詞thatの省略

〔看板にここで魚釣りをしてはいけませんと書いてあります。〕

It also says we must beware of snakes.
　　　　　　　　　　　　動詞の原形

〔ヘビに注意しなければいけませんとも書いてあります。〕

You must not ....と Don't ....はどちらも「…してはいけません。」という意味だよ。

ナルホド！

Words & Phrases 次の英語は日本語に，日本語は英語にしなさい。

□(1) grass （　　　　　　　　）　　□(4) 規則，ルール ＿＿＿＿＿＿＿＿

□(2) loudly （　　　　　　　　）　　□(5) 交通 ＿＿＿＿＿＿＿＿

□(3) double （　　　　　　　　）　　□(6) 従う ＿＿＿＿＿＿＿＿

1 日本語に合うように，（　）内から適切な語句を選び，記号を○で囲みなさい。

□(1) 私の姉は母を手伝わなければなりません。

　　My sister must （ ア help　イ helps ） my mother.

□(2) 図書館では大声で話してはいけません。

　　You （ ア will not　イ must not ） speak loudly in the library.

2 日本語に合うように，＿＿＿に適切な語を書きなさい。

□(1) 私は早く寝なければなりません。

　　I ＿＿＿＿＿＿＿ ＿＿＿＿＿＿＿ to bed early.

□(2) この博物館では飲食禁止です。

　　You ＿＿＿＿＿＿＿ ＿＿＿＿＿＿＿ eat or drink in this museum.

□(3) この川で泳いではいけません。

　　You ＿＿＿＿＿＿＿ ＿＿＿＿＿＿＿ in this river.

⚠ミスに注意

1 2 mustはwillやcanと同じ助動詞なので，主語が何であっても〈must＋動詞の原形〉の形はかわらないよ。must notの短縮形はmustn'tだよ。

ぴたトレ
1
要点チェック

文法のまとめ ③

時間 **15**分

解答 p.10

〈新出語・熟語 別冊p.9〉

| 教科書の
重要ポイント | There is [are] ....・動名詞・前置詞 | 教科書 p.50 |

①「(～の場所に)…があります。」=〈There is[are] ....〉

あとの「…」にくる名詞(主語)が単数ならis，複数ならareにする。過去の文ではwas，were。

肯定文 There │is│ a big park in this town. 〔この町には大きい公園があります。〕
　　　　　　　　単数

　　　　There │are│ two big parks in this town. 〔この町には2つの大きい公園があります。〕
　　　　　　　　　　　複数

疑問文 Is there a big park in this town? 〔この町には大きい公園がありますか。〕
　　　└→文の最初にbe動詞を置く

応答文 —Yes, there is. / No, there is not. 〔はい，あります。／いいえ，ありません。〕
　　　　　　　└→答えの文でもthereを使う

②動名詞(動詞の-ing形)「…すること」

I like playing soccer. 〔私はサッカーをすることが好きです。〕
　　　「サッカーをすること」

Playing soccer is a lot of fun. 〔サッカーをすることはとても楽しいです。〕
「サッカーをすること」

> あとに動名詞が続く動詞なのか，
> to不定詞が続く動詞なのか，
> しっかり見極めよう。

目的語に動名詞とto不定詞のどちらも使える動詞	like, startなど
目的語に動名詞だけが使える動詞	enjoy, stopなど
目的語にto不定詞だけが使える動詞	want, hopeなど

③前置詞　名詞の前に置き，位置や方向，手段，時間などを表す。

on	「…の上に」「…の(表面)に」	on the bed (ベッドの上に)，on the wall (壁に)
in	「…(の中)に[で，の]」	in Japan (日本で)，in summer (夏に)
at	「…に[で]」「…(時)に」	at school (学校で)，at eight (8時に)
to	「…へ[に]」	go to Osaka (大阪へ行く)
near	「…の近くに[で]」	near my house (私の家の近くに)
around	「…のまわりを[に，で]」	around my neck (私の首のまわりに)
under	「…の下に」	under the bench (ベンチの下に)
for	「…のために[の]」	for breakfast (朝食のために)
across	「…を横切って」	across the street (通りを横切って)
over	「…を覆って」	over the mountain (山の上に)
between	「…の間に[で，を，の]」	between Tokyo and Osaka (東京と大阪の間に)
from	「…から，…出身の」	from here (ここから)，from India (インド出身の)

1 日本語に合うように，（　）内から適切な語句を選び，記号を〇で囲みなさい。

□(1) 箱の中にボールが２つ入っています。

There（ ア is　イ are ）two balls in the box.

□(2) 私はその本を読むことをやめました。

I stopped（ ア to read　イ reading ）the book.

□(3) ケンタは留学したいと思っています。

Kenta wants（ ア to study　イ studying ）abroad.

□(4) あなたの学校にはいくつかコンピューターがありますか。

—はい，あります。

（ ア Is　イ Are ）there any computers in your school?

—Yes,（ ア there　イ they ）are.

2 日本語に合うように，＿＿に適切な語を書きなさい。

□(1) この町には10年前，大きな劇場がありました。

＿＿＿＿＿＿＿ ＿＿＿＿＿＿ a big theater in this town ten years ago.

□(2) 彼らはテレビで野球の試合を見て楽しみました。

They ＿＿＿＿＿＿ ＿＿＿＿＿＿ the baseball game on TV.

□(3) 英語でレポートを書くことは難しかったです。

＿＿＿＿＿＿ a report in English ＿＿＿＿＿＿ difficult.

□(4) その少女は彼女の父親と母親の間にすわっています。

The girl is sitting ＿＿＿＿＿＿ her father ＿＿＿＿＿＿ mother.

3 日本語に合うように，（　）内の語を並べかえなさい。

□(1) 私は音楽を聞くのが大好きです。

（ music / I / to / listening / like ）very much.

＿＿＿＿＿＿＿＿＿＿＿＿＿＿＿＿＿ very much.

□(2) 兄の趣味はカードを集めることです。

My brother's（ cards / is / hobby / collecting ）.

My brother's ＿＿＿＿＿＿＿＿＿＿＿＿＿.

□(3) あなたのクラスには何人の生徒がいますか。—30人です。

（ are / students / how / there / many ）in your class?

—（ thirty / are / students / there ）.

＿＿＿＿＿＿＿＿＿＿＿＿＿＿ in your class?

—＿＿＿＿＿＿＿＿＿＿＿＿＿＿＿＿.

⚠ ミス に 注意

1(2)(3)stopはあとに動名詞を，wantはあとにto不定詞のみをとる動詞だよ。

テストによく出る!

There is[are] ....

2(1)There is[are] ....の文の主語は「…」の部分。主語の数や現在・過去などによってbe動詞を使い分ける。

注目!

「何人の…がいますか。」

3(3)「何人[いくつ]の…がいますか[ありますか]」は〈How many＋名詞の複数形＋are there?〉で表す。

① （ ）に入る適切な語句を選び，記号を〇で囲みなさい。

☐(1) There （　　） a lot of people in the museum last Saturday.

ア is　　イ are　　ウ was　　エ were

☐(2) Jane （　　） leave home now.

ア was　　イ does　　ウ must　　エ did

☐(3) （　　） there any textbooks in your bag?

ア Is　　イ Are　　ウ Was　　エ Do

☐(4) Mark enjoyed （　　） with his friends yesterday.

ア skate　　イ skated　　ウ skating　　エ to skate

> ◆(4)enjoyはあとにto不定詞と動名詞のどちらをとる動詞だったかな？

② 日本語に合うように，＿＿に適切な語を書きなさい。

☐(1) 私は同級生とバスケットボールをするのが好きです。

I ＿＿＿＿＿ ＿＿＿＿＿ basketball with my classmates.

☐(2) 体育館には生徒が1人もいませんでした。

＿＿＿＿＿ ＿＿＿＿＿ any students in the gym.

☐(3) 私は英語の本を読むことに興味があります。

I'm interested ＿＿＿＿＿ ＿＿＿＿＿ English books.

③ 書く✐ 英文を（ ）内の指示にしたがって書きかえなさい。

☐(1) Tom played the game. （「…することをやめました」という英文に）

_____

☐(2) Our team has twelve boys. （Thereから始めてほぼ同じ意味に）

_____

☐(3) Don't take pictures here. （Youから始めてほぼ同じ意味に）

_____

④ 書く✐ 日本語を（ ）内の語数で英語になおしなさい。

☐(1) 私の家の近くに病院が1つあります。（7語）

_____

☐(2) 海で泳ぐことは楽しいです。（funを使って6語）

_____

ヒント　② (2)過去の否定文である点に注意。(3)前置詞のあとは動名詞を置く。
④ (2)動名詞で文を始める。

5 読む📖 **対話文を読んで，あとの問いに答えなさい。**

Ms. Brown : Did you enjoy ①(hike) this morning?

Dinu : It was excellent. Walking in the woods was fun.

Ms. Brown : ②There was fog in the morning, (   ) (   )?

Dinu : Yes. Why is that?

Ms. Brown : When warm moist air cools down at night, it becomes fog.

Dinu : ③That's interesting.

□(1) 下線部①の（　）内の語を適切な形にしなさい。

_____

□(2) 下線部②が「朝は霧が出ていましたよね。」という意味になるように，（　）に入る適切な語を書きなさい。

_____ _____

□(3) 下線部③が指している内容を具体的に日本語で書きなさい。

（　　　　　　　　　　　　　　　　　　　　　　　　　　　　　　　　）

□(4) 本文の内容に合うものを１つ選び，記号を○で囲みなさい。

　ア ディヌーは森を散歩して楽しんだ。

　イ ディヌーは朝，霧が出ていた理由を知っていた。

　ウ ディヌーはブラウン先生の話に驚いた。

6 話す🔊 **次の文を声に出して読み，問題に答え，答えを声に出して読んでみましょう。**

　This is a manhole toilet. I watched a demonstration. If you want to use a toilet, you have to open the manhole first. Next, put a seat on it. Then, set up a tent over it. Now you can use the toilet.

(注)manhole マンホール　　toilet トイレ　　demonstration 実演　　next 次に
set up a tent テントを張る　　over ... …を覆って

□(1) What is this article about?

　　— _____

□(2) If you want to use a toilet, what do you have to do first?

　　— _____

ヒント　　**5** (3)前文の内容をさしている。

　　　　　6 (1)１文目参照。(2)３文目参照。

51

ぴたトレ
3
確認テスト

Lesson 3
～ 文法のまとめ ③

時間30分 /100点　合格70点　解答 p.11

教科書 pp.39 ～ 50

❶ 下線部の発音が同じものには〇を，そうでないものには×を書きなさい。 　9点

(1) w<u>oo</u>d
　　bamb<u>oo</u>

(2) en<u>ou</u>gh
　　d<u>ou</u>ble

(3) h<u>ear</u>d
　　l<u>ar</u>ge

❷ 最も強く発音する部分の記号を書きなさい。 　9点

(1) pro - vide
　　ア　　イ

(2) pa - rade
　　ア　　イ

(3) how - ev - er
　　ア　　イ　　ウ

❸ 日本語に合うように， ＿＿＿ に適切な語を解答欄に書きなさい。 　16点

(1) 窓のそばに１台のベッドがありますか。

　　＿＿＿＿ ＿＿＿＿ a bed by the window?

(2) ((1)の質問に答えて)はい，あります。

　　Yes, ＿＿＿＿ ＿＿＿＿.

(3) 映画を見ることはわくわくします。

　　＿＿＿＿ movies ＿＿＿＿ exciting.

(4) あなたは夕食を食べる前に手を洗わなければなりません。

　　You ＿＿＿＿ wash your hands before ＿＿＿＿ dinner.

❹ ＿＿＿ に適切な語を入れて，対話文を完成させなさい。 　15点

(1) *A :* What do you like to play?

　　B : I ＿＿＿＿ ＿＿＿＿ soccer.

(2) *A :* ＿＿＿＿ ＿＿＿＿ any theaters in this town?

　　B : No. This town has no theaters.

(3) *A :* The baby is sleeping. You ＿＿＿＿ ＿＿＿＿ play the piano.

　　B : OK.

❺ 読む📖 対話文を読んで，あとの問いに答えなさい。 　27点

Mark : I enjoyed watching your volleyball game last Sunday. It was really exciting. You did a great job, Rumi. Your team won because (①) you.

Rumi : Thank you, Mark. But we won the game because all of us played hard.

Mark : I see. Did you practice for the game every day?

Rumi : Yes, we did. We practiced at the school gym on weekdays, and we practiced at the gym in our town on weekends. ②<u>(　　) a big gym in our town.</u> We had a lot of practice games there.

Mark : ③<u>(there / many / in / how / members / are)</u> your team?

Rumi : About forty members.

成績評価の観点　知 …言語や文化についての知識・技能　表 …外国語表現の能力

Mark : Oh, then you must practice hard to play in the game.

Rumi : That's right.

Mark : When is the next game?

Rumi : We are going to have a game next month. Come to watch it again.

(注)weekday 平日　　practice game 練習試合　　member 部員

(1) （ ① ）に入る適切な語を１つ選び，記号を書きなさい。

　　ア to　　イ for　　ウ of

(2) 下線部②が「私たちの町には大きな体育館があります。」という意味になるように，（　）に入る適切な語を書きなさい。

(3) 下線部③が意味の通る英文となるように，（　）内の語を並べかえなさい。

(4) 本文の内容に合うものを１つ選び，記号を書きなさい。

　　ア マークは先週の土曜日，ルミのバレーボールの試合を見に行った。

　　イ ルミのチームは週末，学校の体育館で練習試合をした。

　　ウ ルミのチームは来月，試合がある。

点UP **⑥** **書く✔** 次のようなとき英語で何と言うか，（　）内の指示にしたがって書きなさい。 表　24点

(1) 友達に，きのうは花の写真を撮って楽しんだと伝えたいとき。（７語で）

(2) 友達に，今自分の宿題をしなければならないと伝えたいとき。（６語で）

(3) 友達に，学校に何人の先生がいるかたずねたいとき。（８語で）

❶	(1)		(2)		(3)		❷	(1)		(2)		(3)	
		3点		3点		3点			3点		3点		3点

❸	(1)			(2)	
			4点		4点
	(3)			(4)	
			4点		4点

❹	(1)		(2)	
		5点		5点
	(3)			
		5点		

❺	(1)		(2)	
		6点		7点
	(3)			(4)	
			7点		7点

❻	(1)	表 8点
	(2)	表 8点
	(3)	表 8点

▶ 表 の印がない問題は全て 知 の観点です。

ぴたトレ
1
要点チェック

Lesson 4
Uluru (GET Part 1)

時間 **15分**

解答 p.12

〈新出語・熟語 別冊p.10〉

| 教科書の重要ポイント | 〈動詞(give) + A + B〉の文 | 教科書 pp.52 ～ 53 |

I will give him a wallet. 〔私は彼にさいふをあげるつもりです。〕

「A(人)にB(もの)を…する」は〈動詞+A(人)+B(もの)〉で表す。
Amy will give a watch to Koji. 〔エイミーは耕司に腕時計をあげるつもりです。〕

I will give him a wallet. 〔私は彼にさいふをあげるつもりです。〕
　　　　A(人)　B(もの)　　※A(人)が代名詞のときは，meやhimなどの目的格にする。

※〈動詞+A(人)+B(もの)〉は〈動詞+B(もの)+to[for]+A(人)〉で書きかえることができる。

I will give him a wallet. = I will give a wallet to him.
　　　　A(人)　B(もの)　　　　　　　　B(もの)　　A(人)

My father bought me a cap. = My father bought a cap for me.
　　　　　　　A(人)B(もの)　　　　　　　　　　B(もの)　　A(人)

・〈動詞+B(もの)+to+A(人)〉になる動詞
　give, show, teach, sendなど
・〈動詞+B(もの)+for+A(人)〉になる動詞
　buy, make, sing, cookなど

| Words & Phrases | 次の英語は日本語に，日本語は英語にしなさい。 |

☐(1) toy　　　　　(　　　　　　　　)

☐(2) magazine　　(　　　　　　　　)

☐(3) crane　　　　(　　　　　　　　)

☐(4) chart　　　　(　　　　　　　　)

☐(5) middle of ...　(　　　　　　　　)

☐(6) sightseeing　(　　　　　　　　)

☐(7) wallet　　　　(　　　　　　　　)

☐(8) Ululu　　　　(　　　　　　　　)

☐(9) Sydney　　　(　　　　　　　　)

☐(10) (時間を)過ごす　＿＿＿＿＿＿＿＿

☐(11) 招待する，招く　＿＿＿＿＿＿＿＿

☐(12) おば　　　　　＿＿＿＿＿＿＿＿

☐(13) コート，上着　＿＿＿＿＿＿＿＿

☐(14) ガイドブック　＿＿＿＿＿＿＿＿

☐(15) 冬　　　　　　＿＿＿＿＿＿＿＿

☐(16) 身につけている　＿＿＿＿＿＿＿＿

☐(17) 寒い，冷たい　＿＿＿＿＿＿＿＿

☐(18) 手袋　　　　　＿＿＿＿＿＿＿＿

1 日本語に合うように，（　）内から適切な語句を選び，記号を〇で囲みなさい。

⚠ミスに注意

1(1)(3)〈動詞＋A（人）＋B（もの）〉のA（人）が代名詞のときは，me やusなどの目的格にするよ。

☐(1) 姉は私にかばんをくれました。

My sister gave (ア my　イ me) a bag.

☐(2) エリはお母さんに折り鶴を作りました。

Eri made (ア a paper crane her mother　イ her mother a paper crane).

☐(3) 彼は私たちに英語を教えてくれます。

He teaches (ア us English　イ English us).

☐(4) 私はケンに写真を数枚見せるつもりです。

I'll show (ア Ken some pictures　イ some pictures Ken).

2 例にならい，絵に合うように「AにBを…しました」という文を完成させなさい。

テストによく出る！

「A（人）にB（もの）を」の語順

2目的語を2つ並べるときは，〈動詞＋A（人）＋B（もの）〉の語順。AとBの位置を逆にしないこと。

例 **Kate wrote her mother a letter.**

☐(1) Kenta ＿＿＿＿＿＿ his father a ＿＿＿＿＿＿.

☐(2) Takuya ＿＿＿＿＿＿ ＿＿＿＿＿＿ a present.

3 日本語に合うように，（　）内の語句を並べかえなさい。

注目！

B（もの）が代名詞のとき

3(3)B（もの）が代名詞のときは，〈動詞＋A（人）＋B（もの）〉の語順は不可。〈動詞＋B（もの）＋to[for]＋A（人）〉の語順で表す。

☐(1) 彼女はブラウン先生に歌を歌うつもりです。

(sing / will / she / a song / Mr. Brown).

＿＿＿＿＿＿＿＿＿＿＿＿＿＿＿＿＿＿＿＿＿.

☐(2) 私は彼らに駅へ行く道を教えました。

(the way / I / them / showed / to) the station.

＿＿＿＿＿＿＿＿＿＿＿＿＿＿＿＿ the station.

☐(3) だれがあなたにその自転車をくれたのですか。

—兄がそれをぼくにくれました。

(gave / who / the bicycle / you)?

—(me / gave / to / my brother / it).

＿＿＿＿＿＿＿＿＿＿＿＿＿＿＿＿＿＿＿?

—＿＿＿＿＿＿＿＿＿＿＿＿＿＿＿＿＿.

Lesson 4

ぴたトレ
1
要点チェック

Lesson 4
Uluru (GET Part 2)

時間 **15分**

解答 p.12

〈新出語・熟語 別冊p.10〉

| 教科書の重要ポイント | 〈動詞(call, make) + A + B〉の文 | 教科書 pp.54～55 |

We call him Tom. 〔私たちは彼をトムと呼びます。〕

It makes me happy. 〔それは私を幸せにします。〕

①「AをBと呼ぶ」は〈call + A(名詞・代名詞) + B(名詞)〉で表す。

This is my friend, Thomas. 〔こちらは私の友達のトーマスです。〕

We call him Tom. 〔私たちは彼をトムと呼びます。〕
A(代名詞) B(名詞)　※Aが代名詞のときは，meやhimなどの目的格にする。
　　　　　　　　　　※「A (him) がB (Tom) である」という関係

②「AをB(の状態)にする」は〈make + A(名詞・代名詞) + B(形容詞)〉で表す。

I like this picture book. 〔私はこの絵本が好きです。〕

It makes me happy. 〔それは私を幸せにします。〕
A(代名詞) B(形容詞)　※「A (me) がB (happy) の状態である」という関係

この構文は読解問題の長文などでもよく使われるので，しっかりおさえておこう！

ナルホド！

| Words & Phrases | 次の英語は日本語に，日本語は英語にしなさい。 |

☐(1) British （　　　　　　　　）　　☐⑽ 孤独な，さびしい ＿＿＿＿＿＿＿

☐(2) explorer （　　　　　　　　）　　☐⑾ 尊敬する，尊重する ＿＿＿＿＿＿＿

☐(3) glad （　　　　　　　　）　　☐⑿ hurtの過去形 ＿＿＿＿＿＿＿

☐(4) confused （　　　　　　　　）　　☐⒀ その土地[国]に生まれた ＿＿＿＿＿＿＿

☐(5) giant （　　　　　　　　）　　☐⒁ 伝統，慣習 ＿＿＿＿＿＿＿

☐(6) grumpy （　　　　　　　　）　　☐⒂ 特別の，特殊な ＿＿＿＿＿＿＿

☐(7) sleepy （　　　　　　　　）　　☐⒃ 名づける，命名する ＿＿＿＿＿＿＿

☐(8) depressed （　　　　　　　　）　　☐⒄ 悲しい ＿＿＿＿＿＿＿

☐(9) Ayers Rock （　　　　　　　　）　　☐⒅ 宿題 ＿＿＿＿＿＿＿

1 日本語に合うように，（ ）内から適切な語句を選び，記号を○で囲みなさい。

⚠ **ミスに注意**

1 「AをBと呼ぶ」はcall，「AをBにする」はmake。この2つの動詞はかならず覚えておこう。

□(1) 私たちはそのイヌをロンと呼びます。

We （ ア call the dog Ron イ say the dog Ron ）.

□(2) その手紙はユリを悲しませました。

The letter （ ア did Yuri sad イ made Yuri sad ）.

□(3) 彼の両親は彼をリョウと呼びます。

His parents call （ ア he is Ryo イ him Ryo ）.

□(4) この歌はショウタを幸せにします。

This song makes （ ア Shota happy イ happy Shota ）.

2 例にならい，絵に合うように「AをBにしました」という文を完成させなさい。

テストによく出る！

〈made＋A（代名詞）＋B（形容詞）〉

2 「AをBにした」はmakeを過去形madeにする。Aには（代）名詞，Bには形容詞が入る。

例 **The news made Bob angry.**

□(1) The movie ＿＿＿＿＿＿＿ Yui ＿＿＿＿＿＿＿.

□(2) The soccer game ＿＿＿＿＿＿＿ Daiki ＿＿＿＿＿＿＿.

3 日本語に合うように，（ ）内の語句を並べかえなさい。

注目！

疑問詞whatの疑問文

3 (4)疑問詞whatを文の最初に置き，一般動詞の疑問文の語順を続ける。

□(1) 私たちはその男の子をジュンと呼びます。

(call / we / Jun / the boy).

＿＿＿＿＿＿＿＿＿＿＿＿＿＿＿＿＿＿＿.

□(2) 彼女のことばは私を困惑させました。

(me / her words / confused / made).

＿＿＿＿＿＿＿＿＿＿＿＿＿＿＿＿＿＿＿.

□(3) この本が私たちの町を有名にしました。

(our town / made / famous / this book).

＿＿＿＿＿＿＿＿＿＿＿＿＿＿＿＿＿＿＿.

□(4) あなたの同級生はあなたを何と呼んでいますか。

(do / what / call / your classmates) you?

＿＿＿＿＿＿＿＿＿＿＿＿＿＿＿＿ you?

ぴたトレ
1
要点チェック

Lesson 4
Uluru (USE Read)

時間 **15分**

解答 p.13

〈新出語・熟語 別冊p.10〉

教科書の重要ポイント 〈動詞＋A＋B〉の文　　教科書 pp.56 ～ 57

They will teach you their history. 〔彼らはあなたに彼らの歴史を教えるでしょう。〕

They will show you their art. 〔彼らはあなたに彼らの芸術作品を見せるでしょう。〕

Your consideration will make the Anangu happy and make your stay in the park better. 〔あなたの考慮がアナング族を幸せにし，あなたの公園での滞在をより良くするでしょう。〕

①「A（人）にB（もの）を…する」は〈動詞（giveなど）＋A（人）＋B（もの）〉で表す。

※「A（人）にB（もの）を教える」＝〈teach＋A（人）＋B（もの）〉

They will teach you their history. 〔彼らはあなたに彼らの歴史を教えるでしょう。〕
　　　　　　　　A（人）　　B（もの）

※「A（人）にB（もの）を見せる」＝〈show＋A（人）＋B（もの）〉

They will show you their art. 〔彼らはあなたに彼らの芸術作品を見せるでしょう。〕
　　　　　　　　A（人）　　B（もの）

②「AをB（の状態）にする」は〈make＋A（名詞・代名詞）＋B（形容詞）〉で表す。

Your consideration will make the Anangu happy
　　　　　　　　　　　　　　　A（名詞）　　B（形容詞）

and make your stay in the park better.
　　　　　　　A（名詞）　　　　　　　B（形容詞）

〔あなたの考慮がアナング族を幸せにし，あなたの公園での滞在をより良くするでしょう。〕

Aにあたる語（句），Bにあたる語（句）をしっかり把握することがポイントだよ。

ナルホド!

Words & Phrases 次の英語は日本語に，日本語は英語にしなさい。

□(1) actually 　（　　　　　　　）　　□(6) 行動する 　＿＿＿＿＿＿＿

□(2) instead 　（　　　　　　　）　　□(7) 法律 　＿＿＿＿＿＿＿

□(3) itself 　（　　　　　　　）　　□(8) 社会 　＿＿＿＿＿＿＿

□(4) ancestor 　（　　　　　　　）　　□(9) すべてのこと[もの] 　＿＿＿＿＿＿＿

□(5) look like ... 　（　　　　　　　）　　□(10) …する前に 　＿＿＿＿＿＿＿

1 日本語に合うように，（ ）内から適切な語句を選び，記号を〇で囲みなさい。

☐(1) 佐々木先生が私たちに数学を教えています。

Mr. Sasaki teaches (ア us math イ math us).

☐(2) これらの計画が私たちの学校をより良くするでしょう。

These plans will (ア make イ become) our school better.

☐(3) あの雲はイヌのように見えます。

That cloud (ア looks イ looks like) a dog.

☐(4) その代わりに，ここで写真を撮っていいですよ。

(ア Instead イ However), you can take pictures here.

⚠ミスに注意

1(3)「…のように見える」は〈look＋形容詞〉または〈look like＋名詞〉で表すよ。あとに続く語によって使い分けよう。

2 日本語に合うように，＿＿＿に適切な語を書きなさい。

☐(1) それらのプレゼントは彼らを幸せにしました。

Those presents ＿＿＿＿＿＿ ＿＿＿＿＿＿ happy.

☐(2) 昼食をとる前に手を洗ってください。

＿＿＿＿＿＿ wash your hands ＿＿＿＿＿＿ you have lunch.

☐(3) 彼女はその絵を思い出の品として買いました。

She ＿＿＿＿＿＿ the picture ＿＿＿＿＿＿ a souvenir.

☐(4) 私はその物語それ自身が好きです。

I ＿＿＿＿＿＿ the story ＿＿＿＿＿＿.

☐(5) 私たちの町をより良くしましょう。

Let's ＿＿＿＿＿＿ our town ＿＿＿＿＿＿.

テストによく出る!

〈動詞make〉

2(1)(5)「…を幸せにする」「…をよりよくする」の文の動詞はmakeを使う。

3 日本語に合うように，（ ）内の語句を並べかえなさい。

☐(1) 私たちはあなたを私たちの家に歓迎します。

(welcome / you / will / to / we) our house.

＿＿＿＿＿＿＿＿＿＿＿＿＿＿＿ our house.

☐(2) 水族館内で走ってはいけません。

(run / not / in / do) the aquarium.

＿＿＿＿＿＿＿＿＿＿＿＿＿＿＿ the aquarium.

☐(3) 私は友達とこれらの写真を共有したいです。

(to / I / these pictures / share / want / with) my friends.

＿＿＿＿＿＿＿＿＿＿＿＿＿＿＿ my friends.

☐(4) 彼の演技は多くの人々を驚かせました。

His performance (lot / surprised / made / people / a / of).

His performance ＿＿＿＿＿＿＿＿＿＿＿＿＿＿＿.

注目!

動詞welcome

3(1)〈welcome＋人＋to …〉「（人）を…に歓迎する」

Lesson 4

ぴたトレ
1
要点チェック

Lesson 4
Uluru (USE Write)

時間
15分

解答
p.13

〈新出語・熟語 別冊p.10〉

教科書の
重要ポイント
行ってみたい国についてエッセイを書こう　教科書 pp.58〜59

▼ 行ってみたい国を1つ選んでエッセイを書こう。

①冒頭（Opening）

《行きたい国》

具体的な国名をあげる。

I want to go to ＋国名. 〔私は…に行きたいです。〕
　　　　　　　　└→visit などを使ってもよい

②主文（Body）

《理由・その国でしたいこと》

なぜその国に行きたいのか，そこで何をしたいのかなどを具体的に説明する。

First, ...　Second, 〜. 〔1つ目は…。2つ目は〜。〕
　　　└→1つ目の理由　└→2つ目の理由　※理由は2つ以上あげるとよい。

I want to ... (there). 〔私は（そこで）…したいです。〕
　　　　　　　　└→見たいもの，食べたいもの，訪れたい場所など

③結び（Closing）

《まとめ》

最後に，そこへ行きたいという気持ちを再度述べる。

I hope (that) I can go there someday. 〔いつかそこへ行けたらいいなと思います。〕

自分が行きたい国の観光地や名物料理などを調べてみると，
新たな発見があるかも！ また，友達のエッセイを読んで，
友達が行きたい国について話してみよう。

ナルホド!

Words & Phrases　次の英語は日本語に，日本語は英語にしなさい。

☐(1) sightseeing （　　　　　　　　）　　☐(6) 技術，技能　＿＿＿＿＿＿＿＿

☐(2) someday （　　　　　　　　）　　☐(7) (熱帯地方の)密林　＿＿＿＿＿＿＿＿

☐(3) plant （　　　　　　　　）　　☐(8) 案内人，ガイド　＿＿＿＿＿＿＿＿

☐(4) hike （　　　　　　　　）　　☐(9) ブラジル　＿＿＿＿＿＿＿＿

☐(5) amazing （　　　　　　　　）　　☐(10) (運動)選手；演奏者　＿＿＿＿＿＿＿＿

1 日本語に合うように，（　）内から適切な語句を選び，記号を〇で囲みなさい。

□(1) 私はイタリアに行きたいです。

I want to（ ア visit　イ go ）to Italy.

□(2) 私はそこで美術を学びたいです。

I want（ ア to study　イ studying ）art there.

□(3) 私はそこで友達に会えたらいいなと思っています。

I hope（ ア it　イ that ）I can see my friend there.

□(4) ガイドは私に興味深い写真を見せてくれるでしょう。

The guide（ ア will　イ can ）show me some interesting pictures.

⚠ミスに注意

1(1)あとにtoがある点に注目！ visitはあとに目的語をとることができるけど，goはあとにtoが必要だよ。

2 日本語に合うように，＿＿＿に適切な語を書きなさい。

□(1) ユイはマレーシアを訪れたいと思っています。

Yui ＿＿＿＿＿＿ ＿＿＿＿＿＿ visit Malaysia.

□(2) 私たちはフィンランドでオーロラを見たいです。

We want ＿＿＿＿＿＿ ＿＿＿＿＿＿ an aurora in Finland.

□(3) 私はそこでお土産を買うでしょう。

＿＿＿＿＿＿ ＿＿＿＿＿＿ souvenirs there.

□(4) 私はそこで英語を練習することができたらいいなと思います。

I ＿＿＿＿＿＿ ＿＿＿＿＿＿ I can practice English there.

□(5) 彼らは私たちにたくさんのことを教えてくれるでしょう。

They will ＿＿＿＿＿＿ ＿＿＿＿＿＿ a lot of things.

テストによく出る！

〈want to＋動詞の原形〉

2(1)(2)「…したい」は〈want to＋動詞の原形〉で表す。wantはあとにto不定詞のみをとる動詞。動名詞は不可。

3 日本語に合うように，（　）内の語句を並べかえなさい。

□(1) 私はスペインで世界遺産を訪れたいです。

(want / I / to / World Heritage Sites / visit) in Spain.

＿＿＿＿＿＿＿＿＿＿＿＿＿＿＿＿ in Spain.

□(2) 私たちはカンボジアで古い寺を訪れるつもりです。

(old / will / visit / temples / we) in Cambodia.

＿＿＿＿＿＿＿＿＿＿＿＿＿＿＿＿ in Cambodia.

□(3) 私はアマゾン川の上流に行くことができます。

(I / travel up / the Amazon / can).

＿＿＿＿＿＿＿＿＿＿＿＿＿＿＿＿.

□(4) 私はそこで友達を作れたらいいなと思います。

I (that / I / can / hope / there / friends / make).

I ＿＿＿＿＿＿＿＿＿＿＿＿＿＿＿＿.

注目！

「…川」

3(3)「アマゾン川」のような河川名の前にはtheをつける。

例The Shinano「信濃川」

Take Action! Listen 3
Take Action! Talk 3

教科書の重要ポイント	つなぎ言葉や，詳しい説明を求めるときの表現 教科書 pp.60〜61

▼ つなぎ言葉

- **Well,** 〔さあ，えーと；さて，ところで；まあ，そうね〕

- **Um,** 〔うーん〕
  └ 言おうとしてためらったり，話の途中でことばにつまったりするときに発する音

- **Let's see, / Let me think,** 〔えーと，そうですね〕
  └ 何かを考えたり思い出そうとしているときに使う

▼ 詳しい説明を求める

- **How was it? / How did you like it?** 〔それはどうでしたか。〕

- **What happened?** 〔何が起こったの？〕

- **Tell me more.** 〔もっと私に話してください。〕

これらの言葉を使って，会話をふくらませよう。

ナルホド！

Words & Phrases 次の英語は日本語に，日本語は英語にしなさい。

☐(1) immediately （　　　　　　　）　　☐(4) ボート，小舟 _____

☐(2) row （　　　　　　　）　　☐(5) 事故；偶然の出来事 _____

☐(3) passenger （　　　　　　　）　　☐(6) 門；(飛行機の)搭乗口，ゲート _____

1 日本語に合うように，（　）内から適切な語を選び，記号を〇で囲みなさい。

☐(1) それはどうでしたか。

（ ア What　イ How ）did you like it?

☐(2) えーと，そうですね。

（ ア Let　イ Let's ）me think.

注目！

Let me think.

1(2)〈let＋人＋動詞の原形〉で「(人)に…させる」という意味。直訳すると「私に考えさせてください」という意味。

---

2 日本語に合うように，_____に適切な語を書きなさい。

☐(1) 何が起こったのですか。

_____ _____?

☐(2) もっと私に話してください。

_____ me _____.

GET Plus 4 宿題をしなければなりません
Word Bank いろいろな動作

教科書の重要ポイント 「…しなければならない」「…しなくてもよい」 教科書 pp.62〜63

We have to write an essay. 〔私たちはエッセイを書かなければなりません。〕

We don't have to turn it in until Monday. 〔私たちは月曜日までそれを提出する必要はありません。〕

「…しなければならない」＝〈have to＋動詞の原形〉

「…しなくてもよい」＝〈don't have to＋動詞の原形〉

We have to write an essay. 〔私たちはエッセイを書かなければなりません。〕
　　　　動詞の原形
　　主語が3人称単数で現在の文のときはhas，過去の文のときはhadにする

We don't have to turn it in until Monday. 〔私たちは月曜日までそれを提出する必要はありません。〕
　　　　動詞の原形
　　主語が3人称単数で現在の文のときはdoesn't，過去の文のときはdidn'tにする

ナルホド!

Words & Phrases 次の英語は日本語に，日本語は英語にしなさい。

☐(1) raise （　　　　　　　　　）　　☐(4) …まで(ずっと) ＿＿＿＿＿＿＿＿

☐(2) finish （　　　　　　　　　）　　☐(5) 感情，気持ち ＿＿＿＿＿＿＿＿

☐(3) turn in （　　　　　　　　　）　　☐(6) あいさつする ＿＿＿＿＿＿＿＿

1 日本語に合うように，（　）内から適切な語句を選び，記号を〇で囲みなさい。

☐(1) 私は今，宿題をしなければなりません。

　　I （ ア must　イ have ） to do my homework now.

☐(2) トムはきょう学校へ行く必要はありません。

　　Tom （ ア doesn't have to　イ must not ） go to school today.

⚠ミスに注意

1(2)don't have toは「…しなくてもよい」，must notは「…してはいけない」という意味だよ。

2 日本語に合うように，＿＿＿に適切な語を書きなさい。

☐(1) 私の姉はきょう夕食を作らなければなりません。

　　My sister ＿＿＿＿＿＿ ＿＿＿＿＿＿ make dinner today.

☐(2) 私はその辞書を買う必要はありませんでした。

　　I ＿＿＿＿＿＿ have ＿＿＿＿＿＿ buy the dictionary.

☐(3) 私は昼食までずっと宿題をするつもりです。

　　I will ＿＿＿＿＿＿ my homework ＿＿＿＿＿＿ lunch.

ぴたトレ
1
要点チェック

文法のまとめ④

時間
15分

解答
p.14

〈新出語・熟語 別冊p.10〉

教科書の
重要ポイント
〈動詞＋A＋B〉の文，助動詞

教科書 p.64

①動詞（giveなど）＋A（人）＋B（もの）

「A（人）にB（もの）を…する」＝〈動詞（giveなど）＋A（人）＋B（もの）〉

I will give a wallet to him. 〔私は彼にさいふをあげるつもりです。〕
B（もの）　　　A（人）

I will give him a wallet. 〔私は彼にさいふをあげるつもりです。〕
A（人）　B（もの）　　※A（人）が代名詞のときは，meやhimなどの目的格にする。

②動詞（call, makeなど）＋A＋B

「AをBと呼ぶ」＝〈call＋A（名詞・代名詞）＋B（名詞）〉

We call him Tom. 〔私たちは彼をトムと呼びます。〕
A（代名詞）B（名詞）　※「A（him）がB（Tom）である」という関係

〈動詞＋A＋B〉の形をとることができる動詞をしっかり復習しておこう！

「AをB（の状態）にする」＝〈make＋A（名詞・代名詞）＋B（形容詞）〉

It makes me happy. 〔それは私を幸せにします。〕
A（代名詞）B（形容詞）　※「A（me）がB（happy）の状態である」という関係

> 「AをBと名づける」＝〈name＋A（名詞・代名詞）＋B（名詞）〉
>
> His parents named their baby Ken. 〔彼の両親は赤ちゃんをケンと名づけました。〕
>
> 「AをB（の状態）に保つ」＝〈keep＋A（名詞・代名詞）＋B（形容詞）〉
>
> She always keeps her room clean. 〔彼女はいつも部屋をきれいにしています。〕

③助動詞　主語が何であってもつねに〈助動詞＋動詞の原形〉の形。

can	…することができる【能力・可能】，…してもよい【許可】
will	…するつもりだ【意志】，…するだろう【未来】
may	…してもよい【許可】，…かもしれない【推量】
must	…しなければならない【義務】， …に違いない【確信のある推量】

Can you ...? / Will you ...?	…してくれませんか。【依頼】
May I ...? / Can I ...?	…してもいいですか。【許可】

must not	…してはいけない【禁止】

【助動詞の働きをする表現】

have to ...「…しなければならない」

don't have to ...「…しなくてもよい」

1 日本語に合うように，（ ）内から適切な語句を選び，記号を〇で囲みなさい。

□(1) 姉が私に傘をくれました。

My sister gave （ ア an umbrella me　イ me an umbrella ）.

□(2) 私たちはそのネコをミミと名づけました。

We named （ ア the cat Mimi　イ Mimi the cat ）.

□(3) 彼の歌はエリを幸せにしました。

His song （ ア made　イ called ）Eri happy.

□(4) 窓を開けてくれませんか。―いいですよ。

（ ア Can I　イ Can you ）open the window?　―Sure.

⚠ **ミスに注意**

1(4)「…してくれませんか」は動作をするのが相手なので，Can you …?，「…してもいいですか」は動作をするのが自分なので，Can I …? だよ。

2 日本語に合うように，____ に適切な語を書きなさい。

□(1) 私をリョウと呼んでください。

Please _____ _____ Ryo.

□(2) 私は彼女にこの本を見せるつもりです。

I'll _____ _____ this book.

□(3) 私のことばが父を怒らせました。

My words _____ my father _____.

□(4) マークは自分の部屋をそうじしなければなりません。

Mark _____ _____ clean his room.

テストによく出る!

「AをBにする」

2(3)「AをBにする」は〈make＋A（名詞・代名詞）＋B（形容詞）〉で表す。

3 日本語に合うように，（ ）内の語句を並べかえなさい。

□(1) ここでは日本語を話してはいけません。

（ speak / not / Japanese / you / must ）here.

_____ here.

□(2) 私たちはきょう宿題をする必要はありません。

（ have / our homework / to / we / do / don't ）today.

_____ today.

□(3) このコンピューターを使ってもいいですか。

―だめです。

（ I / this computer / use / may ）?　―No.

_____ ?

―No.

□(4) 私はいつも部屋をきれいにしています。

I（ my room / always / clean / keep ）.

I _____.

注目!

must と have to

3(1)(2)must と have to はどちらも「…しなければならない」という意味だが，否定文は意味が異なるので注意！must not「…してはいけない」，don't have to「…しなくてもよい」

ぴたトレ
2
練習

Lesson 4 ～
Reading for Information 2

時間 **20分**

解答 p.14

教科書 pp.51 ～ 65

❶ ( )に入る適切な語句を選び，記号を○で囲みなさい。

☐(1) Did your brother give ( )?

ア a cap you　　イ a cap for you　　ウ you a cap　　エ to you a cap

☐(2) Tom ( ) leave home early today.

ア has to　　イ going to　　ウ must to　　エ have to

☐(3) Mr. Brown calls ( ) Sae.

ア our　　イ his　　ウ my　　エ her

☐(4) I ( ) Kate some pictures.

ア saw　　イ showed　　ウ looked　　エ looked at

❶(3)〈動詞＋A＋B〉のAに代名詞がくるときは目的格(「…を[に]」の形)だったね。

❷ 日本語に合うように，＿＿に適切な語を書きなさい。

☐(1) 日本は今，真夏です。

It's the ＿＿＿＿＿＿ ＿＿＿＿＿＿ summer in Japan now.

☐(2) 彼女はきょう，イヌを散歩させなくてよいです。

She ＿＿＿＿＿＿ ＿＿＿＿＿＿ to walk her dog today.

☐(3) 彼らは彼をダイキと名づけました。

They ＿＿＿＿＿＿ ＿＿＿＿＿＿ Daiki.

❸ 英文を( )内の指示にしたがって書きかえなさい。

☐(1) I was sad when I heard the news. （The news から始めてほぼ同じ意味に）

_____

☐(2) It's necessary for you to read a lot of books. （You から始めてほぼ同じ意味に）

_____

☐(3) We got a letter from Ms. Smith. （Ms. Smith から始めてほぼ同じ意味に）

_____

❹ 日本語を( )内の語数で英語になおしなさい。

☐(1) 彼女は私に数学を教えてくれました。（4 語）

_____

☐(2) その映画は彼を幸せにします。（5 語）

_____

ヒント　❷(1)「真夏」は「夏の真ん中」と考える。(2)主語が3人称単数であることに注意。
　　　　❹(2)makeを使う。

定期テスト
予報
●〈giveなど＋A＋B〉,〈callなど＋A＋B〉, have toを使った文の形が問われるでしょう。
⇒〈make＋A＋B〉「AをBにする」の訳し方もおさえておきましょう。
⇒have to「…しなければならない」, don't have to「…しなくてもよい」の意味をおさえておきましょう。

5 読む📖 **英文を読んで, あとの問いに答えなさい。**

　　The Anangu welcome you to Uluru. They will teach you their history. ①They will show you their art. They will also share their culture and society (②) you. Please consider their traditions before you act. Do not take rocks as souvenirs. Do not take pictures of the sacred places. Instead, you can walk around Uluru. You can watch the sunrise and sunset on Uluru.

　　③Your consideration will (　　) the Anangu happy and (　　) your stay in the park better.

☐(1) 下線部①を日本語にしなさい。
　　(　　　　　　　　　　　　　　　　　　　　　　　　　　　　　　　　　　)

☐(2) (②)に入る適切な語を１つ選び, 記号を○で囲みなさい。
　　ア to　　イ for　　ウ with

☐(3) 下線部③の(　)内に共通して入る英語１語を答えなさい。　　＿＿＿＿＿＿＿＿＿

☐(4) 本文中では, 何をしてはいけないと書かれていますか。日本語で２つ書きなさい。
　　・(　　　　　　　　　　　　　　　　　　　　　　　　　　　　　　　　　)
　　・(　　　　　　　　　　　　　　　　　　　　　　　　　　　　　　　　　)

☐(5) 本文の内容に合わないものを１つ選び, 記号を○で囲みなさい。
　　ア ウルルを訪れた人は, アナング族の伝統をよく考えなければならない。
　　イ ウルルでは歩き回ることができない。
　　ウ ウルルでは朝焼けや夕焼けを見ることができる。

6 話す🔊 **次の文を声に出して読み, 問題に答え, 答えを声に出して読んでみましょう。** アプリ

　　Sea otters are cute and popular animals. They sometimes cover their eyes with their paws. They look shy but actually, they do that to warm their paws. They sometimes hold hands. They don't want to drift apart when they are sleeping.

(注)sea otter ラッコ　cover 覆う　paw 足　shy 内気な　warm 温める　drift apart 離れ離れになる

☐(1) When sea otters cover their eyes with their paws, how do they look?
　　— ＿＿＿＿＿＿＿＿＿＿＿＿＿＿＿＿＿＿＿＿＿＿＿＿＿＿＿＿＿＿＿＿＿＿＿

☐(2) Why do sea otters hold hands?
　　— ＿＿＿＿＿＿＿＿＿＿＿＿＿＿＿＿＿＿＿＿＿＿＿＿＿＿＿＿＿＿＿＿＿＿＿

ヒント　**5** (4)第１段落６・７文目のDo not ....の部分をまとめる。
　　　　6 (1)２・３文目参照。(2)４・５文目参照。Becauseで始める。

ぴたトレ
3
確認テスト

Lesson 4 ~
Reading for Information 2

時間 30分 /100点　合格 70点　解答 p.15

教科書 pp.51 ~ 65

❶ 下線部の発音が同じものには〇を，そうでないものには×を書きなさい。 9点

(1) c<u>oa</u>t
　　l<u>aw</u>

(2) n<u>a</u>tive
　　s<u>a</u>cred

(3) g<u>i</u>ant
　　g<u>ui</u>de

❷ 最も強く発音する部分の記号を書きなさい。 9点

(1) sun - set
　　ア　　イ

(2) in - stead
　　ア　　イ

(3) pas - sen - ger
　　ア　　イ　　ウ

❸ 日本語に合うように，＿＿に適切な語を解答欄に書きなさい。 16点

(1) 彼は早く起きなければなりません。　He ＿＿＿ ＿＿＿ get up early.

(2) 彼らはそれをジャックと名づけました。　They ＿＿＿ ＿＿＿ Jack.

(3) 姉が私にTシャツをくれました。　My sister ＿＿＿ ＿＿＿ a T-shirt.

差がつく (4) 彼女はどうして驚いたのですか。　What ＿＿＿ ＿＿＿ surprised?

❹ ＿＿に適切な語を入れて，対話文を完成させなさい。 15点

(1) *A :* Is Mr. Oka their science teacher?
　　B : Yes, he is.　He ＿＿＿ ＿＿＿ science.

(2) *A :* What do you call that boy?
　　B : I ＿＿＿ ＿＿＿ Shun.

(3) *A :* Must I wash the dishes now?
　　B : No, you don't ＿＿＿ ＿＿＿.

❺ 読む 対話文を読んで，あとの問いに答えなさい。 27点

Lucy :　Yesterday was your birthday, wasn't it?　Happy birthday, Kenta.　This is a present for you.

Kenta :　Thank you, Lucy.　May I open it?

Lucy :　Sure.　I hope you'll like it.

Kenta :　Oh!　I wanted this cap!　It is very popular, so it's hard to get it.　Thank you so much.

Lucy :　You're welcome.　Did you have a good time yesterday?

Kenta :　Yes, I did.　My mother and sister baked a cake for me.　It was delicious. ①My father (　　) (　　) a camera.　I will visit some temples tomorrow to take pictures with it.

Lucy :　That's great.　You take good pictures.　I like them.　Your pictures (　②　) me happy.

成績評価の観点　知…言語や文化についての知識・技能　表…外国語表現の能力

Kenta : Really? I'm glad to hear that. You like Japanese temples and shrines.

Lucy : Yes, I like them very much. Can I go with you tomorrow?

Kenta : Of course. Let's go together.

(注)camera　カメラ　　be glad to hear ...　…を聞いてうれしい

(1) 下線部①が「父は私にカメラを買ってくれました。」という意味になるように，（　）に入る適切な語を書きなさい。

(2) （　②　）に入る適切な語を1つ選び，記号を書きなさい。

　　ア make　　イ feel　　ウ do

(3) 本文の内容に合うように，次の問いに英語で答えなさい。

　　What did Lucy give Kenta for his birthday?

(4) 本文の内容に合うものを1つ選び，記号を書きなさい。

　　ア ルーシーはケンタの誕生日当日にプレゼントを渡した。

　　イ ルーシーが焼いたケーキはとてもおいしかった。

　　ウ あしたルーシーはケンタと寺院を訪れるつもりだ。

点UP ❻ 書く✎ **次のようなとき英語で何と言うか，（　）内の指示にしたがって書きなさい。** 表 24点

(1) 友達に，この公園ではサッカーをしてはいけませんと伝えたいとき。（8語で）

(2) 友達に，自分たちにその本を見せてくれないかと言いたいとき。（6語で）

(3) 友達に，その知らせは私を驚かせたと伝えたいとき。（5語で）

❶	(1)		(2)		(3)		❷	(1)		(2)		(3)	
		3点		3点		3点			3点		3点		3点

❸	(1)			(2)	
		4点			4点
	(3)			(4)	
		4点			4点

❹	(1)			(2)	
		5点			5点
	(3)				
		5点			

❺	(1)			(2)		
		7点			6点	
	(3)				(4)	
				7点		7点

❻	(1)		表 8点
	(2)		表 8点
	(3)		表 8点

▶ 表 の印がない問題は全て 知 の観点です。

READING FOR FUN 1−① A Pot of Poison

教科書の重要ポイント | **be going to ...の文**

教科書 pp.66 ～ 69

I'm going to see a friend. 〔私は友達に会うつもりです。〕

「…するつもりである，…する予定である」は〈be動詞＋going to＋動詞の原形〉で表す。

肯定文 I'm going to see a friend. 〔私は友達に会うつもりです。〕
　　　　　　　　　　　原形

疑問文 Are you going to see a friend? 〔あなたは友達に会うつもりですか。〕
　　　　└文の最初にbe動詞を置く

応答文 —Yes, I am. / No, I am[I'm] not. 〔はい，会うつもりです。／いいえ，会うつもりではありません。〕
　　　　　　└答えの文でもbe動詞を使う

否定文 I'm not going to see a friend. 〔私は友達に会うつもりではありません。〕
　　　　　└be動詞のあとにnotを置く

ナルホド!

Words & Phrases 次の英語は日本語に，日本語は英語にしなさい。

☐(1) master （　　　　　　　　）　　☐(4) 心配する _____

☐(2) a few ... （　　　　　　　）　　☐(5) たな _____

☐(3) be back （　　　　　　　）　　☐(6) 毒，毒薬 _____

1 日本語に合うように，（　）内から適切な語句を選び，記号を○で囲みなさい。

⚠ミスに注意

1 2 be going toのbe動詞は主語によって使い分けるよ。

☐(1) 私たちは放課後サッカーをする予定です。

　　We are going to（ ア play　イ playing ）soccer after school.

☐(2) 彼女はそのホテルに滞在する予定ではありません。

　　She（ ア is not　イ will not ）going to stay at the hotel.

2 日本語に合うように，_____ に適切な語を書きなさい。

☐(1) 私はきょう買い物に行く予定です。

　　I _____ going to _____ shopping today.

☐(2) カナはあした図書館を訪れる予定ですか。

　　_____ Kana going to _____ the library tomorrow?

☐(3) ((2)の答え)はい，訪れる予定です。

　　_____, she _____.

READING FOR FUN 1—②
A Pot of Poison

教科書の重要ポイント | **相手を誘う文** | 教科書 pp.66 ～ 69

<u>Shall we</u> clean the room? 〔部屋をそうじしましょうか。〕

—**Yes, let's.** 〔ええ，そうしましょう。〕

「（私たちは）…しましょうか。」は〈Shall we＋動詞の原形 ...?〉で表す。

相手を誘う文	Shall we <u>clean</u> the room?

原形

〔部屋をそうじしましょうか。〕

応答文	—<u>Yes, let's.</u> 〔ええ，そうしましょう。〕

└→誘いに応じるとき

—**No, let's not.** 〔いいえ，よしましょう。〕

└→誘いを断るとき

> Shall we ...? は Let's ....の文とほぼ同じ意味だよ。

ナルホド!

Words & Phrases 次の英語は日本語に，日本語は英語にしなさい。

☐(1) shut （   ）

☐(2) stuff （   ）

☐(3) check out ... （   ）

☐(4) （…の表面を）ふく _____

☐(5) （…の）においがする _____

☐(6) 砂糖 _____

1 日本語に合うように，（ ）内から適切な語句を選び，記号を〇で囲みなさい。

☐(1) 図書館に行きましょうか。

（ ア Shall we イ Will we ）go to the library?

☐(2) （(1)の答え）はい，そうしましょう。

（ ア Yes, I do イ Yes, let's ）.

2 日本語に合うように，___に適切な語を書きなさい。

☐(1) 今度の日曜日，テニスをしましょうか。

_____ _____ play tennis next Sunday?

☐(2) （(1)の答え）いいえ，よしましょう。

No, _____ _____.

☐(3) 何か食べましょうか。

_____ _____ eat something?

☐(4) （(3)の答え）はい，そうしましょう。

_____, _____.

注目!

誘う表現

1 **2** 相手を誘うときは，Shall we ...? 「…しましょうか。」や，Let's ...「…しましょう。」を使う。

READING FOR FUN 1

ぴたトレ **1**

要点チェック

READING FOR FUN 1-③
A Pot of Poison

時間 **15分**

解答 p.16

〈新出語・熟語 別冊p.11〉

| 教科書の 重要ポイント | mustの文 | 教科書 pp.66～69 |

You <u>must</u> be kidding. 〔冗談でしょう。（⇐冗談を言っているに違いありません。）〕

> 「…に違いない」は〈must＋動詞の原形〉で表す。
>
> ［ふつうの文］ You ⬚ are kidding. 〔あなたは冗談を言っています。〕
>
> ⬇
>
> ［mustの文］ You must be kidding. 〔あなたは冗談を言っているに違いありません。（⇒冗談でしょう。）〕
> 　　　　　 原形（be動詞の原形はbe）
>
> 動作を表す動詞があとにくるときは，例文のように進行形の形〈be＋動詞の-ing形〉にする。
>
> ※「…に違いない」という意味のとき，mustのあとにくる動詞はbe動詞が多い。
>
> You must be hungry. 〔あなたは空腹に違いありません。〕
> 　　　　　 原形

＼ナルホド！／

Words & Phrases 次の英語は日本語に，日本語は英語にしなさい。

☐(1) kid 　　　(　　　　　　)　　☐(4) 信じる 　　_____

☐(2) empty 　(　　　　　　)　　☐(5) 壊す，割る 　_____

☐(3) Wait a minute. (　　　　)　　☐(6) (5)の過去形 　_____

1 日本語に合うように，( )内から適切な語句を選び，記号
　を○で囲みなさい。

☐(1) 彼女はユカの姉に違いありません。

　　She (ア is　イ must be) Yuka's sister.

☐(2) あなたは具合が悪いに違いありません。

　　You (ア may　イ must) be sick.

注目！
「…に違いない」
1 2 mustには「…しなければならない」の意味のほかに，確かな推量を表し，「…に違いない」という意味もある。

2 日本語に合うように，＿＿＿に適切な語を書きなさい。

☐(1) あの男性は野球選手に違いありません。

　　That man ＿＿＿＿＿＿ ＿＿＿＿＿＿ a baseball player.

☐(2) お父さんは疲れているに違いありません。

　　My father ＿＿＿＿＿＿ ＿＿＿＿＿＿ ＿＿＿＿＿＿.

☐(3) 彼はトラブルに巻き込まれているに違いありません。

　　He ＿＿＿＿＿＿ ＿＿＿＿＿＿ ＿＿＿＿＿＿ trouble.

READING FOR FUN 1ー④
A Pot of Poison

教科書の重要ポイント　**willの文**　　教科書 pp.66 ～ 69

I'll punish you for that! 〔私はそのことであなたたちを罰するつもりです。〕

willはその場で思いついた予定や意志を表し、「…するつもりである、…しようと思う」という意味になる。

ふつうの文　I punish you for that! 〔私はそのことであなたたちを罰します。〕

↓助動詞willは動詞の前におく

willの文　I'll punish you for that! 〔私はそのことであなたたちを罰するつもりです。〕
　　　　　原形

※すでに予定されている未来のことは、〈be going to＋動詞の原形〉で表す。

I'm going to visit my grandmother tomorrow. 〔私はあした祖母を訪ねる予定です。〕

\ナルホド!/

Words & Phrases 　次の英語は日本語に、日本語は英語にしなさい。

☐(1) awful 　　　（　　　　　　　）　　☐(4) 私たち自身を[に] _____

☐(2) ah 　　　　（　　　　　　　）　　☐(5) 鳴る 　　　 _____

☐(3) What's going on? （　　　　　　　）　☐(6) 罰する 　　 _____

1 日本語に合うように、（　）内から適切な語句を選び、記号を〇で囲みなさい。

☐(1) 私があなたを手伝います。

I（ ア must　イ will ）help you.

☐(2) 私たちは次の夏、沖縄へ行く予定です。

We（ ア are going to　イ must ）go to Okinawa next summer.

☐(3) あなたは来なくてもよいです。

You（ ア must not　イ don't have to ）come.

2 日本語に合うように、_____ に適切な語を書きなさい。

☐(1) 私はその本を買うつもりです。

I _____ _____ the book.

☐(2) 私がこれらの皿を洗いますよ。

_____ _____ these dishes.

☐(3) 私はあした東京に行くことになっています。

I _____ _____ _____ go to Tokyo tomorrow.

注目!

「…することになっている」

2(3)「…することになっている」は、すでに予定されていることなので、〈be going to＋動詞の原形〉で表す。

ぴたトレ
2
練習

READING FOR FUN 1
A Pot of Poison

時間
20分

解答
p.16

教科書 pp.66〜69

❶ ( )に入る適切な語句を選び，記号を○で囲みなさい。

☐(1) I'm ( ) practice the piano next Saturday.

    ア will　　イ going to　　ウ going　　エ am going to

☐(2) You look busy. I ( ) make dinner today.

    ア will　　イ cannot　　ウ am　　エ has to

☐(3) ( ) play tennis after school?　—Yes, let's.

    ア Will you　　イ Can I　　ウ Shall we　　エ Let's

☐(4) That woman ( ) be Tom's mother.

    ア must　　イ was　　ウ doesn't　　エ have to

できた英文を
日本語に訳してみよう。

❷ 日本語に合うように，＿＿＿に適切な語を書きなさい。

☐(1) その通り。　　　　　　　　You're ＿＿＿＿＿＿＿＿.

☐(2) 心配しないで。　　　　　　＿＿＿＿＿＿＿ ＿＿＿＿＿＿＿.

☐(3) いったいどうしたんだ。　　What's ＿＿＿＿＿＿＿ ＿＿＿＿＿＿＿?

❸ 日本語に合うように，( )内の語句を並べかえなさい。

☐(1) 今度の土曜日，映画を見に行きましょうか。

    (we / shall / a movie / go to see) next Saturday?

    ＿＿＿＿＿＿＿＿＿＿＿＿＿＿＿＿＿＿＿＿＿＿＿ next Saturday?

☐(2) あなたは今度の週末，何をする予定ですか。

    (you / are / going / do / to / what) next weekend?

    ＿＿＿＿＿＿＿＿＿＿＿＿＿＿＿＿＿＿＿＿＿＿＿ next weekend?

☐(3) あなたがトラブルに巻き込まれているなら，私が手助けしますよ。

    I (if / will / in trouble / you / you / are / help).

    I ＿＿＿＿＿＿＿＿＿＿＿＿＿＿＿＿＿＿＿＿＿＿＿＿＿＿.

❹ 書く✎ 日本語を( )内の語数で英語になおしなさい。

☐(1) 彼女は怒っているに違いありません。（4語）

    ＿＿＿＿＿＿＿＿＿＿＿＿＿＿＿＿＿＿＿＿＿＿＿＿＿＿＿＿＿

☐(2) 私は数分のうちに戻ってくるつもりです。（8語）

    ＿＿＿＿＿＿＿＿＿＿＿＿＿＿＿＿＿＿＿＿＿＿＿＿＿＿＿＿＿

ヒント　❷ (2)〈Don't＋動詞の原形〉の形。
　　　　❹ (2)「数分のうちに」は in a few minutes で表す。

5 読む 会話文を読んで，あとの問いに答えなさい。

An :　The Master will return soon.

Chin :　Shall we clean the room?

An :　①(　)，(　)．I'll wipe the floor.

Chin :　What do you think about the pot?

An :　What do you mean?

Chin :　Is it really full of poison?

Kan :　Hmm．Give it to me, and shut the door．I'll check it out.

An :　②Don't!

Kan :　There's brown stuff in ③it．It smells nice．I'll try some.　　　狂言「附子」より

□(1) 下線部①が「うん，そうしよう。」という意味になるように，（ ）に入る適切な語を書きなさい。

　　　_____，_____．

□(2) 下線部②のあとに省略されている英語3語を答えなさい。

　　　_____

□(3) 下線部③がさすものを英語2語で答えなさい。　_____

□(4) 本文の内容に合わないものを1つ選び，記号を○で囲みなさい。

　　ア 安は床のふきそうじをしようと思っている。

　　イ 珍はつぼの中に毒が入っていると信じている。

　　ウ 観はつぼの中身を食べてみようとしている。

6 話す 次の文を声に出して読み，問題に答え，答えを声に出して読んでみましょう。

アプリ

Aoi :　Anpanman is a unique hero．His face is *anpan*．When he finds hungry people, he gives a part of his face to them.

Emily :　He is a very kind hero．What is this black and purple character?

Aoi :　He is Baikinman．He is a troublemaker and the rival of Anpanman.

(注)purple 紫色の　　troublemaker トラブルメーカー，厄介者　　rival ライバル

□(1) When Anpanman finds hungry people, what does he do?

　　— _____

□(2) Who is the Anpanman's rival?

　　— _____

ヒント　**5** (2)前文を参照。(3)珍の2番目の発言参照。
　　　　6 (1)アオイの最初の発言の3文目参照。(2)アオイの最後の発言参照。

READING FOR FUN 1

75

Lesson 5
Things to Do in Japan (GET Part 1)

> 教科書の重要ポイント　形容詞の比較級(-er)・最上級(-est)　教科書 pp.72〜73

The Amazon is <u>longer than</u> the Shinano River. 〔アマゾン川は信濃川よりも長いです。〕

The Amazon is <u>the longest in</u> South America. 〔アマゾン川は南アメリカでいちばん長いです。〕

①「〜よりも…です」は〈be動詞＋形容詞の比較級＋than 〜〉で表す。

　　ふつうの文　The Amazon is long. 〔アマゾン川は長いです。〕

　　比較級の文　The Amazon is <u>longer than</u> the Shinano River.
　　　　　　　　　　　　　longの比較級　　　　　　　　　　　　〔アマゾン川は信濃川よりも長いです。〕

②「〜の中で最も[いちばん]…です」は〈be動詞＋the＋形容詞の最上級＋in[of] 〜〉で表す。

　　ふつうの文　The Amazon is long. 〔アマゾン川は長いです。〕

　　最上級の文　The Amazon is <u>the longest</u> in South America.
　　　　　　　　　　　　　　　longの最上級　　　　　　　　　〔アマゾン川は南アメリカでいちばん長いです。〕

比較級・最上級の作り方		
ほとんどの形容詞	-er, -estをつける	long － longer － longest
eで終わる形容詞	-r, -stをつける	large － larger － largest
〈子音字＋y〉で終わる形容詞	yをiに変えて-er, -estをつける	happy － happier － happiest
〈短母音＋子音字〉で終わる形容詞	子音字を重ねて-er, -estをつける	big － bigger － biggest

ナルホド!

> Words & Phrases　次の英語は日本語に, 日本語は英語にしなさい。

☐(1) heavy （　　　　　　　）

☐(2) north （　　　　　　　）

☐(3) prefecture （　　　　　　　）

☐(4) deep （　　　　　　　）

☐(5) island （　　　　　　　）

☐(6) Auckland （　　　　　　　）

☐(7) 国, 国土 _____

☐(8) 南(の), 南部(の) _____

☐(9) 若い, 幼い _____

☐(10) アメリカ合衆国 _____

☐(11) ニュージーランド _____

☐(12) …よりも _____

1 日本語に合うように，（ ）内から適切な語句を選び，記号を○で囲みなさい。

□(1) 私のかばんはあなたのかばんよりも古いです。

My bag is (ア older イ oldest) than yours.

□(2) 富士山は日本でいちばん高いです。

Mt. Fuji is (ア the higher イ the highest) in Japan.

□(3) このイヌはそのお店の中でいちばん大きいです。

This dog is (ア the biggest イ bigger) in the shop.

□(4) イギリスは日本よりも大きいですか。

Is the U.K. larger (ア in イ than) Japan?

⚠ミスに注意

1(2)(3)最上級の前にはtheをつけることを忘れないように。比較級の前にはつかないよ。

2 例にならい，絵に合うように「―は～よりも…です。」または「―は～の中でいちばん…です。」という文を完成させなさい。

| 例 | (1) Ken   Shota | (2) |
| long | young | large |

例 **This pencil is longer than that one.**

□(1) Shota is ＿＿＿＿＿＿ ＿＿＿＿＿＿ Ken.

□(2) This park is ＿＿＿＿＿＿ ＿＿＿＿＿＿ in my town.

テストによく出る!

比較級と最上級

2 2つのものを比べるときは-(e)rをつけて比較級に，3つ以上のものを比べるときは-(e)stをつけて最上級にする。

3 日本語に合うように，（ ）内の語句を並べかえなさい。

□(1) 彼のコンピューターは私のよりも新しいです。

(than / is / his computer / newer) mine.

＿＿＿＿＿＿＿＿＿＿＿＿＿＿＿＿ mine.

□(2) 私たちのチームはこの市でいちばん強いです。

(is / strongest / the / in / our team) this city.

＿＿＿＿＿＿＿＿＿＿＿＿＿＿＿ this city.

□(3) これは世界でいちばん深い湖です。

This is (lake / deepest / the world / in / the).

This is ＿＿＿＿＿＿＿＿＿＿＿＿＿＿.

□(4) このTシャツとあのTシャツではどちらの方が小さいですか。

(smaller / is / this T-shirt / which / or / ,) that one?

＿＿＿＿＿＿＿＿＿＿＿＿＿＿＿ that one?

注目!

「どちらの方が…」

3(4)「AとBではどちらの方が…ですか。」は〈Which is＋比較級, A or B?〉で表す。

ぴたトレ
1
要点チェック

Lesson 5
Things to Do in Japan（GET Part 2）

時間 **15分**

解答 p.17

〈新出語・熟語 別冊p.12〉

| 教科書の重要ポイント | 形容詞の比較級（more）・最上級（most） | 教科書 pp.74～75 |

In our class, English is more popular than science.

〔私たちのクラスでは，英語は理科よりも人気があります。〕

In our class, English is the most popular of all the subjects.

〔私たちのクラスでは，英語はすべての教科の中で最も人気があります。〕

①つづりの長い形容詞の比較級は，〈more＋形容詞〉で表す。

「～よりも…です」＝〈be動詞＋more＋形容詞＋than ～〉

In our class, English is more popular than science.
popularの比較級　　〔私たちのクラスでは，英語は理科よりも人気があります。〕

②つづりの長い形容詞の最上級は，〈most＋形容詞〉で表す。

「～の中で最も［いちばん］…です」＝〈be動詞＋the most＋形容詞＋in[of] ～〉

In our class, English is the most popular of all the subjects.
popularの最上級

〔私たちのクラスでは，英語はすべての教科の中で最も人気があります。〕

> ■more, mostをつける形容詞
> careful（注意深い），important（重要な），difficult（難しい），
> interesting（おもしろい），famous（有名な），popular（人気のある）など

> ■最上級の文の「…の中で」のinとofの使い分け
> ・〈in＋場所や集団を表す語句〉in Japan（日本で），in my class（私のクラスの中で）
> ・〈of＋複数の数を表す語句〉 of the three（3つの中で），of all（すべての中で）

ナルホド！

Words & Phrases 次の英語は日本語に，日本語は英語にしなさい。

☐(1) compare （　　　　　　）　　☐(6) 色彩に富んだ ＿＿＿＿＿＿＿＿＿

☐(2) include （　　　　　　）　　☐(7) リスト，一覧表 ＿＿＿＿＿＿＿＿＿

☐(3) cultural （　　　　　　）　　☐(8) 高価な，(値段が)高い ＿＿＿＿＿＿＿＿＿

☐(4) valuable （　　　　　　）　　☐(9) 外国の ＿＿＿＿＿＿＿＿＿

☐(5) by oneself （　　　　　　）　　☐(10) トンネル ＿＿＿＿＿＿＿＿＿

1 日本語に合うように，（　）内から適切な語句を選び，記号を〇で囲みなさい。

☐(1) 英語は数学よりも難しいです。

English is （ ア more difficult　イ the most difficult ） than math.

☐(2) このバンドは私のクラスでいちばん人気があります。

This band is （ ア more popular　イ the most popular ） in my class.

☐(3) すべての中でいちばん高価な腕時計はどれですか。

Which is the most expensive watch （ ア of all　イ in all ）?

☐(4) この映画とあの映画では，どちらのほうがわくわくしましたか。

Which was （ ア more exciting　イ the most exciting ）, this movie or that one?

注目!

oneの使い方

1(4)oneは前に出た単数の名詞と同じ種類の1つのものをさす。くり返しを避けるために使う。ここではone＝movieのこと。

2 例にならい，絵に合うように「―は～よりも…です。」または「―は～の中でいちばん…です。」という文を完成させなさい。

例 beautiful　(1) interesting　(2) useful

例 **This picture is more beautiful than that one.**

☐(1) This book is the ＿＿＿＿＿＿＿ interesting ＿＿＿＿＿＿＿ the three.

☐(2) This watch is ＿＿＿＿＿＿＿ useful ＿＿＿＿＿＿＿ that one.

テストによく出る!

つづりの長い語の比較級・最上級

2つづりが長い語の比較級は前にmore，最上級はmostをつける。形容詞はもとの形のまま。

3 日本語に合うように，（　）内の語句を並べかえなさい。

☐(1) 私は兄よりも注意深いです。

(careful / I / more / than / am) my brother.

＿＿＿＿＿＿＿＿＿＿＿＿＿＿＿＿＿＿＿ my brother.

☐(2) その野球選手は日本でいちばん有名です。

(most / is / the / in / the baseball player / famous) Japan.

＿＿＿＿＿＿＿＿＿＿＿＿＿＿＿＿＿＿＿ Japan.

☐(3) あなたのTシャツは私のTシャツよりも色彩に富んでいます。

(colorful / your T-shirt / more / than / is) mine.

＿＿＿＿＿＿＿＿＿＿＿＿＿＿＿＿＿＿＿ mine.

☐(4) あなたにとっていちばん大切なものは何ですか。

(important / is / most / thing / what / the) for you?

＿＿＿＿＿＿＿＿＿＿＿＿＿＿＿＿＿＿＿ for you?

⚠ミスに注意

3(4)「いちばん…な～は何ですか。」は〈What is the most＋形容詞＋名詞?〉の語順。名詞の前に最上級を置く点に注意しよう。

Lesson 5

Lesson 5
Things to Do in Japan (GET Part 3)

教科書の
重要ポイント

as 〜 asの文，副詞の比較級・最上級　教科書 pp.76 〜 77

My cat is as cute as yours. 〔私のネコは，あなたのネコと同じくらいかわいいです。〕

Tom walks faster than Koji. 〔トムは耕司よりも速く歩きます。〕

①「〜と同じくらい…」と程度が同じことを言うときは，〈as＋形容詞［副詞］＋as 〜〉で表す。

| ふつうの文 | My cat is　　cute. 〔私のネコはかわいいです。〕

| as 〜 asの文 | My cat is **as cute as yours.** 〔私のネコは，あなたのネコと同じくらいかわいいです。〕
　　　　　　　　　　└→形容詞はもとの形

②動作の速さやうまさなどについて比べて言うときは，副詞を比較級や最上級にする。

| ふつうの文 | Tom walks **fast.** 〔トムは速く歩きます。〕

| 比較級の文 | Tom walks **faster than** Koji. 〔トムは耕司よりも速く歩きます。〕
　　　　　　　fastの比較級（-erをつける）

「〜よりも…」＝〈比較級＋than 〜〉

「〜の中でいちばん［最も］…」＝〈(the)＋最上級＋of[in] 〜〉

副詞の比較級と最上級の作り方は形容詞と同じだよ。
副詞の最上級ではtheを省略することもあるよ。

ナルホド!

Words & Phrases　次の英語は日本語に，日本語は英語にしなさい。

□(1) although （　　　　　　　　）　　□(7) 娘　＿＿＿＿＿＿＿＿

□(2) quite （　　　　　　　　）　　□(8) 料金　＿＿＿＿＿＿＿＿

□(3) participate （　　　　　　　　）　　□(9) 魚介　＿＿＿＿＿＿＿＿

□(4) loud （　　　　　　　　）　　□(10) 味，風味　＿＿＿＿＿＿＿＿

□(5) have fun （　　　　　　　　）　　□(11) 類型，ジャンル　＿＿＿＿＿＿＿＿

□(6) calligraphy （　　　　　　　　）　　□(12) 分厚い，太い　＿＿＿＿＿＿＿＿

1 日本語に合うように，（　）内から適切な語句を選び，記号を〇で囲みなさい。

注目!

「〜より…が好き」
「〜がいちばん好き」

1(3)(4)「〜より…が好き」は like ... better than 〜，「…がいちばん好き」は like ... the best で表す。

□(1) 私の自転車はあなたの自転車と同じくらい新しいです。

My bicycle is as (ア new as　イ newer than) yours.

□(2) 父は家族の中でいちばん早く起きます。

My father gets up (ア earlier　イ the earliest) in my family.

□(3) 私はネコよりイヌが好きです。

I like dogs (ア better　イ much) than cats.

□(4) 私はすべての教科の中で理科がいちばん好きです。

I like science the (ア better　イ best) of all the subjects.

2 例にならい，絵に合うように「—は〜と同じくらい…です[します]。」という文を完成させなさい。

テストによく出る!

副詞の as ... as

2(2)副詞を使って「〜と同じくらい…」も形容詞と同様に〈as＋副詞＋as 〜〉で表す。

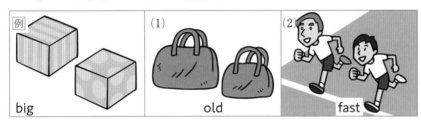

例 **This box is as big as that one.**

□(1) His bag is ＿＿＿＿＿ old ＿＿＿＿＿ mine.

□(2) Kenji ran ＿＿＿＿＿ ＿＿＿＿＿ ＿＿＿＿＿ Satoru.

3 日本語に合うように，（　）内の語句を並べかえなさい。

⚠ミスに注意

3(2)「…と同じくらい上手に」は副詞の well を使って，as well as ...で表すよ。

□(1) ユカはカナよりも熱心にピアノを練習します。

(than / practices / Yuka / harder / the piano) Kana.

＿＿＿＿＿＿＿＿＿＿＿＿＿＿＿＿ Kana.

□(2) 私の兄はあなたと同じくらい上手にフランス語を話します。

My brother (you / well / speaks / as / as / French).

My brother ＿＿＿＿＿＿＿＿＿＿＿＿＿.

□(3) あなたは野球とサッカー，どちらの方が好きですか。

(better / you / which / like / do), baseball or soccer?

＿＿＿＿＿＿＿＿＿＿＿＿＿, baseball or soccer?

□(4) マークは何のスポーツがいちばん好きですか。

(best / sport / like / what / Mark / the / does)?

＿＿＿＿＿＿＿＿＿＿＿＿＿＿＿＿?

Lesson 5

81

ぴたトレ 1 要点チェック

Lesson 5
Things to Do in Japan (USE Read)

時間 **15**分

解答 p.18

〈新出語・熟語 別冊 p.12〉

教科書の重要ポイント 　比較の文 　　　　　　　　　　　　　教科書 pp.78〜79

Eight of my students <u>like</u> the kimono activity <u>the best</u>.
〔私の生徒のうち 8 人は，着物アクティビティがいちばん好きです。〕

They think kimonos are <u>the most beautiful thing</u> in Japanese culture.
〔彼らは，着物が日本文化で最も美しいものだと思っています。〕

Karate is <u>as popular as</u> wearing a kimono. 〔空手は着物を着ることと同じくらい人気があります。〕

---

① like ... better than 〜, like ... the best
　「〜より…が好きである」は〈I like ... better than 〜.〉で表す。
　「〜の中で…がいちばん［最も］好きである」は〈like ... the best of[in] 〜〉で表す。
　Eight of my students like the kimono activity the best.
　〔私の生徒のうち 8 人は，着物アクティビティがいちばん好きです。〕

② 「いちばん［最も］〜な…」は〈the＋最上級＋名詞〉で表す。
　They think kimonos are <u>the most beautiful thing</u> in Japanese culture.
　　　　　　　　　　　　　　〈the＋最上級＋名詞〉
　〔彼らは，着物が日本文化で最も美しいものだと思っています。〕

③ 「〜と同じくらい…」は〈as＋形容詞［副詞］＋as 〜〉で表す。
　Karate is as <u>popular</u> as wearing a kimono.
　　　　　　　　もとの形
　〔空手は着物を着ることと同じくらい人気があります。〕

ナルホド！

Words & Phrases 　次の英語は日本語に，日本語は英語にしなさい。

☐(1) offer 　　　　（　　　　　　　）　　☐(7) 選択，選択権 　＿＿＿＿＿＿＿

☐(2) further 　　　（　　　　　　　）　　☐(8) 半分，2 分の 1 　＿＿＿＿＿＿＿

☐(3) organize 　　（　　　　　　　）　　☐(9) 機会，好機 　　＿＿＿＿＿＿＿

☐(4) summary 　　（　　　　　　　）　　☐(10) 付ける，添付する 　＿＿＿＿＿＿＿

☐(5) a couple of ... （　　　　　　　）　　☐(11) 細部，詳細 　　＿＿＿＿＿＿＿

☐(6) thank you for ... （　　　　　　）　　☐(12) choose の過去形 　＿＿＿＿＿＿＿

1 日本語に合うように，（ ）内から適切な語句を選び，記号を〇で囲みなさい。

注目!
theの省略
1(1)副詞の最上級では，theを省略することもできる。

□(1) 私は英語がいちばん好きです。

I like English（ ア very much イ the best ）.

□(2) 本を読むことがいちばん大切なことだと思います。

I think reading books is（ ア more イ the most ）important thing.

□(3) 私は赤色の方が好きです。

I like red（ ア better イ the best ）.

2 日本語に合うように，＿＿に適切な語を書きなさい。

⚠ミスに注意
2(5)「…することを楽しみに待つ」は〈look forward to＋動詞の-ing形〉で表す。このtoはto不定詞ではなく前置詞なので，あとの動詞は-ing形にするよ。

□(1) 私を手伝ってくれてありがとう。

Thank you ＿＿＿＿＿＿ ＿＿＿＿＿＿ me.

□(2) その子どもたちの半分は動物園へ行きました。

＿＿＿＿＿＿ ＿＿＿＿＿＿ the children went to the zoo.

□(3) 私はサッカーチームのメンバーです。

I'm a ＿＿＿＿＿＿ ＿＿＿＿＿＿ the soccer team.

□(4) 彼女は2，3時間図書館で勉強しました。

She studied in the library for a ＿＿＿＿＿＿ ＿＿＿＿＿＿ hours.

□(5) 私はあなたに会うのを楽しみに待っています。

I look ＿＿＿＿＿＿ to ＿＿＿＿＿＿ you.

3 日本語に合うように，（ ）内の語句を並べかえなさい。

テストによく出る!
offer A ＋ B
3(4)「AにBを提供する」は〈offer A ＋ B〉で表す。

□(1) あれは日本でいちばん長い川です。

That is（ Japan / river / the / in / longest ）.

That is ＿＿＿＿＿＿＿＿＿＿＿＿＿＿＿＿＿＿＿.

□(2) 妹は私と同じくらい早く起きます。

（ early / gets up / as / as / my sister ）I.

＿＿＿＿＿＿＿＿＿＿＿＿＿＿＿＿＿＿＿ I.

□(3) ルーシーは学校行事の中で運動会がいちばん好きです。

（ of / the sports festival / Lucy / the best / likes ）all the school events.

＿＿＿＿＿＿＿＿＿＿＿＿＿＿＿＿ all the school events.

□(4) 父は私に部屋を提供してくれました。

（ my father / me / offered / a room ）.

＿＿＿＿＿＿＿＿＿＿＿＿＿＿＿＿＿＿＿.

Lesson 5

ぴたトレ
1
要点チェック

Lesson 5
Things to Do in Japan (USE Write)

時間
15分

解答
p.19

〈新出語・熟語 別冊p.12〉

教科書の重要ポイント	日本で人気があるものについて英語で書こう	教科書 pp.80～81

▼ 日本の中学生に人気があるものについて調査をし，レポートを書こう。

①冒頭（Opening）

《トピック》

自分が何について調査したのかを述べる。（スポーツ，音楽，キャラクターなど）

どんなアンケートをとったのかなどについて述べる。

I asked my classmates, "...?" 〔私は同級生に「…」とたずねました。〕

②主文（Body）

《調査結果》

アンケート結果などを具体的に説明する。

... is the most popular in my class. 〔私のクラスでは…がいちばん人気があります。〕

... is (in) the second. 〔…が2番目です。〕
　　　　　　序数

... is the third most popular. 〔…が3番目に人気があります。〕
　　└→〈the＋序数＋最上級〉「…番目に〜な」

③結び（Closing）

《まとめ》

アンケート結果を受けて，自分が感じたことなどをまとめる。

I think that my classmates like ... better than 〜.
〔私の同級生は〜より…の方が好きだと思います。〕

アンケートをとるときは，項目だけでなく，理由も合わせて聞いておくとレポートを書くときに役立つよ！

＼ナルホド！／

Words & Phrases 　次の英語は日本語に，日本語は英語にしなさい。

☐(1) vanilla （　　　　　　　　）　　☐(5) お気に入りの, 大好きな ＿＿＿＿＿＿＿

☐(2) actor （　　　　　　　　）　　☐(6) 有名な ＿＿＿＿＿＿＿

☐(3) ask （　　　　　　　　）　　☐(7) 伝統的な ＿＿＿＿＿＿＿

☐(4) flavor （　　　　　　　　）　　☐(8) 3番目(の) ＿＿＿＿＿＿＿

1 日本語に合うように，（　）内から適切な語を選び，記号を〇で囲みなさい。

注目！
「…番目に─な～」
1(4)「…番目に─な～」は〈the＋序数＋最上級＋名詞〉で表す。

□(1) 私は多くの外国人が日本の文化が好きだと聞きました。
I heard（ ア it　イ that ）many foreign people like Japanese culture.

□(2) 彼は私たちに「あなたたちはどんなスポーツがいちばん好きですか。」とたずねました。
He（ ア said　イ asked ）us, "What sport do you like the best?"

□(3) 彼女がそのチームでいちばん人気のある選手です。
She is the（ ア most　イ more ）popular player in the team.

□(4) この川が日本で3番目に長い川です。
This river is the（ ア third　イ three ）longest river in Japan.

2 日本語に合うように，＿＿＿に適切な語を書きなさい。

⚠ミスに注意
2(2)「～より…が好き」は like ... better than ～ で表すよ。「…」と「～」の部分にくる語を逆にしないようにしよう。

□(1) アクション映画が2番目です。
Action movies are ＿＿＿＿＿＿ ＿＿＿＿＿＿.

□(2) 彼らはバスケットボールよりバレーボールの方が好きです。
They like volleyball ＿＿＿＿＿＿ ＿＿＿＿＿＿ basketball.

□(3) 彼女の大好きな教科は数学です。
Her ＿＿＿＿＿＿ subject ＿＿＿＿＿＿ math.

□(4) 私の同級生はこれらの種類の音楽が好きです。
My classmates like these ＿＿＿＿＿＿ ＿＿＿＿＿＿ music.

3 日本語に合うように，（　）内の語句を並べかえなさい。

テストによく出る！
序数の前の the
3(3)「…番目」を表す序数の前にはふつう the をつける。

□(1) 私はそのキャラクターが本当に好きです。
(the character / I / like / really).
＿＿＿＿＿＿＿＿＿＿＿＿＿＿＿＿＿＿＿＿＿＿.

□(2) あなたのお気に入りの歌手はだれですか。
(favorite / your / is / singer / who)?
＿＿＿＿＿＿＿＿＿＿＿＿＿＿＿＿＿＿＿＿＿?

□(3) 1番目はバニラでした。
(vanilla / the / was / first).
＿＿＿＿＿＿＿＿＿＿＿＿＿＿＿＿＿＿＿＿＿.

□(4) 私は古い歌より新しい歌の方が好きです。
(old / new / I / like / better / songs / ones / than).
＿＿＿＿＿＿＿＿＿＿＿＿＿＿＿＿＿＿＿＿＿.

Lesson 5

Take Action! Listen 4
Take Action! Talk 4

| 教科書の重要ポイント | 相手を誘う表現や，誘いに応じたり断ったりする表現 | 教科書 pp.82〜83 |

▼ 相手を誘う表現
- 〈Why don't we＋動詞の原形 ...?〉〔…しませんか。〕
- 〈Shall we＋動詞の原形 ...?〉〔私(たち)は…しましょうか。〕
- 〈Let's＋動詞の原形 ....〉〔…しましょう。〕

▼ 誘いに応じる表現
- Sure.〔もちろん。はい。いいですとも。〕
- Yes, let's.〔ええ，そうしましょう。〕

▼ 誘いを断る表現
- Next time.〔また次回。〕
- I'd like to, but ....〔そうしたいのですが，…。〕
- I'm sorry.〔すみません。〕
- I can't. I have ....〔できません。私には…があります。〕

相手を誘う表現は書きかえ問題でも出題されるので，いろいろな言い方を覚えておこう。

ナルホド!

Words & Phrases 次の英語は日本語に，日本語は英語にしなさい。

□(1) pumpkin （　　　　　　　　）

□(2) anniversary （　　　　　　　　）

□(3) 帽子(ふちのあるもの) ＿＿＿＿＿＿＿＿＿

□(4) I wouldの短縮形 ＿＿＿＿＿＿＿＿＿

---

1 日本語に合うように，（　）内から適切な語句を選び，記号を○で囲みなさい。

□(1) (電話で)カナさんをお願いできますか。―私です。

（ ア Will you　イ Can I) speak to Kana?

―(ア Speaking　イ I am).

□(2) 買い物に行きませんか。

（ ア Why　イ How) don't we go shopping?

注目!

電話での決まった表現

1(1)「…をお願いできますか。」Can I speak to ...?や「私です。」Speaking.は電話での決まった表現。

---

2 日本語に合うように，＿＿＿に適切な語を書きなさい。

□(1) 放課後サッカーをしましょうか。

＿＿＿＿＿＿＿ we ＿＿＿＿＿＿＿ soccer after school?

□(2) ((1)の答え)ええ，そうしましょう。

Yes, ＿＿＿＿＿＿＿.

教科書の
重要ポイント 「どのように…するか」「…の仕方」 教科書 pp.84〜85

I'll show you <u>how to</u> play the Japanese drum. 〔あなたに和太鼓の演奏の仕方を教えましょう。〕

「どのように…するか，…の仕方」は〈how to＋動詞の原形〉で表す。

I'll show you <u>how to</u> play the Japanese drum. 〔あなたに和太鼓の演奏の仕方を教えましょう。〕
　　　　　　　└▶「どのように…を演奏するか」「…の演奏の仕方」

「何を〔いつ，どこで〔へ〕〕…するか」は〈疑問詞＋to＋動詞の原形〉で表す。

I don't know <u>where to</u> buy the ticket. 〔私はどこでそのチケットを買うかわかりません。〕
　　　　　　　└▶「どこで…を買うか」

「何を…するか」＝〈what to＋動詞の原形〉
「いつ…するか」＝〈when to＋動詞の原形〉
「どこで〔へ〕…するか」＝〈where to＋動詞の原形〉

\ナルホド!/

Words & Phrases 次の英語は日本語に，日本語は英語にしなさい。

☐(1) meet（　　　　　　　　　　）　☐(3) 折りたたむ ＿＿＿＿＿＿＿＿

☐(2) find（　　　　　　　　　　）　☐(4) 整える ＿＿＿＿＿＿＿＿

1 日本語に合うように，（　）内から適切な語句を選び，記号
を○で囲みなさい。

☐(1) 私はこの機械の使い方がわかりませんでした。

I didn't know（ ア what　イ how ）to use this machine.

☐(2) 次に何をするか教えてください。

Please tell me（ ア what to do　イ how to do ）next.

2 日本語に合うように，＿＿に適切な語を書きなさい。

☐(1) どのようにプリンを作るか教えてくれませんか。

Will you tell me ＿＿＿＿＿＿ ＿＿＿＿＿＿ make
pudding?

☐(2) いつここを発つか知っていますか。

Do you know ＿＿＿＿＿＿ ＿＿＿＿＿＿ leave here?

テストによく出る!

〈疑問詞＋to＋
動詞の原形〉
1 2〈疑問詞＋to＋動詞
の原形〉で「何を〔いつ，
どこで，どのように〕
…するか」という意味
になる。

Take Action! 〜 Word Bank

87

| 教科書の重要ポイント | 比較の文，〈疑問詞＋to …〉 | 教科書 p.86 |

①「～よりも…です」は〈be動詞＋比較級＋than ～〉で表す。

The Amazon is longer than the Shinano River. 〔アマゾン川は信濃川よりも長いです。〕

In our class, English is more popular than science.

〔私たちのクラスでは，英語は理科よりも人気があります。〕

②「～の中で最も[いちばん]…です」は〈be動詞＋the＋最上級＋in[of] ～〉で表す。

The Amazon is the longest in South America. 〔アマゾン川は南アメリカでいちばん長いです。〕

In our class, English is the most popular of all the subjects.

〔私たちのクラスでは，英語はすべての教科の中で最も人気があります。〕

比較級・最上級の作り方		
ほとんどの語	-er, -estをつける	long － longer － longest
eで終わる語	-r, -stをつける	large － larger － largest
〈子音字＋y〉で終わる語	yをiに変えて-er, -estをつける	happy － happier － happiest
〈短母音＋子音字〉で終わる語	子音字を重ねて-er, -estをつける	big － bigger － biggest
つづりの長い語	more, mostをつける	famous － more famous － most famous

不規則に変化する語		
原形	比較級	最上級
good, well	better	best
bad	worse	worst
many, much	more	most
little	less	least

比較級・最上級にも不規則に変化するものがあるよ。

③副詞も形容詞と同じように比較級・最上級にする。

Tom walks faster than Koji. 〔トムは耕司よりも速く歩きます。〕

④「～と同じくらい…」は〈as＋形容詞[副詞]＋as ～〉で表す。

My cat is as cute as yours. 〔私のネコは，あなたのネコと同じくらいかわいいです。〕

「～ほど…ない」は〈not as＋形容詞[副詞]＋as ～〉で表す。

My bag is not as big as yours. 〔私のかばんはあなたのものほど大きくありません。〕

⑤疑問詞＋to＋動詞の原形

「何を…するか」＝〈what to＋動詞の原形〉

「いつ…するか」＝〈when to＋動詞の原形〉

「どこで[へ]…するか」＝〈where to＋動詞の原形〉

「どのように…するか，…の仕方」＝〈how to＋動詞の原形〉

ナルホド！

1 日本語に合うように，（ ）内から適切な語句を選び，記号を〇で囲みなさい。

⚠ ミスに注意

1(2)well「上手に」の比較級はbetter，最上級はbestだよ。

☐(1) あなたのお父さんは私の父より若いです。

Your father is（ ア younger　イ youngest ）than my father.

☐(2) アカリはクラスでいちばん上手に英語を話します。

Akari speaks English（ ア better　イ the best ）in her class.

☐(3) ケンは彼のお兄さんより速く泳ぐことができます。

Ken can swim faster（ ア of　イ than ）his brother.

☐(4) この腕時計はあの腕時計と同じくらい高価です。

This watch is as expensive（ ア as　イ than ）that one.

2 日本語に合うように，＿＿に適切な語を書きなさい。

テストによく出る！

「どこで［へ］…するか」

2(4)「どこで［へ］…するか」は〈where to＋動詞の原形〉で表す。

☐(1) この写真はあの写真より美しいです。

This picture is ＿＿＿＿＿ beautiful ＿＿＿＿＿ that one.

☐(2) ダイキは3人の中でいちばん熱心にピアノを練習しています。

Daiki practices the piano ＿＿＿＿＿ ＿＿＿＿＿ of the three.

☐(3) あなたは英語と数学ではどちらの方が好きですか。

Which do you like ＿＿＿＿＿, English ＿＿＿＿＿ math?

☐(4) 私はその辞書をどこで買えばよいのかわかりませんでした。

I didn't know ＿＿＿＿＿ ＿＿＿＿＿ buy the dictionary.

3 日本語に合うように，（ ）内の語句を並べかえなさい。

注目！

〈more＋名詞＋than …〉

3(2)I have many books.「私は多くの本を持っています。」を比較級の文にするので，〈more＋名詞＋than …〉の語順になる。

☐(1) この映画は世界でいちばん人気があります。

This movie（ the / popular / is / in / most ）the world.

This movie ＿＿＿＿＿＿＿＿＿＿＿ the world.

☐(2) 私はショウタより多くの本を持っています。

（ have / than / I / books / more ）Shota.

＿＿＿＿＿＿＿＿＿＿＿ Shota.

☐(3) いちばん近い駅への行き方を教えてくれませんか。

Can you tell me（ nearest / to / the / how / get to ）station?

Can you tell me ＿＿＿＿＿＿＿＿＿＿＿ station?

☐(4) 私の家はあなたの家ほど新しくありません。

（ not / is / as / as / my house / new ）yours.

＿＿＿＿＿＿＿＿＿＿＿ yours.

文法のまとめ⑤

Reading for Information 3 / Project 2

> 教科書の重要ポイント　**おすすめの旅行プランを提案するときの表現**　教科書 pp.87〜90

▼ おすすめの旅行プランを決める

①アンケート結果をもとに，「食べ物」「観光」「文化活動」のどれに重点を置くのか決める。

②その項目に沿って，おすすめしたい場所を決める。

③その場所でできることを調べて，英語でまとめる。

> 自分の住んでいる町のおすすめの店や場所について，友達と紹介しあってみよう。

▼ おすすめの旅行先を提案するときの表現

· **Beppu in Oita is famous for hot springs.** 〔大分の別府は温泉で有名です。〕
　　└→「…で有名である」

· **You must visit the Hells of Beppu.** 〔あなたがたは別府の地獄を訪れなければなりません。〕
　　└→「…を訪れなければなりません」

· **Please visit it.** 〔それを訪れてください。〕
　　└→pleaseをつけるとていねいな命令文になる。〈…, please.〉のように文末に置いてもよい。

· **They** [show] **you the great power of nature.**
　　　　　人　　　　　　　　もの
　　└→〈show＋人＋もの〉「(人)に(もの)を見せる」

〔それらは自然の偉大な力をあなたがたに示します。〕

ナルホド!

> **Words & Phrases**　次の英語は日本語に，日本語は英語にしなさい。

☐(1) activity 　　（　　　　　　　）　　☐(8) 文化の，文化的な _____

☐(2) sightseeing （　　　　　　　）　　☐(9) 衣服 _____

☐(3) snowboarding （　　　　　　）　　☐(10) 結果；成果 _____

☐(4) landscape 　（　　　　　　　）　　☐(11) 調査 _____

☐(5) hot spring 　（　　　　　　　）　　☐(12) スキー(ですべること) _____

☐(6) Thailand 　（　　　　　　　）　　☐(13) 森林 _____

☐(7) museum 　　（　　　　　　　）　　☐(14) (日本の)神社，神宮 _____

1 日本語に合うように，（ ）内から適切な語を選び，記号を〇で囲みなさい。

⚠ミスに注意

1(1)命令文は動詞で文を始めるよ。

☐(1) 自分の責任において川で泳ぎなさい。

（ ア Swimming イ Swim ）in the river at your own risk.

☐(2) 6歳未満の子どもはこのコンピューターを使えません。

Children （ ア under イ over ）6 cannot use this computer.

☐(3) この寺は美しい庭園で有名です。

This temple is famous （ ア for イ to ）its beautiful garden.

☐(4) そのカボチャは食べるためではなく，見るためのものです。

The pumpkin is for seeing, （ ア not イ but ）for eating.

2 看板の内容に合うように，＿＿＿に適切な語を書きなさい。

注目!

禁止事項の表示

2(1)(3)「…してはいけません」は看板などに表記する場合，Don'tという短縮形ではなくDo not ...の形にすることが多い。

> あかね公園からのお願い
> ・公園内でのボールの使用は禁止です。
> ・テニスコートの使用は予約(reservation)が必要です。
> ・花を摘んではいけません。
> ・ごみは持ち帰ってください。

☐(1) Do ＿＿＿＿＿ ＿＿＿＿＿ a ball in this park.

☐(2) You ＿＿＿＿＿ a reservation for the tennis court.

☐(3) ＿＿＿＿＿ ＿＿＿＿＿ pick up flowers.

3 日本語に合うように，（ ）内の語句を並べかえなさい。

テストによく出る!

「徒歩で」

3(2)「徒歩で」はon footで表す。You can walk there.とほぼ同じ意味。

☐(1) 大阪へ行ったときは，その遊園地を訪れなければなりません。

（ must / the amusement park / visit / you ）when you go to Osaka.

＿＿＿＿＿＿＿＿＿＿＿ when you go to Osaka.

☐(2) そこへは徒歩で行くことができます。

（ there / can / foot / you / go / on ）.

＿＿＿＿＿＿＿＿＿＿＿.

☐(3) その山は私たちに自然の力を示します。

The mountain （ shows / power / nature / us / of / the ）.

The mountain ＿＿＿＿＿＿＿＿＿＿＿.

☐(4) 昼食をとる前に手を洗いなさい。

（ you / wash / before / have / your hands / lunch ）.

＿＿＿＿＿＿＿＿＿＿＿.

Reading for Information 3 ~ Project 2

❶ （　）に入る適切な語句を選び，記号を〇で囲みなさい。

☐(1) Daiki practices soccer (　　) in his team.

　　ア harder than　　イ as hard as　　ウ harder　　エ the hardest

☐(2) This bag is (　　) expensive than that one.

　　ア more　　イ most　　ウ the most　　エ as

☐(3) In Australia, January is as (　　) as February.

　　ア hot　　イ hotter　　ウ hottest　　エ more hot

☐(4) Mt. Fuji is (　　) mountain in Japan.

　　ア high　　イ higher　　ウ highest　　エ the highest

形容詞の最上級には
theが必要だよ。

❷ 日本語に合うように，＿＿に適切な語を書きなさい。

☐(1) 今週は先週より暖かかったです。

　　It was ＿＿＿＿＿＿＿ this week ＿＿＿＿＿＿＿ last week.

☐(2) 私をパーティーに招待してくれてありがとう。

　　Thank you ＿＿＿＿＿＿＿ ＿＿＿＿＿＿＿ me to the party.

☐(3) 私はハワイを訪れるのを楽しみにしています。

　　I'm looking ＿＿＿＿＿＿＿ to ＿＿＿＿＿＿＿ Hawaii.

❸ 各組の英文がほぼ同じ意味になるように，＿＿に適切な語を書きなさい。

☐(1) { My mother gets up at five thirty, and my father gets up at six.
　　{ My mother gets up ＿＿＿＿＿＿＿ ＿＿＿＿＿＿＿ my father.

☐(2) { Tom has three caps. Kate has five caps. Judy has fifteen caps.
　　{ Judy has the ＿＿＿＿＿＿＿ caps ＿＿＿＿＿＿＿ the three.

☐(3) { This T-shirt is larger than that one.
　　{ That T-shirt is ＿＿＿＿＿＿＿ ＿＿＿＿＿＿＿ large ＿＿＿＿＿＿＿ this one.

❹ 書く✐ 日本語を（　）内の語数で英語になおしなさい。

☐(1) 私の兄はバスケットボールよりサッカーの方が好きです。（7語）

＿＿＿＿＿＿＿＿＿＿＿＿＿＿＿＿＿＿＿＿＿＿＿＿＿＿＿＿＿＿＿

☐(2) 彼らはこのコンピューターの使い方を知っていました。（7語）

＿＿＿＿＿＿＿＿＿＿＿＿＿＿＿＿＿＿＿＿＿＿＿＿＿＿＿＿＿＿＿

ヒント　❷ (3)look forward to ...のtoは不定詞ではなく前置詞なので，あとに続く動詞は–ing形。
　　　　❹ (2)「…の仕方」は〈how to＋動詞の原形〉を使う。

定期テスト
予報

●比較級，最上級，〈疑問詞＋to＋動詞の原形〉を使った文の形が問われるでしょう。
⇒ofとinの使い分けをおさえておきましょう。
⇒〈疑問詞＋to＋動詞の原形〉の意味をおさえておきましょう。

5 読む 日本を訪れた海外からの観光客の感想を読んで，あとの問いに答えなさい。

When I visited Japan with my daughter, we went sightseeing and shopping. We also participated in cultural activities. ①They were as interesting as sightseeing or shopping. My daughter liked *shodo*, Japanese calligraphy, the (②). I liked wearing a kimono better although the fee was quite high. We learned a lot and had fun.

□(1) 下線部①をTheyがさす内容を明確にして，日本語にしなさい。
(　　　　　　　　　　　　　　　　　　　　　　　　　　　　　　　)

□(2) (②)に入る適切な語を1つ選び，記号を○で囲みなさい。
　　　ア best　　イ more　　ウ much

□(3) 本文の内容に合うように，次の問いに英語で答えなさい。
　　　① Which did the tourist like better, Japanese calligraphy or wearing a kimono?
　　　—The tourist _____.
　　　② Was wearing a kimono more interesting than shopping for the tourist?
　　　— _____

□(4) 本文の内容に合うものを1つ選び，記号を○で囲みなさい。
　　　ア　この観光客は，親子で日本を旅行した。
　　　イ　この観光客は，日本で観光と買い物だけを楽しんだ。
　　　ウ　この観光客は，料金が高すぎたので着物を着るのを断念した。

6 話す 次の文を声に出して読み，問題に答え，答えを声に出して読んでみましょう。 アプリ

Ms. Bell : 　Look at this table. It shows the popular sports among junior high school students in Japan.

Sora : 　Soccer is the most popular among boys. I'm surprised to see that soccer is more popular than baseball.

Aoi : 　Tennis is the most popular among girls. Many girls belong to the tennis team in our school.　　　(注)be surprised to ...　…して驚く

□(1) How did Sora feel when he knew the popular sports among boys?　（Heで答える）
　　　— _____

□(2) What is the most popular sport among girls?
　　　— _____

ヒント　**5** (1)〈as＋形容詞＋as ...〉を正しく訳す。
　　　6 (1)ソラの発言の2文目参照。(2)アオイの発言の1文目参照。

❶ 下線部の発音が同じものには○を，そうでないものには×を書きなさい。 9点

(1) t<u>u</u>nnel　　　　　　(2) n<u>or</u>th　　　　　　　(3) h<u>ea</u>vy

　c<u>ou</u>ntry　　　　　　　alth<u>ou</u>gh　　　　　　　m<u>e</u>mber

❷ 最も強く発音する部分の記号を書きなさい。 9点

(1) for - eign　　　　　(2) pre - fec - ture　　　　　(3) par - tic - i - pate

　ア　イ　　　　　　　　ア　イ　ウ　　　　　　　　ア　イ　ウ　エ

❸ 英文の（　）内の語を適切な形にしなさい。ただし，1語とはかぎりません。 15点

(1) This is the (exciting) of all the movies.

(2) My watch is (new) than yours.

(3) Satoru comes to school the (early) in my class.

(4) Your dog is (big) than Lucy's dog.

(5) Love is (important) than anything else.

❹ 日本語に合うように，＿＿に適切な語を解答欄に書きなさい。 16点

(1) 私は昼食に何を食べるか決められません。

　I can't decide ＿＿＿＿ ＿＿＿＿ eat for lunch.

(2) 祖母が私にケーキの作り方を教えてくれました。

　My grandmother showed me ＿＿＿＿ ＿＿＿＿ make a cake.

(3) あなたの家族の中でだれがいちばん忙しいですか。

　Who is ＿＿＿＿ ＿＿＿＿ in your family?

(4) この花はあの花ほど美しくありません。 差がつく

　This flower isn't ＿＿＿＿ beautiful ＿＿＿＿ that one.

❺ 読む📖 対話文を読んで，あとの問いに答えなさい。 27点

Kate :　You came back from Australia two days ago, right? How long did you
　　　　stay there?

Mana :　I stayed there for about a month.

Kate :　How was it?

Mana :　On weekdays, I studied English at a language school in the morning,
　　　　and visited some interesting places with my classmates in the
　　　　afternoon. It is winter in Australia now, so I was very comfortable.
　　　　①(winter / than / I / summer / better / like / .) It's very hot today, so
　　　　I don't feel good.

Kate :　I like summer the best (　②　) all the seasons. If I stay there in
　　　　December or in January, I can enjoy summer.

　　成績評価の観点　知…言語や文化についての知識・技能　表…外国語表現の能力

Mana : That's right. Why do you like summer, Kate? When it's very hot, I feel sick.

Kate : In summer, we can enjoy some events, such as fireworks or festivals.

　　　　We can also enjoy swimming in the sea or in the pool. I like swimming.

Mana : I see. The summer festival in our town will be held tomorrow. I will wear

　　　　a *yukata* and go to the festival with my sister. Do you want to wear it?

Kate : Yes, but I don't have one.

Mana : You can wear my *yukata*. I have some *yukatas*.

（注）weekday　平日　　than usual　いつもより　　be held　開かれる

(1) 下線部①が意味の通る英文となるように，（　）内の語を並べかえなさい。

(2) （　②　）に入る適切な語を1つ選び，記号で答えなさい。　　　　ア in　　イ than　　ウ of

(3) 本文の内容に合うように，次の問いに英語で答えなさい。

　　When does Kate want to go to Australia, in August or in December?

(4) 本文の内容に合うものを1つ選び，記号で答えなさい。

　　ア ケイトは2日前にオーストラリアから戻ってきた。

　　イ マナはオーストラリアでは平日の午後に語学学校に通った。

　　ウ マナはあした，町の夏祭りに行くつもりだ。

⑥ 書く✎ **次のようなとき英語で何と言うか，（　）内の語数で書きなさい。** 表　　24点

(1) 友達のかばんを持って，自分のかばんより小さいと言いたいとき。（6語で）

(2) 友達に，何のスポーツがいちばん好きか聞きたいとき。（7語で）

(3) 先生に，この質問が3つの中でいちばん難しかったと伝えたいとき。（9語で）

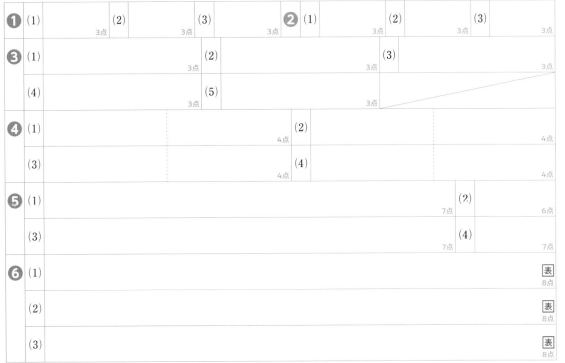

❶	(1)		(2)		(3)		❷	(1)		(2)		(3)	
		3点		3点		3点			3点		3点		3点

❸	(1)		(2)		(3)	
				3点		3点
	(4)		(5)			
		3点		3点		

❹	(1)		(2)	
				4点
	(3)		(4)	
		4点		4点

❺	(1)		(2)	
				7点
	(3)		(4)	6点
				7点

❻	(1)	表 8点
	(2)	表 8点
	(3)	表 8点

▶ 表 の印がない問題は全て 知 の観点です。

ぴたトレ
1
要点チェック

Lesson 6
Tea from China (GET Part 1)

時間 **15分**
解答 p.22

〈新出語・熟語 別冊p.13〉

| 教科書の重要ポイント | 現在完了形（継続用法）の肯定文 | 教科書 pp.92～93 |

I <u>have lived</u> **in this town for many years.** 〔私はこの町に何年もの間（ずっと）住んでいます。〕

Miki <u>has lived</u> **in this town since 2016.** 〔美紀はこの町に2016年から（ずっと）住んでいます。〕

【現在完了形】過去のできごとを現在と結びつけて表すとき，〈have[has]＋動詞の過去分詞〉を使う。

※継続用法：「（ずっと）…しています」

過去のある時点に始めた動作・状態が現在も継続していることを表す。

| ふつうの文 | I ☐ live in this town. 〔私はこの町に住んでいます。〕 |

↓

| 現在完了形の文 | I have lived in this town for many years. |
　　　　　　　　　　　　　　　　「…の間」

〔私はこの町に何年もの間ずっと住んでいます。〕

| ふつうの文 | Miki ☐ lives in this town. 〔美紀はこの町に住んでいます。〕 |

↓

| 現在完了形の文 | Miki has lived in this town since 2016. |
　　　　　　　　　　　　　　　　　　　　「…から」
　　　　　↳主語が3人称単数なのでhas

〔美紀はこの町に2016年からずっと住んでいます。〕

forとsinceの使い分け
- 〈for＋期間を表す語句〉　　for five years（5年間），for a week（1週間）
- 〈since＋起点を表す語句〉　since yesterday（きのうから），
　　　　　　　　　　　　　　since last month（先月から）
- 〈since＋主語＋動詞 …〉　　since I was a child（私が子どものころから）

ナルホド！

Words & Phrases 次の英語は日本語に，日本語は英語にしなさい。

☐(1) nearly 　　　(　　　　　　　　　)

☐(2) dragon 　　　(　　　　　　　　　)

☐(3) plenty of ... (　　　　　　　　　)

☐(4) ... years old (　　　　　　　　　)

☐(5) be動詞の過去分詞 ＿＿＿＿＿＿＿＿

☐(6) knowの過去分詞 ＿＿＿＿＿＿＿＿

☐(7) keepの過去分詞 ＿＿＿＿＿＿＿＿

☐(8) ジャズ ＿＿＿＿＿＿＿＿

1 日本語に合うように，（ ）内から適切な語句を選び，記号を○で囲みなさい。

⚠ ミス**に注意**

1(2)主語が３人称単数ということに注意！

□(1) 私たちは昨年からずっとよい友達です。

We （ ア are　イ have been ）good friends since last year.

□(2) エリカは２週間，東京に滞在しています。

Erika （ ア have　イ has ）stayed in Tokyo for two weeks.

□(3) 私の姉は2018年からそのチームに所属しています。

My sister has belonged to the team （ ア for　イ since ）2018.

□(4) 私は５年間ボブを知っています。

I've known Bob （ ア for　イ since ）five years.

2 例にならい，絵に合うように「…はずっと～しています」という文を完成させなさい。

テストによく出る！

forと**since**

2(2)forのあとには期間を表す語句が，sinceのあとには起点を表す語句や〈主語＋動詞 ...〉がくる。yesterday「きのう」は起点を表す語。

例　**Tom has lived in Osaka for a year.**

□(1) We ＿＿＿＿＿＿＿ ＿＿＿＿＿＿＿ a dog for many years.

□(2) Ms. Brown ＿＿＿＿＿＿＿ ＿＿＿＿＿＿＿ busy
＿＿＿＿＿＿＿ yesterday.

3 日本語に合うように，（ ）内の語句を並べかえなさい。

注目！

〈since＋主語＋動詞〉

3(3)sinceのあとには〈主語＋動詞 ...〉を続けることができる。forはできないので注意。

□(1) サトルは先月から中国語を勉強しています。

Satoru （ has / since / Chinese / studied ）last month.

Satoru ＿＿＿＿＿＿＿＿＿＿＿＿＿＿＿＿＿＿＿ last month.

□(2) 私は７年間ずっとサッカーのファンです。

I （ a soccer fan / been / for / have ）seven years.

I ＿＿＿＿＿＿＿＿＿＿＿＿＿＿＿＿＿＿＿ seven years.

□(3) 私は５歳のころからその手紙をとってあります。

I （ kept / have / since / the letter ）I was five years old.

I ＿＿＿＿＿＿＿＿＿＿＿＿＿＿＿＿＿ I was five years old.

□(4) ケイトはそれ以来，日本語に興味があります。

Kate （ interested / been / since / has / Japanese / in ）then.

Kate ＿＿＿＿＿＿＿＿＿＿＿＿＿＿＿＿＿＿＿ then.

ぴたトレ
1
要点チェック

Lesson 6
Tea from China (GET Part 2)

時間 15分
解答 p.22

〈新出語・熟語 別冊p.13〉

教科書の
重要ポイント　**現在完了形（継続用法）の疑問文**　教科書 pp.94〜95

<u>Have</u> you <u>lived</u> in this town for a long time? 〔あなたはこの町に長い間住んでいますか。〕

—Yes, I <u>have</u>. / No, I <u>have not</u>. 〔はい，住んでいます。／いいえ，住んでいません。〕

How long have you lived in this town? 〔あなたはこの町にどれくらい長く住んでいますか。〕

—<u>For</u> five years. / <u>Since</u> I was ten. 〔5年間です。／10歳のときからです。〕

※現在完了形の疑問文は，文の最初にHave[Has]を置き，〈Have[Has]＋主語＋動詞の過去分詞 ...?〉で表す。答えの文でもhave[has]を使う。

肯定文 I have lived in this town for a long time. 〔私はこの町に長い間住んでいます。〕

疑問文 Have you lived in this town for a long time? 〔あなたはこの町に長い間住んでいますか。〕
　　→文の最初にHaveを置く

応答文 Yes, I have. / No, I have not. 〔はい，住んでいます。／いいえ，住んでいません。〕
　　　　　短縮形はhaven't

※期間をたずねるときは，How longで文を始めて，現在完了形の疑問文の語順〈have[has]＋主語＋動詞の過去分詞 ...?〉を続ける。答えの文では，具体的な期間を答える。

期間をたずねる疑問文 How long have you lived in this town?
　　　　　　　　　「どれくらい長く」　　　　　　　〔あなたはこの町にどれくらい長く住んでいますか。〕
　　　　　　　　　　　　　　　　　　　→疑問文でも動詞は過去分詞のまま

応答文 For five years. / Since I was ten. 〔5年間住んでいます。／10歳のときから住んでいます。〕
　　　　「…の間」　　　　　　「…から」

ナルホド！

Words & Phrases　次の英語は日本語に，日本語は英語にしなさい。

☐(1) almost 　　（　　　　　　）

☐(2) flowering 　（　　　　　　）

☐(3) leader 　　（　　　　　　）

☐(4) for a long time （　　　　）

☐(5) master 　　（　　　　　　）

☐(6) 用意ができて 　_____

☐(7) 主要な 　　　_____

☐(8) 管理する人，(野球などの)監督 _____

☐(9) (競技の)コーチ，指導者 _____

☐(10) 腕のいい，みごとな _____

1 日本語に合うように，（　）内から適切な語句を選び，記号を○で囲みなさい。

⚠ミスに注意

1現在完了形の疑問文では，動詞を原形にしないで，過去分詞のままにするよ。

☐(1) あなたはその自転車を3年間使っていますか。

　　—いいえ，使っていません。

　　(ア Have　イ Has) you used the bicycle for three years?

　　—No, I (ア has not　イ have not).

☐(2) あなたの妹は何年もそのかばんがほしいと思っていますか。

　　—はい，ほしいと思っています。

　　Has your sister (ア want　イ wanted) the bag for many years?

　　—Yes, she (ア have　イ has).

☐(3) 彼らはどれくらい長くそこに滞在していますか。

　　—3日間滞在しています。

　　(ア How much　イ How long) have they stayed there?

　　—(ア For　イ Since) three days.

2 例にならい，絵に合うように「—はどのくらいの間…していますか」という文と答えの文を完成させなさい。

テストによく出る!

主語が3人称のとき

2(1)主語が3人称単数のとき，haveを3人称単数現在形のhasにする。

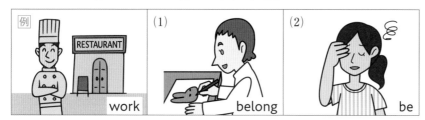

例　**How long have you worked at the restaurant?**

　　—For ten years.

☐(1) How ＿＿＿＿＿＿ ＿＿＿＿＿＿ Sara belonged to the art club?

　　—＿＿＿＿＿＿ last year.

☐(2) How ＿＿＿＿＿＿ ＿＿＿＿＿＿ you ＿＿＿＿＿＿ sick?

　　—＿＿＿＿＿＿ a few days.

3 日本語に合うように，（　）内の語を並べかえなさい。

注目!

日本語に注意

3(2)「いつから」→「どのくらい長く」と考える。

☐(1) あなたは4年間彼を知っているのですか。

　　(known / you / him / have / for) four years?

　　＿＿＿＿＿＿＿＿＿＿＿＿＿＿＿＿＿＿＿＿＿ four years?

☐(2) ジュディはいつから日本に住んでいますか。

　　(lived / long / Judy / how / in / has) Japan?

　　＿＿＿＿＿＿＿＿＿＿＿＿＿＿＿＿＿＿＿＿＿ Japan?

Lesson 6
Tea from China (USE Read)

教科書の重要ポイント **現在完了形（継続用法）** 教科書 pp.96 ～ 97

Black tea <u>has been</u> popular in Europe since the 1750s.
〔紅茶は1750年代からヨーロッパでずっと人気があります。〕

※現在完了形の継続用法は，過去のある時点に始めた動作や状態が現在も継続していることを表す。
「（ずっと）…である」＝〈have[has] been＋名詞・形容詞など ...〉

肯定文 Black tea has been popular in Europe since the 1750s.
be動詞の過去分詞
〔紅茶は1750年代からヨーロッパでずっと人気があります。〕

beenはbe動詞の過去分詞。
beenのあとには名詞や形容詞のほか
に場所を表す語句などがくるよ。

ナルホド！

Words & Phrases 次の英語は日本語に，日本語は英語にしなさい。

□(1) meal （   ）

□(2) expert （   ）

□(3) roast （   ）

□(4) humid （   ）

□(5) generally （   ）

□(6) East Asia （   ）

□(7) realize （   ）

□(8) type （   ）

□(9) during （   ）

□(10) bitter （   ）

□(11) Chinese （   ）

□(12) in this way （   ）

□(13) 準備する；作る ＿＿＿＿＿＿＿

□(14) ふるさと，ルーツ ＿＿＿＿＿＿＿

□(15) 薬，医薬 ＿＿＿＿＿＿＿

□(16) 「葉」の複数形 ＿＿＿＿＿＿＿

□(17) 豊かな，豊富な ＿＿＿＿＿＿＿

□(18) ヨーロッパ ＿＿＿＿＿＿＿

□(19) 活発な, 行動[活動]的な ＿＿＿＿＿＿＿

□(20) 贈り物 ＿＿＿＿＿＿＿

□(21) 同じ，同一の ＿＿＿＿＿＿＿

□(22) 熟成する ＿＿＿＿＿＿＿

□(23) 世紀，100年 ＿＿＿＿＿＿＿

□(24) 違った；様々な ＿＿＿＿＿＿＿

1 日本語に合うように，（　）内から適切な語句を選び，記号を〇で囲みなさい。

注目!
have[has] been …の訳
1 have[has] been …は「(ずっと)…である」や「(ずっと)…にいる」などと訳す。

□(1) 私の母は約10年間医者です。

My mother （ ア was　イ has been ） a doctor for about ten years.

□(2) その生徒たちは今朝から体育館にいます。

The students （ ア have　イ has ） been in the gym since this morning.

□(3) 私は2日間ずっと具合が悪いです。

I have （ ア been　イ a ） sick for two days.

□(4) マサキは先月からサッカーチームに入っています。

Masaki （ ア is　イ has been ） on the soccer team since last month.

2 日本語に合うように，＿＿＿に適切な語を書きなさい。

⚠ ミスに注意
2(2)「ほかのどの…より～」は〈比較級＋than any other＋名詞の単数形〉で表すよ。

□(1) このようにして，私は英語を身につけました。

＿＿＿＿＿＿＿ this ＿＿＿＿＿＿, I learned English.

□(2) 私はほかのどの色より青が好きです。

I like blue better than ＿＿＿＿＿＿ ＿＿＿＿＿＿ color.

□(3) これは世界で2番目に高い山です。

This is the ＿＿＿＿＿＿ ＿＿＿＿＿＿ mountain in the world.

□(4) その歌手は昨年から人気があります。

The singer ＿＿＿＿＿＿ ＿＿＿＿＿＿ popular ＿＿＿＿＿＿ last year.

3 日本語に合うように，（　）内の語句を並べかえなさい。

テストによく出る!
beenのあとの語句
3 beenのあとには名詞や形容詞のほかに〈in＋場所〉のような場所を表す語句がくる。

□(1) 私たちは3か月間オーストラリアにいます。

(Australia / have / in / we / for / been) three months.

＿＿＿＿＿＿＿＿＿＿＿＿＿＿＿＿ three months.

□(2) 私の兄は長い間テニスのファンです。

My brother (tor / has / a tennis fan / long time / been / a).

My brother ＿＿＿＿＿＿＿＿＿＿＿＿＿＿＿.

□(3) 私の父は1週間ずっと忙しいです。

My father (busy / week / has / a / been / for).

My father ＿＿＿＿＿＿＿＿＿＿＿＿＿＿＿.

□(4) そのネコは昨夜からずっとベンチの上にいます。

The cat (on / has / night / since / been / last / the bench).

The cat ＿＿＿＿＿＿＿＿＿＿＿＿＿＿＿.

Lesson 6

ぴたトレ
1
要点チェック

Lesson 6
Tea from China (USE Write)

時間 **15分**
解答 p.23

〈新出語・熟語 別冊p.13〉

| 教科書の重要ポイント | おみやげに添えるカードを書こう | 教科書 pp.98～99 |

▼ おみやげにカードを添えて渡そう。

①冒頭 (Opening)

《おみやげ》

おみやげとしてあげるものを決める。

This is a gift for you. 〔これはあなたへの贈り物です。〕

It is .... 〔それは…です。〕

②主文 (Body)

《特徴・用途》

おみやげについての説明を加える。(特徴や使い方など)

... is ～ in Japanese[English]. 〔…は日本語[英語]で～です。〕

... means ～. 〔…は～という意味です。〕

Japanese people <u>have used</u> ... for[since] ～. 〔日本の人々は…を～の間[から]使っています。〕
└→〈have[has]＋動詞の過去分詞〉「(ずっと)…している」

You can use ... as ～. 〔あなたは…を～として使うことができます。〕

③結び (Closing)

《ひとこと》

最後に相手へのひとことを添える。

I hope you like it. 〔あなたがそれを気に入るといいなと思います。〕

日本らしいものはもちろん，日本の文房具やシールなども外国の人たちに人気だよ。

ナルホド!

| Words & Phrases | 次の英語は日本語に，日本語は英語にしなさい。 |

□(1) meaning （　　　　　　）

□(2) owl （　　　　　　）

□(3) sincerely （　　　　　　）

□(4) Japanese-style （　　　　　　）

□(5) (精神的)ストレス ＿＿＿＿＿＿＿

□(6) タオル ＿＿＿＿＿＿＿

□(7) 包む，包装する ＿＿＿＿＿＿＿

□(8) 台所；台所用の ＿＿＿＿＿＿＿

1 日本語に合うように，（　）内から適切な語を選び，記号を〇で囲みなさい。

注目！
前置詞 on
1(2)Tシャツや帽子にかかれている絵について述べるときは，onで表す。onは何かに触れている状態を表す。

□(1) スミス先生へのよい贈り物は何ですか。

（ ア What　イ What's) a good gift for Ms. Smith?

□(2) そのTシャツには富士山がかかれています。

The T-shirt has Mt. Fuji (ア on　イ in) it.

□(3) 'strawberry' は日本語でイチゴです。

'Strawberry' is *ichigo* (ア by　イ in) Japanese.

□(4) あなたはそれを買い物用のかばんとして使うことができます。

You can use it (ア as　イ to) a shopping bag.

□(5) 私は困難なくその仕事を終えました。

I finished the work (ア nothing　イ without) trouble.

2 日本語に合うように，＿＿＿に適切な語を書きなさい。

⚠ミスに注意

2(2)〈try＋動詞の -ing 形〉は「試しに…する」，〈try to＋動詞の原形〉は「…しようと試みる」という意味だよ。

□(1) それはリンゴのような味がします。

It ＿＿＿＿＿＿ ＿＿＿＿＿＿ an apple.

□(2) 試しに使ってみてください。

＿＿＿＿＿＿ ＿＿＿＿＿＿ it.

□(3) あなたがそれを気に入るといいなと思います。

＿＿＿＿＿＿ ＿＿＿＿＿＿ you like it.

□(4) それを窓のそばに置いてください。

Please ＿＿＿＿＿＿ it ＿＿＿＿＿＿ the window.

3 日本語に合うように，（　）内の語句を並べかえなさい。

テストによく出る！
as の使い方
3(4)ここでのasは前置詞で「…として」という意味。

□(1) 私はそのしおりの形が気に入っています。

(the / like / shape / I / the bookmark / of).

＿＿＿＿＿＿＿＿＿＿＿＿＿＿＿＿＿＿＿＿＿＿.

□(2) この紙細工はあなたへの贈り物です。

(is / you / paper craft / a / for / gift / this).

＿＿＿＿＿＿＿＿＿＿＿＿＿＿＿＿＿＿＿＿＿＿.

□(3) このデザインには意味があります。

(has / meaning / design / a / this).

＿＿＿＿＿＿＿＿＿＿＿＿＿＿＿＿＿＿＿＿＿＿.

□(4) 日本の人々はずっとそれを幸運のお守りとして使っています。

Japanese people (as / have / it / used / a lucky charm).

Japanese people ＿＿＿＿＿＿＿＿＿＿＿＿＿＿＿＿＿＿.

Lesson 6

103

ぴたトレ
1
要点チェック

Take Action! Listen 5
Take Action! Talk 5

時間 15分 解答 p.23

〈新出語・熟語 別冊p.13〉

| 教科書の重要ポイント | 申し出る表現や，困っていることを伝える表現 | 教科書 pp.100～101 |

▼ 申し出る表現

- **Can I help you?** 〔お手伝いしましょうか。〕
  ※手助けが必要なときは，Yes, please.などと言おう。

- **〈Shall I＋動詞の原形 ...?〉** 〔(私が)…しましょうか。〕
  ※Shall I ...?は相手に申し出る表現，Shall we ...?は相手を誘う表現。混同しないようにしよう！

- **What's the matter with you?** 〔いったいどうしたの？〕

- **Do you need some help?** 〔あなたは手助けが必要ですか。〕

▼ 困っていることを伝える表現

- **I have a problem.** 〔問題があります。〕

- **I'm in trouble.** 〔トラブルに巻き込まれています。〕

困っている人を見かけたら，思いきって声をかけてみよう。
自分が困っているときも，ためらわずに手助けを求めよう。

▼ 助けてもらったときの感謝を伝える表現

- **Thank you for ....** 〔…をありがとう。〕
  ※「…してくれてありがとう」は〈Thank you for＋動詞の-ing形〉で表す。

- **I appreciate it.** 〔感謝します。〕

ナルホド！

Words & Phrases 次の英語は日本語に，日本語は英語にしなさい。

☐(1) attendant （　　　　　　　）

☐(2) matter （　　　　　　　）

☐(3) escape （　　　　　　　）

☐(4) appreciate （　　　　　　　）

☐(5) missing （　　　　　　　）

☐(6) ask for ... （　　　　　　　）

☐(7) capybara （　　　　　　　）

☐(8) Yes, please. （　　　　　　　）

☐(9) …の下に ＿＿＿＿＿＿＿

☐(10) 列車，電車 ＿＿＿＿＿＿＿

☐(11) 職員 ＿＿＿＿＿＿＿

☐(12) メートル ＿＿＿＿＿＿＿

☐(13) センチメートル ＿＿＿＿＿＿＿

☐(14) ポケット ＿＿＿＿＿＿＿

☐(15) 手伝い，助け ＿＿＿＿＿＿＿

☐(16) 高さが…ある ＿＿＿＿＿＿＿

1 日本語に合うように，（ ）内から適切な語を選び，記号を〇で囲みなさい。

☐(1) お手伝いしましょうか。
　　Can（ ア I　イ you ）help you?

☐(2) トラブルに巻き込まれています。
　　I'm（ ア with　イ in ）trouble.

☐(3) いったいどうしたの？
　　What's the（ ア matter　イ wrong ）with you?

☐(4) これらの箱を運びましょうか。
　　（ ア Would　イ Shall ）I carry these boxes?

⚠ ミスに注意

1(1)(4)相手に申し出るとき，その動作をするのは話し手なので，主語はIにするよ。

2 日本語に合うように，＿＿に適切な語を書きなさい。

☐(1) あなたは手助けが必要ですか。
　　＿＿＿＿＿＿ you ＿＿＿＿＿＿ some help?

☐(2) 感謝します。
　　I ＿＿＿＿＿＿ it.

☐(3) 私には問題があります。
　　I ＿＿＿＿＿＿ a ＿＿＿＿＿＿.

☐(4) 私のネコはベッドの下にいます。
　　My cat ＿＿＿＿＿＿ ＿＿＿＿＿＿ the bed.

☐(5) 彼のイヌが行方不明です。
　　His dog ＿＿＿＿＿＿ ＿＿＿＿＿＿.

注目!

appreciate「感謝する」

2(2)appreciateの後ろには，人ではなくその人のした「行為」を表すことばがくる。

例I appreciate your advice.「ご忠告に感謝します。」

3 日本語に合うように，（ ）内の語句を並べかえなさい。

☐(1) その鉛筆は約15センチメートルの長さです。
　　The pencil（ is / long / about / centimeters / fifteen ）.
　　The pencil ＿＿＿＿＿＿＿＿＿＿＿＿＿＿＿＿＿＿.

☐(2) その鍵は公園で落ちたのだと思います。
　　I（ think / out / the key / the park / / fell / in ）.
　　I ＿＿＿＿＿＿＿＿＿＿＿＿＿＿＿＿＿＿.

☐(3) 私たちはブラウン先生に助けを求めました。
　　（ asked / help / Mr. Brown / we / for ）.
　　＿＿＿＿＿＿＿＿＿＿＿＿＿＿＿＿＿＿.

☐(4) 私が窓を開けましょうか。—はい，お願いします。
　　（ the window / I / open / shall ）? —（ please / yes / , ）.
　　＿＿＿＿＿＿＿＿＿＿＿＿＿＿＿＿＿＿?
　　—＿＿＿＿＿＿＿＿＿＿＿＿＿＿＿＿＿＿.

テストによく出る!

長さや高さについて
言う表現

3(1)「…の長さ」は〈…＋単位＋long〉，「…の高さ」は〈…＋単位＋tall〉で表す。

Take Action!

GET Plus 6 / Word Bank

教科書の重要ポイント　**「…していただけますか。」**　教科書 pp.102～103

Could you speak louder, please? 〔もっと大きい声で話していただけますか。〕

—Yes, of course. 〔もちろん。〕

▼ ていねいに依頼する表現

「…していただけますか。」は〈Could you＋動詞の原形 …?〉で表す。

Could you <u>speak</u> louder, please？〔もっと大きい声で話していただけますか。〕
　　　　　原形　　　　→語尾にpleaseをつけると，よりていねいになる

—Yes, of course. 〔もちろん。〕

※依頼に応じることができないときは，I'm afraid I can't.（すみませんが，できません。）などと答える。

 Could you …?はCan you …?「…してもらえませんか。」のていねいな表現だよ。文末に〈, please?〉をつけるとさらにていねいになるんだ。

 〈ナルホド!〉

Words & Phrases　次の英語は日本語に，日本語は英語にしなさい。

☐(1) handout （　　　　　　　　　）　　☐(4) コピー，複製 _____

☐(2) volume （　　　　　　　　　）　　☐(5) ゆっくりと _____

☐(3) turn up （　　　　　　　　　）　　☐(6) ヒント _____

1 日本語に合うように，（　）内から適切な語句を選び，記号を○で囲みなさい。

☐(1) 私の家に配達していただけませんか。

（ ア Could you　イ Could I ）deliver it to my house?

☐(2) （(1)の答え）すみませんが，できません。

I'm afraid I（ ア don't　イ can't ）.

2 日本語に合うように，_____ に適切な語を書きなさい。

☐(1) もっとゆっくり話していただけませんか。

_____ _____ speak more slowly, please?

☐(2) （(1)の答え）もちろん。

Yes, _____ _____.

注目!

依頼する文の主語

1(1)依頼する文では，その動作をするのは相手なので，主語はyouにする。主語をIにするのは，相手に許可を求める文のとき。

Reading for Information 4

教科書の
重要ポイント | **英語のレシピで使う表現** | 教科書 p.104

▼ 英語のレシピで使う表現

> レシピに必ず載っている単語
>
> ingredient(s)　材料　　… serving(s)　…人前　　instruction(s)　作り方

- boil … in a pot 〔鍋で…を煮る〕
- put … into 〜 〔〜に…を入れる〕
- boil … for 〜 minute(s) 〔〜分間…を煮る〕
- cut … into small cubes 〔…を小さい立方体に切る〕
- mix all of them with … 〔それらすべてを…で混ぜる〕
- season … with 〜 〔…を〜で味付けする〕
- add … 〔…を加える〕

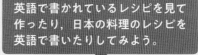

英語で書かれているレシピを見て
作ったり，日本の料理のレシピを
英語で書いたりしてみよう。

\ナルホド!/

1 日本語に合うように，（　）内から適切な語を選び，記号を
〇で囲みなさい。

☐(1) じゃがいも 2 個を10分間煮てください。

Boil two potatoes （ ア for　イ in ）ten minutes.

☐(2) それらをスプーンで混ぜてください。

Mix them （ ア on　イ with ）a spoon.

☐(3) チーズを小さい立方体に切ってください。

Cut the cheese （ ア into　イ for ）small cubes.

2 日本語に合うように，＿＿＿に適切な語を書きなさい。

☐(1) 鍋でニンジンを簡単に切れるまで煮てください。

＿＿＿＿＿＿＿ carrots in a pot ＿＿＿＿＿＿ you can cut
them easily.

☐(2) あなたの好み次第で，塩を加えてください。

Depending ＿＿＿＿＿＿ your preference, ＿＿＿＿＿＿
salt.

☐(3) 酢の代わりにレモンを使ってもいいですよ。

You ＿＿＿＿＿＿ use lemon ＿＿＿＿＿＿ of vinegar.

☐(4) 食事をお楽しみください。

＿＿＿＿＿＿ your ＿＿＿＿＿＿.

テストによく出る!

「…するまで」

2(1)「…するまで」は〈until
＋主語＋動詞 …〉で表
す。

現在完了形〈have [has] ＋動詞の過去分詞〉の have と has は主語によって使い分けるよ。

1 ( )に入る適切な語句を選び，記号を〇で囲みなさい。

☐(1) It ( ) sunny since last week.

　　ア is　　イ was　　ウ have been　　エ has been

☐(2) We ( ) lived in Sapporo for ten years.

　　ア have　　イ are　　ウ has　　エ were

☐(3) My brother has wanted a computer ( ) a long time.

　　ア at　　イ in　　ウ for　　エ since

☐(4) My father has played the guitar ( ) he was a boy.

　　ア since　　イ when　　ウ before　　エ because

2 日本語に合うように，＿＿＿に適切な語を書きなさい。

☐(1) 今日，私に電話をしていただけますか。

　　＿＿＿＿＿＿＿＿ ＿＿＿＿＿＿＿＿ call me today?

☐(2) オーストラリアを訪れることが彼女の長年の夢です。

　　Visiting Australia ＿＿＿＿＿＿＿＿ ＿＿＿＿＿＿＿＿ her dream for many years.

☐(3) あなたはどれくらい長くこの辞書を使っていますか。

　　How ＿＿＿＿＿＿＿＿ ＿＿＿＿＿＿＿＿ you used this dictionary?

3 各組の英文がほぼ同じ意味になるように，＿＿＿に適切な語を書きなさい。

☐(1) { Ms. Brown started to teach English last year, and she still teaches it.
　　　 Ms. Brown has ＿＿＿＿＿＿＿ English ＿＿＿＿＿＿＿ last year.

☐(2) { I became a nurse three years ago, and I'm still a nurse.
　　　 I ＿＿＿＿＿＿＿ been a nurse ＿＿＿＿＿＿＿ three years.

☐(3) { They came to Osaka a few days ago, and they still stay there.
　　　 They ＿＿＿＿＿＿＿ stayed in Osaka ＿＿＿＿＿＿＿ a few days.

4 書く✎ 日本語を( )内の語数で英語になおしなさい。

☐(1) 私はきのうからずっと疲れています。（6語）

　　＿＿＿＿＿＿＿＿＿＿＿＿＿＿＿＿＿＿＿＿＿＿＿＿＿＿＿＿＿

☐(2) ユリ(Yuri)は先月からずっと中国に滞在しています。（8語）

　　＿＿＿＿＿＿＿＿＿＿＿＿＿＿＿＿＿＿＿＿＿＿＿＿＿＿＿＿＿

ヒント　❷(1)ていねいに依頼する文。(2)動名詞が主語のときは3人称単数扱い。
　　　　❹(2)「…(都市・国など)に滞在する」はstay in ...で表す。

5 読む 中国の北京から日本に来ているメイと陸の対話文を読んで，あとの問いに答えなさい。

Mei : I work at a tea shop in Beijing.

Riku : Cool. ①(long / there / you / how / worked / have)?

Mei : Since 2016. I want to be a Chinese tea master. I have a test next week.

Riku : Have you studied hard for ②it?

Mei : Yes, I have. For two years. I'm almost ready. Here, try this flowering tea.

Riku : Wow, it looks beautiful.

☐(1) 下線部①が意味の通る英文となるように，（　）内の語を並べかえなさい。

_____?

☐(2) 下線部②が指している内容を具体的に日本語で書きなさい。

（　　　　　　　　　　　　　　　　　　　　　　　　　　　）

☐(3) 本文の内容に合うように，次の問いに英語で答えなさい。

① Has Mei worked at a tea shop since 2016?

—_____

② What does Mei want to be?

—_____

☐(4) 本文の内容に合うものを1つ選び，記号を○で囲みなさい。

ア　メイは来月テストを受ける。

イ　メイは花の咲いているお茶をいれた。

ウ　リクはメイがいれたお茶を見ておいしそうだと言った。

6 話す 次の文を声に出して読み，問題に答え，答えを声に出して読んでみましょう。 アプリ

The other day, I watched an amazing festival on TV. A lot of people gathered at a little village in Spain. They started to throw tomatoes at each other, and soon they were red with tomato juice. I was excited to see the festival.

（注）village 村　　Spain スペイン　　tomato トマト　　each other おたがい　　juice ジュース

☐(1) Where did a lot of people gather?

—_____

☐(2) What did people start at the festival?

—_____

ヒント　**5** (1)How longで文を始める。

6 (1)2文目参照。(2)3文目参照。

ぴたトレ
3
確認テスト

**Lesson 6 ～
Reading for Information 4**

時間 30分 ／100点 合格 70点 解答 p.25

教科書 pp.91 ～ 104

❶ 下線部の発音が同じものには〇を，そうでないものには×を書きなさい。 9点

(1) r<u>ea</u>dy
l<u>ea</u>d

(2) c<u>oa</u>ch
r<u>oa</u>st

(3) <u>ow</u>l
t<u>ow</u>el

❷ 最も強く発音する部分の記号を書きなさい。 9点

(1) pre - pare
　ア　　イ

(2) man - ag - er
　ア　　イ　　ウ

(3) cen - ti - me - ter
　ア　　イ　　ウ　　エ

❸ 日本語に合うように，＿＿に適切な語を解答欄に書きなさい。 16点

(1) これらの質問に答えていただけますか。　Could _____ _____ these questions?

(2) 私はこの前の金曜日から祖母の家に滞在しています。

I have _____ at my grandmother's house _____ last Friday.

よく出る (3) この本は2か月前から人気になっています。

This book _____ _____ popular _____ two months.

(4) あなたは長年ロンドンに住んでいるのですか。　_____ _____ lived in London for many years?

❹ ＿＿に適切な語を入れて，対話文を完成させなさい。 15点

(1) *A :* Have you and Kate been good friends for a long time?

B : No, _____ _____. We became friends last year.

(2) *A :* How long has it been sunny?

B : _____ about five days.

(3) *A :* Your father is a good baseball player.

B : Yes. He _____ played it _____ he was a junior high school student.

❺ 読む📖 次の対話文を読んで，あとの問いに答えなさい。 27点

Saori : I'm writing a school newspaper. I want to write an article about you in it. May I ask you some questions?

Ms. Smith : Sure.

Saori : You are from the U.K. When did you come to Japan?

Ms. Smith : I came to Japan three years ago, and I became an English teacher at a school in Yokohama. Then I started to teach it at this school in Tokyo two months ago.

Saori : ①(lived / years / have / Japan / three / you / in / for). You speak only English in your class, but do you speak Japanese?

Ms. Smith : Yes, but it's not easy for me to read or write it.

Saori : How did you learn Japanese?

成績評価の観点　知…言語や文化についての知識・技能　表…外国語表現の能力

Ms. Smith : I studied Japanese at university in the U.K. When I was a high school student, I saw a Japanese movie. After that, I got interested in Japan. I like Japanese culture, such as movies or music. I want to talk about them with the students.

Saori : Sounds good! Let's do it. Thank you for your time.

Ms. Smith : I look forward to (②) the school newspaper.

(注)only …だけ　university 大学

(1) 下線部①が意味の通る英文となるように，（　）内の語を並べかえなさい。

(2) （　②　）に入る適切な語を1つ選び，記号で答えなさい。

　　ア read　　イ reading　　ウ reads

(3) 本文の内容に合うように，次の問いに英語で答えなさい。

　　How long has Ms. Smith taught English at Saori's school?

(4) 本文の内容に合わないものを1つ選び，記号で答えなさい。

　　ア サオリは学校新聞にスミス先生の記事を書くつもりである。

　　イ スミス先生は日本語の読み書きは難しいと言っている。

　　ウ スミス先生は日本の映画を見て日本に興味を持ち，高校で日本語を学んだ。

 ⑥ 書く✐ **次のようなとき英語で何と言うか，（　）内の語数で書きなさい。** 表　　24点

(1) 友達に，今朝からずっと忙しいと言いたいとき。（7語で）

(2) 友達に，このギターを8年間使っていると言いたいとき。（8語で）

(3) ALTの先生に，いつから日本に住んでいるのか聞きたいとき。（7語で）

❶	(1)		(2)		(3)		❷	(1)		(2)		(3)	
		3点		3点		3点				3点		3点	3点

❸	(1)			(2)				4点

	(3)		(4)		
		4点			4点

❹	(1)			(2)			5点

	(3)		
		5点	

❺	(1)		(2)	
			7点	6点

	(3)		(4)	
			7点	7点

❻	(1)	表 8点
	(2)	表 8点
	(3)	表 8点

▶ 表 の印がない問題は全て 知 の観点です。

Lesson 7
Rakugo Goes Overseas (GET Part 1)

時間 **15**分　解答 p.26

〈新出語・熟語 別冊p.14〉

> 教科書の重要ポイント　**現在完了形（完了用法）**　教科書 pp.106 ～ 107

I <u>have</u> just <u>finished</u> lunch. 〔私はちょうど昼食を終えたところです。〕

<u>Have</u> you <u>finished</u> lunch yet? 〔あなたはもう昼食を終えましたか。〕

—<u>Yes, I have.</u> / <u>No, I have not.</u> 〔はい，終えました。／いいえ，終えていません。〕

I <u>have not finished</u> lunch yet. 〔私はまだ昼食を終えていません。〕

現在完了形の完了用法は「…したところです」「（もうすでに）…しました」などと，ものごとが完了していることを表す。

| 肯定文 | I have just finished lunch. 〔私はちょうど昼食を終えたところです。〕
「ちょうど」

| 疑問文 | Have you finished lunch yet? 〔あなたはもう昼食を終えましたか。〕
→文の最初にhaveを置く　「もう」

| 応答文 | Yes, I have. / No, I have not. 〔はい，終えました。／いいえ，終えていません。〕
短縮形はhaven't

| 否定文 | I have not finished lunch yet. 〔私はまだ昼食を終えていません。〕
not ... yet「まだ…していない」

> **完了用法でよく使う語**
> 【肯定文】just（ちょうど），already（もう，すでに）：過去分詞の前に置く
> 【疑問文】yet（もう）：文末に置く
> 【否定文】yet（まだ）：文末に置く

ナルホド!

Words & Phrases 次の英語は日本語に，日本語は英語にしなさい。

☐(1) front 　　　　(　　　　　　　　)

☐(2) someone 　　(　　　　　　　　)

☐(3) stretch 　　　(　　　　　　　　)

☐(4) city hall 　　 (　　　　　　　　)

☐(5) slow 　　　　(　　　　　　　　)

☐(6) Why don't you ...? (　　　　　　)

☐(7) I'd love to. 　(　　　　　　　　)

☐(8) 息；呼吸 　　_____

☐(9) 運のよい，幸運な _____

☐(10) 到着する，着く _____

☐(11) doの過去分詞 _____

☐(12) sendの過去分詞 _____

☐(13) ちょうど今 _____

☐(14) まだ(…ない), すでに _____

1 日本語に合うように，（　）内から適切な語を選び，記号を〇で囲みなさい。

⚠ **ミスに注意**

1 (1)～(3)just「ちょうど」，already「もう」は過去分詞の前，yetは文末に置くよ。

☐(1) その電車はちょうど駅に着いたところです。

The train has (ア just　イ already) arrived at the station.

☐(2) 私の父はまだ夕食を食べていません。

My father hasn't eaten dinner (ア just　イ yet).

☐(3) 私はもう宿題を終えました。

I've (ア already　イ yet) finished my homework.

☐(4) あなたはもう部屋をそうじしましたか。

Have you (ア clean　イ cleaned) your room yet?

2 例にならい，絵に合うように「…はもう～しました」という文を完成させなさい。

テストによく出る!

「もう」

2「もう」は肯定文ではalready，疑問文ではyetを使う。alreadyは過去分詞の前，yetは文末に置く。

例 wash　(1)1 finish　(2) leave

例 **Mari has already washed the dishes.**

☐(1) Ryo ＿＿＿＿＿＿＿＿ ＿＿＿＿＿＿＿ finished reading the book.

☐(2) My parents ＿＿＿＿＿＿＿ ＿＿＿＿＿＿＿＿ ＿＿＿＿＿＿＿ home.

3 日本語に合うように，（　）内の語句を並べかえなさい。

注目!

Why don't you ...?

3 (2)「…してはどうですか。」と相手にすすめるときは〈Why don't you ＋動詞の原形 ...?〉で表す。I'd love to.「喜んで。」などと答える。

☐(1) ちょっといいですか。

(a / you / minute / do / have)?

＿＿＿＿＿＿＿＿＿＿＿＿＿＿＿＿＿＿＿＿＿＿＿＿＿＿ ?

☐(2) その博物館を訪れてはどうですか。

(visit / you / the museum / why / don't)?

＿＿＿＿＿＿＿＿＿＿＿＿＿＿＿＿＿＿＿＿＿＿＿＿＿＿ ?

☐(3) 私はまだその映画を見ていません。

(the movie / not / I / yet / have / seen).

＿＿＿＿＿＿＿＿＿＿＿＿＿＿＿＿＿＿＿＿＿＿＿＿＿＿ .

☐(4) 私はちょうどその知らせを聞いたところです。

(the news / I / heard / just / have).

＿＿＿＿＿＿＿＿＿＿＿＿＿＿＿＿＿＿＿＿＿＿＿＿＿＿ .

| 教科書の重要ポイント | 現在完了形(経験用法) | 教科書 pp.108～109 |

Amy has visited Nara twice. 〔エイミーは二度，奈良を訪れたことがあります。〕

Has Amy ever visited Nara? 〔エイミーは今までに奈良を訪れたことはありますか。〕

—Yes, she has. / No, she has not. 〔はい，あります。／いいえ，ありません。〕

Amy has never visited Nara. 〔エイミーは一度も奈良を訪れたことはありません。〕

現在完了形の経験用法は「…したことがあります」と，これまでに経験したことを表す。

[肯定文] Amy has visited Nara twice. 〔エイミーは二度，奈良を訪れたことがあります。〕
「二度」

[疑問文] Has Amy ever visited Nara? 〔エイミーは今までに奈良を訪れたことはありますか。〕
「今までに」

[応答文] Yes, she has. / No, she has not. 〔はい，あります。／いいえ，ありません。〕
短縮形はhasn't

[否定文] Amy has never visited Nara. 〔エイミーは一度も奈良を訪れたことはありません。〕
「一度も…ない」

> 経験用法でよく使う語
> 【回数を表す語句】once(一度)，twice(二度)，... times(…度)：文末に置く
> 【疑問文】ever(今までに)：過去分詞の前に置く
> 【否定文】never(一度も…ない)：過去分詞の前に置く

| Words & Phrases | 次の英語は日本語に，日本語は英語にしなさい。 |

- □(1) begin （　　　　　）
- □(2) only （　　　　　）
- □(3) represent （　　　　　）
- □(4) single （　　　　　）
- □(5) Welcome to .... （　　　　　）
- □(6) act out （　　　　　）

- □(7) 会話，(人との)話 ＿＿＿＿＿＿＿
- □(8) 今までに，かつて ＿＿＿＿＿＿＿
- □(9) 二度，2回，2倍 ＿＿＿＿＿＿＿
- □(10) 乗ること，乗馬 ＿＿＿＿＿＿＿
- □(11) seeの過去分詞 ＿＿＿＿＿＿＿
- □(12) wearの過去分詞 ＿＿＿＿＿＿＿

1 日本語に合うように，（　）内から適切な語句を選び，記号を○で囲みなさい。

⚠️ ミスに注意

1(2)(3)everは「今までに」という意味で疑問文で使い，neverは「一度も…ない」という意味で否定文を作るよ。

☐(1) 私は彼に3回会ったことがあります。

I have seen him (ア third　イ three) times.

☐(2) あなたは今までにギターを演奏したことがありますか。

―いいえ，ありません。

Have you (ア ever　イ never) played the guitar?

―No, I (ア haven't　イ never).

☐(3) 私の祖母は一度もコンピューターを使ったことがありません。

My grandmother (ア hasn't never　イ has never) used a computer.

2 例にならい，絵に合うように「―は…回～したことがあります。」という文を完成させなさい。

テストによく出る！

回数を表す語句

2「1回」はonce，「2回」はtwice，「3回」以上は … timesで表す。

例 [skate / 1回]　(1) [climb / 2回]　(2) [bake / 何度も]

例 **Taku has skated once.**

☐(1) Kana has ＿＿＿＿＿＿ Mt. Fuji ＿＿＿＿＿＿.

☐(2) I ＿＿＿＿＿＿ ＿＿＿＿＿＿ cookies many ＿＿＿＿＿＿.

3 日本語に合うように，（　）内の語句を並べかえなさい。

注目！

everとneverの位置

3(2)(3)everとneverはどちらも過去分詞の前に置く。

☐(1) 私たちの学校へようこそ。

(our / to / school / welcome).

＿＿＿＿＿＿＿＿＿＿＿＿＿＿＿＿＿＿＿.

☐(2) ケイトは今までに納豆を食べたことがありますか。

―はい，あります。

(eaten / has / ever / *natto* / Kate)?　―(has / yes / she / ,).

＿＿＿＿＿＿＿＿＿＿＿＿＿＿＿＿＿＿＿?

―＿＿＿＿＿＿＿＿＿＿＿＿＿＿＿＿＿.

☐(3) 私は一度も着物を着たことがありません。

(worn / have / I / a kimono / never).

＿＿＿＿＿＿＿＿＿＿＿＿＿＿＿＿＿＿＿.

ぴたトレ
1
要点チェック

Lesson 7
Rakugo Goes Overseas (USE Read)

教科書の重要ポイント　**現在完了形（経験用法・完了用法）**　教科書 pp.110～111

I've never heard a Japanese joke. 〔私は日本の冗談を一度も聞いたことがありません。〕

I've been to many countries to give *rakugo* shows.
〔私は落語の公演を行うために多くの国々に行ったことがあります。〕

I've enjoyed talking with you. 〔私はあなたと話すことを楽しみました。〕

---

①「…したことがある」（現在完了形の経験用法）

否定文　**I've never heard a Japanese joke.** 〔私は日本の冗談を一度も聞いたことがありません。〕
　　　　　「一度も…ない」

肯定文　**I've been to many countries to give *rakugo* shows.**
　　　　「…に行ったことがある」　　　　　　〔私は落語の公演を行うために多くの国々に行ったことがあります。〕

　※「…に行ったことがある」はhave[has] been to ...で表す。

②「…したところだ」「（もうすでに）…した」（現在完了形の完了用法）

肯定文　**I've enjoyed talking with you.** 〔私はあなたと話すことを楽しみました。〕

短縮形		
I have→I've	we have→we've	you have→you've
he has→he's	she has→she's	it has→it's
they have→they've		

ナルホド!

Words & Phrases 次の英語は日本語に，日本語は英語にしなさい。

☐(1) sense　　（　　　　　　　）　　☐(8) 違い，相違(点)　＿＿＿＿＿＿＿

☐(2) laughter　（　　　　　　　）　　☐(9) 説明する　　　＿＿＿＿＿＿＿

☐(3) humor　　（　　　　　　　）　　☐(10) 意見，考え　　＿＿＿＿＿＿＿

☐(4) spread　　（　　　　　　　）　　☐(11) 慣習，習慣　　＿＿＿＿＿＿＿

☐(5) in common（　　　　　　　）　　☐(12) 難しさ，困難，苦労　＿＿＿＿

☐(6) United States（　　　　　）　　☐(13) 続ける；続く　＿＿＿＿＿＿

☐(7) joke　　　（　　　　　　　）　　☐(14) 作法，行儀　　＿＿＿＿＿＿

1 日本語に合うように，（　）内から適切な語句を選び，記号を〇で囲みなさい。

☐(1) 私は3年間看護師です。

I've（ア become　イ been ）a nurse for three years.

☐(2) 私の父は2回オーストラリアに行ったことがあります。

My father has（ア been　イ visited ）to Australia twice.

☐(3) ユリは一度もその本を読んだことがありません。

Yuri has（ア yet　イ never ）read the book.

☐(4) 彼らはどれくらい長くそこに滞在していますか。

―先月からです。

（ア How much　イ How long ）have they stayed there?

―（ア For　イ Since ）last month.

⚠ミスに注意

1(2)「…に行ったことがある」はhave been to…で表すよ。visitはあとに目的語をとるので，toは不要だよ。

2 日本語に合うように，＿＿＿に適切な語を書きなさい。

☐(1) どういたしまして。

My ＿＿＿＿＿＿＿＿.

☐(2) 私は世界中を旅したいです。

I want to travel ＿＿＿＿＿＿＿ ＿＿＿＿＿＿＿ the world.

☐(3) 赤ちゃんが寝ているので，音を立てないでください。

Don't ＿＿＿＿＿＿＿ ＿＿＿＿＿＿＿ because the baby is sleeping.

☐(4) 私の意見では，毎日朝食を食べることが必要です。

＿＿＿＿＿＿＿ my ＿＿＿＿＿＿＿, it's necessary to have breakfast every day.

注目!

「どういたしまして。」

2(1)Thank you.などとお礼を言われたときの返答はMy pleasure.やYou're welcome.で表す。

3 日本語に合うように，（　）内の語句を並べかえなさい。

☐(1) ジュディは一度もその映画を見たことがありません。

(the movie / has / seen / never / Judy).

＿＿＿＿＿＿＿＿＿＿＿＿＿＿＿＿＿＿＿＿＿＿.

☐(2) ケイタはいつから忙しいのですか。

(has / long / busy / how / been / Keita)?

＿＿＿＿＿＿＿＿＿＿＿＿＿＿＿＿＿＿＿＿＿?

☐(3) あなたは今までに沖縄へ行ったことがありますか。

―いいえ。私は一度もそこへ行ったことがありません。

(ever / you / been / have / to) Okinawa?

―No. (have / there / been / I / never).

＿＿＿＿＿＿＿＿＿＿＿＿＿＿＿＿＿＿ Okinawa?

―No. ＿＿＿＿＿＿＿＿＿＿＿＿＿＿＿＿＿＿.

テストによく出る!

「いつから」

3(2)「いつから」→「どれくらい長く」と考え，期間をたずねるときはHow longで文を始める。

ぴたトレ
1
要点チェック

Lesson 7
Rakugo Goes Overseas (USE Speak)

時間 15分

解答 p.27

〈新出語・熟語 別冊p.14〉

教科書の重要ポイント | **先生にインタビューするときの表現** | 教科書 p.112

▼ インタビューで使える表現

Please tell me about .... 〔…について教えてください。〕

Let's change the topic. 〔話題を変えましょう。〕

Could you say that again? 〔それをもう一度言っていただけますか。〕
└→相手が言ったことが聞き取れなかったときなどに聞き返す表現

Thank you for your time. 〔お時間をありがとうございます。〕
└→インタビューの時間をとってくれたことに感謝を伝える表現

▼ あいづちの表現

Uh-huh. 〔なるほど。〕

I see. 〔わかりました。〕

Is that so? 〔本当にそうなの。〕

I like it, too. 〔私も好きです。〕

インタビューでは，前もって決めていた質問を聞くことも大切だけど，相手の返答に対してあいづちをうまく打つと会話がスムーズになるよ。

ナルホド！

1 日本語に合うように，（　）内から適切な語句を選び，記号を〇で囲みなさい。

□(1) あなたはひまなときに何をするのが好きですか。

（ ア What　イ When ）do you like to do in your free time?

□(2) あなたの趣味について教えてください。

（ ア Let's　イ Please ）tell me about your hobby.

□(3) もう一度言っていただけますか。

（ ア Could you　イ May you ）say that again?

注目！
疑問詞
1(1)「何」はwhat，「いつ」はwhenで表す。インタビューでは疑問詞を正しく使うこと。

2 日本語に合うように，＿＿＿に適切な語を書きなさい。

□(1) 本当にそうなの。

＿＿＿＿＿＿＿＿ that ＿＿＿＿＿＿＿＿?

□(2) 話題を変えましょう。

＿＿＿＿＿＿＿＿ ＿＿＿＿＿＿＿＿ the topic.

□(3) お時間をありがとうございます。

＿＿＿＿＿＿＿＿ ＿＿＿＿＿＿＿＿ ＿＿＿＿＿＿＿＿ your time.

□(4) 大阪で訪れるのに最もよい場所はどこですか。

＿＿＿＿＿＿＿＿ is the ＿＿＿＿＿＿＿＿ place to visit in Osaka?

Lesson 7
Rakugo Goes Overseas (USE Write)

時間 **15分** 解答 p.27

〈新出語・熟語 別冊p.14〉

| 教科書の重要ポイント | メンバー募集のポスターを作ろう | 教科書 p.113 |

▼ 英語でポスターを作ろう

・募集する内容を決める。

Members Needed! 〔メンバー募集！〕　　**Volunteer Work** 〔ボランティア活動〕

・時間や場所を説明する。

Day 〔曜日〕　　**Time** 〔時間〕　　**Place** 〔場所〕

twice a month 〔1か月に2回〕
　　┗このaは「…につき」という意味

【ポスターを作るときに使える表現】

Everyone is welcome. 〔誰でも歓迎します。〕

Open to .... 〔…が参加可能〕

Who wants to take part in ...? 〔誰が…に参加したいですか。〕

... need(s) you. 〔…はあなたを必要としています。〕

> ポスターは情報を簡潔にまとめよう！多くの人の目をひきつけるために、イラストや写真を載せるのも効果的だよ。

ナルホド！

Words & Phrases 次の英語は日本語に、日本語は英語にしなさい。

☐(1) annual （　　　　　　　）　　☐(3) 初級者，初学者 ＿＿＿＿＿＿

☐(2) following （　　　　　　　）　　☐(4) (楽器の)ベース ＿＿＿＿＿＿

1 日本語に合うように，（　）内から適切な語句を選び，記号を○で囲みなさい。

☐(1) 私たちは新しいメンバーをさがしています。

We are looking (ア for　イ at) new members.

☐(2) 誰がそのボランティア活動に参加したいですか。

Who (ア want　イ wants) to take part in the volunteer work?

☐(3) 何も持ってくる必要はありません。

You (ア must not　イ don't need to) bring anything.

2 日本語に合うように，＿＿に適切な語を書きなさい。

☐(1) より詳しい情報は私たちのウェブサイトを訪れてください。

For ＿＿＿＿＿ ＿＿＿＿＿, please visit our website.

☐(2) この学校のすべての学生が参加可能です。

We are ＿＿＿＿＿ ＿＿＿＿＿ all the students at this school.

⚠ミスに注意

1(2)whoが主語のときは3人称単数扱いなので，現在の文のとき，あとの動詞には(e)sをつけるよ。

Lesson 7

119

ぴたトレ
1
要点チェック

Take Action! Listen 6
Take Action! Talk 6

時間
15分

解答
p.27

〈新出語・熟語 別冊p.14〉

教科書の重要ポイント shouldの文 　教科書 pp.114～115

We should get more information. 〔私たちはもっと多くの情報を手に入れるべきです。〕

「…すべきである，…するほうがいい」は〈should＋動詞の原形〉で表す。【義務・当然】
We should get more information. 〔私たちはもっと多くの情報を手に入れるべきです。〕
　　　　　　　　原形

教科書の重要ポイント 意見を言ったり反対したりするときの表現 　教科書 pp.114～115

▼ 意見を言うときの表現
・〈I think (that)＋主語＋動詞 ....〉〔私は…だと思います。〕
　　　※「…ということ」を表す接続詞thatは省略することができる。

・I have an idea. 〔私に考えがあります。〕

▼ 反対するときの表現
・That's not a bad idea, but .... 〔それは悪い考えではありませんが，…。〕

・That's not bad, but .... 〔それは悪くありませんが，…。〕

・You have a point, but .... 〔それはもっともですが，…。〕
　　　　　　└→「要点，論点」という意味
　※You have a point.で「あなたの言うことには一理ある。それはもっともだ。その通りだ。」などの意味

・That's a good idea, but .... 〔それはよい考えですが，…。〕

 頭ごなしに反対するのではなくて，相手の意見を一度受け止めたうえで，自分の意見を述べよう。

Words & Phrases 次の英語は日本語に，日本語は英語にしなさい。

☐(1) might （　　　　　　　）　　☐(6) 質，品質，特質 _____

☐(2) connection （　　　　　　　）　　☐(7) 両方，両方とも _____

☐(3) plus （　　　　　　　）　　☐(8) 約束する _____

☐(4) should （　　　　　　　）　　☐(9) (質や程度が)悪い _____

☐(5) idea （　　　　　　　）　　☐(10) クッキー _____

1 日本語に合うように，（　）内から適切な語を選び，記号を〇で囲みなさい。

注目!

might

1(2)〈might＋動詞の原形〉で「…かもしれない」という意味。

□(1) 私たちは夕食に何を食べるべきでしょうか。

　　What （ ア would　イ should ） we eat for dinner?

□(2) 甘いお菓子の方がよいかもしれません。

　　Sweets （ ア might　イ should ） be better.

□(3) それはもっともです。

　　You have a （ ア idea　イ point ）.

□(4) 私は，彼は映画より本の方が好きだと思います。

　　I think he likes books （ ア better　イ best ） than movies.

2 日本語に合うように，＿＿＿に適切な語を書きなさい。

⚠ミスに注意

2(5)both of ...「…の両方とも」は複数扱いなので，動詞に (e)sはつけないよ。

□(1) 私に考えがあります。

　　I ＿＿＿＿＿＿＿ ＿＿＿＿＿＿＿ idea.

□(2) それはいい考えですが，私たちがそれをするのは難しいです。

　　That's a good idea, ＿＿＿＿＿＿＿ it's difficult for us to do that.

□(3) サッカーはどうですか。

　　＿＿＿＿＿＿＿ ＿＿＿＿＿＿＿ soccer?

□(4) あなたの国で，私は何を見るべきでしょうか。

　　＿＿＿＿＿＿＿ ＿＿＿＿＿＿＿ I see in your country?

□(5) あなたたちの両方とも走るのが速いです。

　　＿＿＿＿＿＿＿ of you ＿＿＿＿＿＿＿ fast.

3 日本語に合うように，（　）内の語を並べかえなさい。

テストによく出る!

接続詞の that

3(3)「…ということ」は〈that＋主語＋動詞 ...〉で表す。このthatは接続詞で，省略することができる。

□(1) あなたはもっと早く起きるべきです。

　　(get / should / up / earlier / you).

　　＿＿＿＿＿＿＿＿＿＿＿＿＿＿＿＿＿＿＿＿＿.

□(2) それは悪い考えではありません。

　　(a / idea / not / bad / that's).

　　＿＿＿＿＿＿＿＿＿＿＿＿＿＿＿＿＿＿＿＿＿.

□(3) 私は，彼女は英語の本をほしがっていると思います。

　　(wants / think / I / she / that) an English book.

　　＿＿＿＿＿＿＿＿＿＿＿＿＿＿＿＿ an English book.

□(4) 京都を訪れる方がよいかもしれません。

　　(Kyoto / be / might / better / visiting).

　　＿＿＿＿＿＿＿＿＿＿＿＿＿＿＿＿＿＿＿＿＿.

文法のまとめ⑥

教科書の重要ポイント	現在完了形	教科書 pp.116～117

過去のできごとを現在と結びつけて表すとき，〈have[has]＋動詞の過去分詞〉を使う。

①継続用法「(ずっと)…しています」

[肯定文] I have lived in this town for many years. 〔私はこの町に何年間も(ずっと)住んでいます。〕
　　　　　　　　　　　　　　　　　　　「…の間」〈for＋期間を表す語句〉

　　　Miki has lived in this town since 2016. 〔美紀はこの町に2016年から(ずっと)住んでいます。〕
　　　　　→主語が3人称単数　　　　　「…から」〈since＋起点を表す語句〉，〈since＋主語＋動詞 …〉

[疑問文] Have you lived in this town for a long time? 〔あなたはこの町に長い間住んでいますか。〕
　　　　　→文の最初にHaveを置く

[応答文] Yes, I have. / No, I have not. 〔はい，住んでいます。／いいえ，住んでいません。〕

[期間をたずねる疑問文] How long have you lived in this town?
　　　　　　　　「どれくらい長く」　　　　　　　　〔あなたはこの町にどれくらい長く住んでいますか。〕

[応答文] For five years. / Since I was ten. 〔5年間です。／10歳のときからです。〕

②完了用法「…したところです」「(もうすでに)…しました」

[肯定文] I have just finished lunch. 〔私はちょうど昼食を終えたところです。〕

[疑問文] Have you finished lunch yet? 〔あなたはもう昼食を終えましたか。〕

[応答文] Yes, I have. / No, I have not. 〔はい，終えました。／いいえ，終えていません。〕

[否定文] I have not finished lunch yet. 〔私はまだ昼食を終えていません。〕

> 完了用法でよく使う語
> 【肯定文】just(ちょうど)，already(もう，すでに)：過去分詞の前に置く
> 【疑問文】yet(もう)：文末に置く　　【否定文】yet(まだ)：文末に置く

③経験用法「…したことがあります」

[肯定文] Amy has visited Nara twice. 〔エイミーは二度，奈良を訪れたことがあります。〕

[疑問文] Has Amy ever visited Nara? 〔エイミーは今までに奈良を訪れたことはありますか。〕

[応答文] Yes, she has. / No, she has not. 〔はい，あります。／いいえ，ありません。〕

[否定文] Amy has never visited Nara. 〔エイミーは一度も奈良を訪れたことはありません。〕

> 経験用法でよく使う語
> 【回数を表す語句】once(一度)，twice(二度)，… times(…度)：文末に置く
> 【疑問文】ever(今までに)：過去分詞の前に置く
> 【否定文】never(一度も…ない)：過去分詞の前に置く

1 日本語に合うように，（　）内から適切な語を選び，記号を〇で囲みなさい。

⚠ミスに注意

1(1)I've は I have の短縮形だから，現在完了形の文だとわかるね。また，since ...「…から」も基本的に現在完了形の文で使うよ。

□(1) 私は昨年からずっとその自転車がほしいと思っています。

I've（ ア want　イ wanted ）the bicycle since last year.

□(2) アキはもう朝食を食べました。

Aki（ ア have　イ has ）already had breakfast.

□(3) あなたは今までにその映画を見たことがありますか。

—はい，あります。

Have you（ ア never　イ ever ）seen the movie?

—Yes, I（ ア have　イ has ）.

□(4) 彼女はどれくらい長く具合が悪いのですか。—約1週間です。

How（ ア many　イ long ）has she been sick?

—（ ア For　イ Since ）about a week.

2 日本語に合うように，＿＿に適切な語を書きなさい。

テストによく出る!

「…に行ったことがある」

2(4)「…に行ったことがある」は have[has] been to ... で表す。go の過去分詞 gone を使わないように。

□(1) 私はちょうど宿題を終えたところです。

I ＿＿＿＿＿＿ ＿＿＿＿＿＿ finished my homework.

□(2) 私の弟は一度もマラソンを走ったことがありません。

My brother ＿＿＿＿＿＿ ＿＿＿＿＿＿ run a marathon.

□(3) ケイタはもうレポートを書きましたか。

—いいえ。彼はまだそれを書いていません。

＿＿＿＿＿＿ Keita written a report ＿＿＿＿＿＿?

—No. He ＿＿＿＿＿＿ written it ＿＿＿＿＿＿.

□(4) 私たちは一度ハワイに行ったことがあります。

We have ＿＿＿＿＿＿ to Hawaii ＿＿＿＿＿＿.

3 日本語に合うように，（　）内の語句を並べかえなさい。

注目!

副詞の位置

3(1)(3)現在完了形で使う副詞の位置に注意。yet「もう，まだ」は疑問文・否定文で文末に，already「すでに，もう」は肯定文で過去分詞の前に置く。

□(1) 私はまだ風呂に入っていません。

(not / yet / have / a bath / I / taken).

＿＿＿＿＿＿＿＿＿＿＿＿＿＿＿＿＿＿＿＿＿.

□(2) スミス先生は2018年からこの学校で教えています。

Ms. Smith (this school / taught / at / since / has) 2018.

Ms. Smith ＿＿＿＿＿＿＿＿＿＿＿＿＿＿ 2018.

□(3) 彼はすでにその本を読み終えました。

(reading / already / has / finished / he) the book.

＿＿＿＿＿＿＿＿＿＿＿＿＿＿＿ the book.

文法のまとめ⑥

ぴたトレ

1

要点チェック

Project 3

時間 **15分**

解答 p.28

〈新出語・熟語 別冊p.15〉

教科書の重要ポイント | **英語で話し合おう**　　　教科書 pp.118〜121

①ディスカッションを始める

《進行役》

Shall we start? / Let's start.〔始めましょう。〕

②意見を交わす(質問したり，感想を述べたりする)

《進行役》

Could you tell us your idea first?〔まずあなたのアイデアを私たちに言っていただけますか。〕

What do you think?〔あなたはどう思いますか。〕

Who has a different opinion?〔違う意見の人はいますか。〕

Why do you think so?〔どうしてそう思いますか。〕

《発言者》

In my opinion, ...〔私の意見では，…。〕

〈I think (that)＋主語＋動詞 ....〉〔私は…だと思います。〕

〈We should＋動詞の原形 ....〉〔私たちは…するべきです。〕

《その他の参加者》

I see.〔なるほど。〕　I think so, too.〔私もそう思います。〕

That's a great[wonderful] idea.〔それはすばらしいアイデアです。〕

It's perfect for ....〔…にぴったりです。〕

I like the idea, but ....〔そのアイデアは好きですが，…。〕

> 人の意見をよく聞いて，自分はどう思うか，意見をしっかり述べよう。

③意見をまとめる

Let's take a vote.〔採決をとりましょう。〕

Who is for ...'s idea?〔だれが…のアイデアに賛成ですか。〕
　　　　「…に賛成して」

Words & Phrases　次の英語は日本語に，日本語は英語にしなさい。

□(1) several （　　　　　　）　　□(5) 機会，チャンス ＿＿＿＿＿＿＿

□(2) product （　　　　　　）　　□(6) 貧乏な ＿＿＿＿＿＿＿

□(3) advertise （　　　　　　）　　□(7) 減る ＿＿＿＿＿＿＿

□(4) used to ... （　　　　　　）　　□(8) bringの過去形 ＿＿＿＿＿＿＿

1 日本語に合うように，（　）内から適切な語句を選び，記号を○で囲みなさい。

注目!

「以前は…であった」

1 (4)「以前は…であった[した]」という現在とは違う過去の状態や習慣は〈used to＋動詞の原形〉で表す。

☐(1) 始めましょう。

（ ア Shall　イ Let's ）we start?

☐(2) あなたはどう思いますか，ケイト。

（ ア How　イ What ）do you think, Kate?

☐(3) 違う意見の人はいますか。

Who（ ア have　イ has ）a different opinion?

☐(4) 以前はここで泳いだものです。

I（ ア used to　イ before ）swim here.

2 日本語に合うように，＿＿＿に適切な語を書きなさい。

⚠ミスに注意

2 (2)〈be動詞＋getting＋形容詞の比較級〉で「だんだん…になってきています」という意味だよ。

☐(1) ここ数年で，彼女は人気のある歌手になりました。

In the ＿＿＿＿＿＿＿ ＿＿＿＿＿＿＿ years, she has become a popular singer.

☐(2) だんだん寒くなってきています。

It ＿＿＿＿＿＿＿ getting ＿＿＿＿＿＿＿.

☐(3) 採決をとりましょう。

＿＿＿＿＿＿＿ take a ＿＿＿＿＿＿＿.

☐(4) だれがタクのアイデアに賛成ですか。

Who ＿＿＿＿＿＿＿ ＿＿＿＿＿＿＿ Taku's idea?

☐(5) どうしてあなたはそう思うのですか。

＿＿＿＿＿＿＿ ＿＿＿＿＿＿＿ you think so?

3 日本語に合うように，（　）内の語句を並べかえなさい。

テストによく出る!

to不定詞の形容詞用法

3 (4)「…するためのよい機会」はto不定詞の形容詞用法を使って〈名詞＋to＋動詞の原形〉で表す。

☐(1) エイミーに何か質問はありますか。

(questions / you / any / have / for / do) Amy?

＿＿＿＿＿＿＿＿＿＿＿＿＿＿＿＿＿＿＿＿＿ Amy?

☐(2) 私は，私たちはボランティア活動をすべきだと思います。

(should / think / volunteer work / I / we / do / that).

＿＿＿＿＿＿＿＿＿＿＿＿＿＿＿＿＿＿＿＿＿.

☐(3) この本は子どもたちを幸せにしました。

(children / made / happy / this book).

＿＿＿＿＿＿＿＿＿＿＿＿＿＿＿＿＿＿＿＿＿.

☐(4) それは人々を集めるよい機会になるでしょう。

(be / will / it / a / to / chance / people / good / bring) together.

＿＿＿＿＿＿＿＿＿＿＿＿＿＿＿＿＿＿＿ together.

現在完了形でよく
使われる副詞の位
置に注意しよう。

1 （ ）に入る適切な語を選び，記号を〇で囲みなさい。

☐(1) Have you washed the dishes （　　）?

　　ア just　　イ yet　　ウ ever　　エ once

☐(2) The birthday party （　　） just started.

　　ア have　　イ is　　ウ does　　エ has

☐(3) I've already （　　） our dog.

　　ア walk　　イ walks　　ウ walked　　エ walking

☐(4) Has Tom ever （　　） to London?

　　ア go　　イ went　　ウ been　　エ visited

2 日本語に合うように，＿＿に適切な語を書きなさい。

☐(1) 私はまだ彼女にEメールを送っていません。

　　I ＿＿＿＿＿＿＿ sent an e-mail to her ＿＿＿＿＿＿＿.

☐(2) 彼女はちょうど朝食を食べ始めたところです。

　　She ＿＿＿＿＿＿＿ ＿＿＿＿＿＿＿ started to eat breakfast.

☐(3) 私は数回北海道でスキーをしたことがあります。

　　＿＿＿＿＿＿＿ skied in Hokkaido several ＿＿＿＿＿＿＿.

3 書く！ 英文を（ ）内の指示にしたがって書きかえなさい。

☐(1) Tom did his work. （alreadyを使って現在完了形の文に）

　　＿＿＿＿＿＿＿＿＿＿＿＿＿＿＿＿＿＿＿＿＿＿＿＿＿＿＿

☐(2) They have climbed Mt. Fuji. （everを使って疑問文にして，Noで答える文に）

　　＿＿＿＿＿＿＿＿＿＿＿ ― ＿＿＿＿＿＿＿＿＿＿＿

☐(3) My brother lost his umbrella and he doesn't have it now.

　　　　　　　　　　　　　　（現在完了形を使ってほぼ同じ意味に）

　　＿＿＿＿＿＿＿＿＿＿＿＿＿＿＿＿＿＿＿＿＿＿＿＿＿＿＿

4 書く！ 日本語を（ ）内の語数で英語になおしなさい。

☐(1) 私は一度も彼女に会ったことがありません。（5語）

　　＿＿＿＿＿＿＿＿＿＿＿＿＿＿＿＿＿＿＿＿＿＿＿＿＿＿＿

☐(2) 私の兄は2回，その博物館を訪れたことがあります。（7語）

　　＿＿＿＿＿＿＿＿＿＿＿＿＿＿＿＿＿＿＿＿＿＿＿＿＿＿＿

ヒント　**2** (2)justの位置に注意。(3)短縮形を使う。
　　　　4 (1)「一度も…ない」はneverを使う。(2)「博物館」はmuseum。

126

定期テスト
予報
●完了や経験を表す現在完了形の文の形が問われるでしょう。
⇒just, already, yet（完了用法）やever, never（経験用法）の使い方と文中での位置は必ず覚えておきましょう。
⇒once, twice, ... timesなどの回数を表す語句をおさえておきましょう。

5 読む 対話文を読んで，あとの問いに答えなさい。

Hana : Do you have a minute?

Mark : Yes. ①I've just finished my homework.

Hana : Look! I got two tickets for an English *rakugo* show.

Mark : Front row seats! Lucky you.

Hana : I'm looking for someone to go with. （ ② ） don't you come with me?

Mark : I'd love to. I've been interested in *rakugo* for a long time.

□(1) 下線部①を日本語にしなさい。

（ 　　　　　　　　　　　　　　　　　　　　　　　　　　　　　　　　　 ）

□(2) （ ② ）に入る適切な語を1つ選び，記号を○で囲みなさい。

　ア How 　　イ What 　　ウ Why

□(3) 本文の内容に合うように，次の問いに英語で答えなさい。

　① Is Mark busy now?

　　—　　　　　　　　　　　　　　　　　　　　　　　　　　　　　　　　

　② How many tickets did Hana get?

　　—　　　　　　　　　　　　　　　　　　　　　　　　　　　　　　　　

□(4) 本文の内容に合わないものを1つ選び，記号を○で囲みなさい。

　ア 花は落語の公演の最前列のチケットを持っている。

　イ 花は落語の公演にいっしょに行く人を探している。

　ウ マークは最近落語に興味を持った。

6 話す 次の文を声に出して読み，問題に答え，答えを声に出して読んでみましょう。 アプリ

　　In Japan, it is difficult to find halal food. So Muslims in Japan don't eat halal food? Yes, they do. Halal marks help us. If a food product has a halal mark on it, I know it is a halal food. I'm happy to see food products with halal marks are increasing in Japan.

(注)halal　ハラール（イスラム法で許された項目）　Muslim　イスラム教徒　Halal mark　ハラール・マーク
（イスラム教徒が食べてよいとされている食品につけられるマーク）　increase　増える

□(1) Do Muslims in Japan eat halal food?

　　—　　　　　　　　　　　　　　　　　　　　　　　　　　　　　　　　

□(2) What helps Muslims find halal food?

　　—　　　　　　　　　　　　　　　　　　　　　　　　　　　　　　　　

ヒント 　**5**(3)②How many ...は数をたずねるときに使う。　**6**(1)2，3文目参照。(2)4文目参照。

Lesson 7 ～ Project 3

❶ 下線部の発音が同じものには〇を，そうでないものには×を書きなさい。 9点

(1) fr<u>o</u>nt
     l<u>u</u>cky

(2) arr<u>i</u>ve
     beg<u>i</u>n

(3) <u>o</u>nly
     f<u>o</u>llowing

❷ 最も強く発音する部分の記号を書きなさい。 9点

(1) an - nu - al
    ア   イ   ウ

(2) rep - re - sent
    ア   イ   ウ

(3) con - ver - sa - tion
    ア   イ   ウ   エ

❸ 日本語に合うように，____ に適切な語を解答欄に書きなさい。 16点

(1) 私たちの町へようこそ。 _____ _____ our town.

差がつく (2) 図書館と郵便局の間に公園があります。

There is a park _____ a library _____ a post office.

(3) ここでは音を立てないでください。 Don't _____ _____ here.

(4) ありがとう。—どういたしまして。 Thank you. —My _____.

❹ ____ に適切な語を入れて，対話文を完成させなさい。 15点

(1) *A :* Has your father got home yet?

   B : Yes, _____ _____.

(2) *A :* I like *sukiyaki* very much.

   B : I _____ _____ tried it. I'd like to try eating it.

(3) *A :* Is this your first time to go to the temple?

   B : No. I _____ _____ there several times.

❺ 読む📖 対話文を読んで，あとの問いに答えなさい。 27点

Shota : ①<u>Have you had lunch yet?</u>

Jack : Yes, I have already had lunch.

Shota : What did you eat?

Jack : Do you know the new restaurant near the station? I ate spaghetti there. It was delicious.

Shota : I have (②) been there, but I know the restaurant. My friend's sister works there. I've wanted to go there. She said, "I recommend the pizza and spaghetti at the restaurant."

Jack : Oh, really? I'll try pizza next time.

Shota : Well, I feel very hungry. I don't have much time, so I'll go to the convenience store and get something to eat.

成績評価の観点 知…言語や文化についての知識・技能 表…外国語表現の能力

Jack :　What will you do after lunch?

Shota :　I'll play soccer with my friends. ③(　)(　) you play with us?

Jack :　I'd love to.

(1) 下線部①を日本語にしなさい。

(2) （ ② ）に入る適切な語を1つ選び，記号で答えなさい。

　　ア just　　イ ever　　ウ never

(3) 下線部③が「私たちといっしょにしませんか。」という意味になるように，（ ）に入る適切な語を書きなさい。

(4) 本文の内容に合うように，次の問いに英語で答えなさい。

　　Who works at the new restaurant?

(5) 本文の内容に合わないものを1つ選び，記号で答えなさい。

　　ア ジャックはもう昼食を食べた。

　　イ 新しいレストランは駅の近くにある。

　　ウ ショウタは今から新しいレストランで昼食をとるつもりである。

❻ 書く✐ 次のようなとき英語で何と言うか，（ ）内の語数で書きなさい。表 　24点

(1) 友達に，ちょうど手紙を書き終えたところだと言いたいとき。（7語で）

(2) 友達に，まだその本を読んでいないと言いたいとき。（7語で）

(3) 友達に，今までに広島に行ったことがあるか聞きたいとき。（6語で）

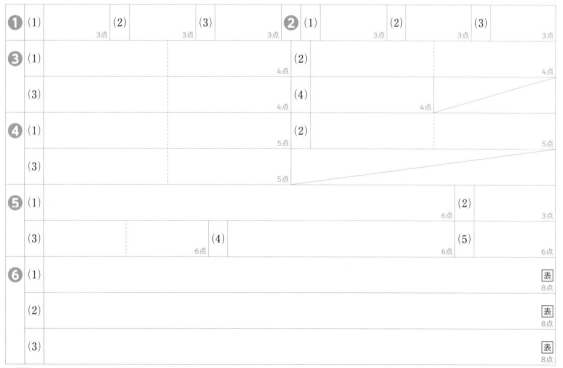

▶ 表 の印がない問題は全て 知 の観点です。

READING FOR FUN 2
The Little Prince

教科書の重要ポイント | **so ... that 〜の文** | 教科書 pp.122〜123

He was so busy that he did not notice the Little Prince.
〔彼はとても忙しかったので，王子さまに気づきませんでした。〕

「とても…なので〜」は〈so＋形容詞［副詞］＋that＋主語＋動詞 〜〉で表す。
※このthatは接続詞。

so ... that 〜の文

He was so busy that he did not notice the Little Prince.
　　　　形容詞　主語　　　動詞
〔彼はとても忙しかったので，王子さまに気づきませんでした。〕

= He was very busy, so he did not notice the Little Prince.

※副詞を使った文

He studied so hard that he passed the exam. 〔彼は熱心に勉強したので，試験に合格しました。〕
　　　　　　副詞

= He studied very hard, so he passed the exam.

ナルホド！

Words & Phrases 次の英語は日本語に，日本語は英語にしなさい。

□(1) add （　　　　　）　　　　□(11) 気がつく；注目する _____

□(2) alone （　　　　　）　　　　□(12) 何も…ない _____

□(3) million （　　　　　）　　　　□(13) 惑星 _____

□(4) simply （　　　　　）　　　　□(14) 実業家 _____

□(5) in total （　　　　　）　　　　□(15) だれか，ある人 _____

□(6) trip （　　　　　）　　　　□(16) 所有する _____

□(7) Little Prince （　　　　　）　　　　□(17) 発見する _____

□(8) busy （　　　　　）　　　　□(18) 数 _____

□(9) star （　　　　　）　　　　□(19) （必然的に）…になる _____

□(10) enough （　　　　　）　　　　□(20) 金持ちの，裕福な _____

1 日本語に合うように，（ ）内から適切な語を選び，記号を〇で囲みなさい。

注目!
alone
1(3)aloneは「ひとりで」という意味の副詞。
by oneselfとほぼ同じ意味。

□(1) 私たちは先週旅行に行きました。

We went （ ア for　イ on ）a trip last week.

□(2) あなたは合計でいくら払いましたか。

How much did you pay （ ア in　イ for ）total?

□(3) 私の祖母はひとりで暮らしています。

My grandmother lives （ ア alone　イ one ）.

□(4) 私はとても疲れているので，何も食べたくありません。

I'm so tired （ ア because　イ that ）I don't want to eat anything.

2 日本語に合うように， ＿＿＿ に適切な語を書きなさい。

テストによく出る!
過去進行形
2(1)「…していました」という過去に進行していた動作を表すときは，過去進行形
〈was[were]＋動詞の-ing形〉で表す。

□(1) 彼はベンチに座っていました。

He ＿＿＿＿＿＿ ＿＿＿＿＿＿ on the bench.

□(2) 1足す1は2です。

One ＿＿＿＿＿＿ one ＿＿＿＿＿＿ two.

□(3) 「ありがとう。」とその男性は言いました。

"Thank you," ＿＿＿＿＿＿ the man.

□(4) なぜあなたは野球選手になりたいのですか。

＿＿＿＿＿＿ do you want to ＿＿＿＿＿＿ a baseball player?

□(5) あなたはコンピューターを使って何をするつもりですか。

What ＿＿＿＿＿＿ you do ＿＿＿＿＿＿ a computer?

3 日本語に合うように，（ ）内の語句を並べかえなさい。

⚠ミスに注意
3「とても…なので～」は〈so＋形容詞[副詞]＋that ～〉で表すよ。このthatは接続詞だから，あとに〈主語＋動詞〉の形が続くよ。

□(1) 私たちはとても空腹だったので，レストランに行きました。

We (that / were / we / so / went / hungry / to) a restaurant.

We ＿＿＿＿＿＿＿＿＿＿＿＿＿＿＿ a restaurant.

□(2) 私はとても忙しいので，その祭りには行けません。

I'm (so / cannot / that / to / I / go / busy) the festival.

I'm ＿＿＿＿＿＿＿＿＿＿＿＿＿＿＿ the festival.

□(3) 彼女はとても親切なので，みんな彼女が好きです。

(kind / everyone / is / that / her / so / likes / she).

＿＿＿＿＿＿＿＿＿＿＿＿＿＿＿＿＿.

□(4) ケンはとても早く起きたので，朝食を作りました。

(so / got up / Ken / made / early / he / that) breakfast.

＿＿＿＿＿＿＿＿＿＿＿＿＿＿＿ breakfast.

READING FOR FUN 2
The Little Prince

教科書の重要ポイント	感嘆文	教科書 pp.124〜125

<u>How</u> interesting! 〔なんておもしろいのだろう！〕

※「なんて…なのだろう！」と驚きや喜びなどの強い感情を表す文を感嘆文という。

「なんて…なのだろう！」は〈How＋形容詞［副詞］!〉で表す。

「なんて…な〜なのだろう！」は〈What（＋a[an]）＋形容詞＋名詞!〉で表す。

How ...! の文　　How interesting! 〔なんておもしろいのだろう！〕
　　　　　　　　　　　形容詞

What ...! の文　　What an interesting movie! 〔なんておもしろい映画なのだろう！〕
　　　　　　　　　　　形容詞　　　　名詞

※本来，感嘆文ではあとに〈主語＋動詞〉が続くが，会話では省略されることが多い。

How interesting this book is! 〔この本はなんておもしろいのだろう！〕
　　　　　　　　　主語　　動詞

What an interesting movie this is! 〔これはなんておもしろい映画なのだろう！〕
　　　　　　　　　　　　　　　　主語　動詞

> What ...! の感嘆文は前に習ったね。
> How ...! との違いに注意しよう。
> 名詞を伴うときはWhatを使うよ。

ナルホド！

Words & Phrases　次の英語は日本語に，日本語は英語にしなさい。

☐(1) go out 　（　　　　　　　　）

☐(2) describe 　（　　　　　　　　）

☐(3) sadly 　（　　　　　　　　）

☐(4) either 　（　　　　　　　　）

☐(5) permission 　（　　　　　　　　）

☐(6) write down 　（　　　　　　　　）

☐(7) geographer 　（　　　　　　　　）

☐(8) never 　（　　　　　　　　）

☐(9) go away 　（　　　　　　　　）

☐(10) 素早く，速く 　＿＿＿＿＿＿＿＿

☐(11) 命じる；命令 　＿＿＿＿＿＿＿＿

☐(12) あくびをする 　＿＿＿＿＿＿＿＿

☐(13) 探検する 　＿＿＿＿＿＿＿＿

☐(14) 地球 　＿＿＿＿＿＿＿＿

☐(15) その通りです 　＿＿＿＿＿＿＿＿

☐(16) 午後 　＿＿＿＿＿＿＿＿

☐(17) 奇妙な，不思議な 　＿＿＿＿＿＿＿＿

☐(18) 砂漠 　＿＿＿＿＿＿＿＿

1 日本語に合うように，（　）内から適切な語を選び，記号を〇で囲みなさい。

注目!

あいさつ

1(3)朝から午前中までは Good morning.，午後は Good afternoon.，夕方以降は Good evening.とあいさつする。

□(1) 次の日曜日はどうですか。

What （ ア about　イ is) next Sunday?

□(2) 私はきょうの午後外出するつもりです。

I'll go （ ア over　イ out) this afternoon.

□(3) こんにちは。

Good （ ア afternoon　イ evening).

□(4) 彼は何も言わずに行ってしまいました。

He went （ ア to　イ away) without saying anything.

□(5) あなたは数学の先生ですね。—その通りです。

You are a math teacher, right?　—（ ア Sadly　イ Exactly).

2 日本語に合うように，＿＿＿に適切な語を書きなさい。

⚠ミスに注意

2(3)「…も～ない」は〈否定文，either.〉で表すよ。「…も～」は〈肯定文，too.〉。否定文のときはtooを使えないので注意しよう。

□(1) なんて美しいのだろう！

＿＿＿＿＿＿＿＿＿＿ beautiful!

□(2) なんてわくわくする試合なのだろう！

＿＿＿＿＿＿＿＿ ＿＿＿＿＿＿＿＿ exciting game!

□(3) 私は数学が好きではありません。

—私もそれが好きではありません。

"I don't like math." —"I don't like it, ＿＿＿＿＿＿＿＿."

□(4) 私は彼女の名前を書き留めました。

I ＿＿＿＿＿＿＿＿ ＿＿＿＿＿＿＿＿ her name.

3 日本語に合うように，（　）内の語句を並べかえなさい。

テストによく出る!

「…のもの」

3(1)「…のもの」という所有は belong to …で表すことができる。

□(1) その自転車は彼女のものです。

(to / the bicycle / her / belongs).

＿＿＿＿＿＿＿＿＿＿＿＿＿＿＿＿＿＿＿＿＿＿＿.

□(2) 彼らは食べるものを何も持っていませんでした。

(to / had / eat / they / nothing).

＿＿＿＿＿＿＿＿＿＿＿＿＿＿＿＿＿＿＿＿＿＿＿.

□(3) あなたたちは私の許可なしにそこへ行ってはいけません。

(go / mustn't / there / you / without) my permission.

＿＿＿＿＿＿＿＿＿＿＿＿＿＿＿＿＿＿ my permission.

□(4) 私たちはまだ教室をそうじしていません。

(our classroom / have / yet / cleaned / not / we).

＿＿＿＿＿＿＿＿＿＿＿＿＿＿＿＿＿＿＿＿＿＿＿.

① ( )に入る適切な語を選び，記号を○で囲みなさい。

□(1) I paid five hundred dollars ( ) total.

　　ア in　　イ for　　ウ on　　エ with

□(2) I cut an apple ( ) a knife.

　　ア for　　イ with　　ウ on　　エ by

□(3) ( ) beautiful!

　　ア What　　イ It　　ウ That　　エ How

□(4) I didn't eat breakfast. My brother didn't eat it, ( ).

　　ア too　　イ also　　ウ either　　エ so

□(5) I have not read the book ( ).

　　ア just　　イ ever　　ウ once　　エ yet

前置詞を含む熟語は1つずつ確実に覚えていこう。

② 英文の( )内の語を適切な形にしなさい。ただし，1語とはかぎりません。

□(1) I (live) in Sapporo two years ago.

□(2) Tom was (sit) under the tree.

□(3) Eri wants (buy) some books.

□(4) We can play tennis if it (be) sunny tomorrow.

□(5) "What time do you get up?" asked our teacher. "At six," (say) a student.

□(6) Mr. Brown has never (see) the picture.

③ 日本語に合うように，＿＿に適切な語を書きなさい。

□(1) こんにちは。(午後のあいさつ)

　　＿＿＿＿＿＿ ＿＿＿＿＿＿.

□(2) これはどうですか。

　　＿＿＿＿＿＿ ＿＿＿＿＿＿ this?

□(3) 私の電話番号を書き留めてください。

　　Please ＿＿＿＿＿＿ ＿＿＿＿＿＿ my phone number.

□(4) 私たちはきのう外出しませんでした。

　　We didn't ＿＿＿＿＿＿ ＿＿＿＿＿＿ yesterday.

□(5) その男性は怒って行ってしまいました。

　　The man got angry and ＿＿＿＿＿＿ ＿＿＿＿＿＿.

□(6) 私はとてものどがかわいていたので，冷たい飲みものを買いました。

　　I was ＿＿＿＿＿＿ ＿＿＿＿＿＿ that I bought a cold drink.

ヒント　**②**(4)条件を表す〈if＋主語＋動詞 …〉は未来のことも現在形で表す。

4 各組の英文がほぼ同じ意味になるように，＿＿＿に適切な語を書きなさい。

☐(1) { This umbrella is mine.
This umbrella ＿＿＿＿＿＿＿＿ to ＿＿＿＿＿＿＿＿.

☐(2) { Don't swim in this river.
You ＿＿＿＿＿＿＿＿ ＿＿＿＿＿＿＿＿ in this river.

☐(3) { My mother was very busy, so she couldn't go to the zoo with us.
My mother was ＿＿＿＿＿＿＿＿ busy ＿＿＿＿＿＿＿＿ she couldn't go to the zoo with us.

5 日本語に合うように，（　）内の語句を並べかえなさい。

☐(1) 向こうにあるあれらの本はすべて私の兄のものです。

(there / those / all / over / my brother's / books / are).

_____.

☐(2) 彼はいくつかの国に旅行に行きました。

(a trip / he / some countries / on / to / went).

_____.

☐(3) 私には昨夜すべきことが何もありませんでした。

I (last / do / nothing / had / night / to).

I _____.

6 書く✎ 英文を（　）内の指示にしたがって書きかえなさい。

☐(1) There are some children in the park.　（noを使って「1人もいない」という英文に）

_____

☐(2) Yuka and Jane took some pictures.　（過去進行形の文に）

_____

☐(3) Ms. Kato will <u>visit the museum</u> tomorrow.　（下線部をたずねる疑問文に）

_____

7 書く✎ 日本語を（　）内の指示にしたがって英語になおしなさい。

☐(1) (物事について)なんて退屈なのだろう！（2語）

_____

☐(2) あなたはなぜ医者になりたいのですか。（8語）

_____

☐(3) 私はとても疲れていたので，早く寝ました。（thatを使って，10語）

_____

ヒント　**7** (3)「寝る」は go to bed で表す。

●〈so ... that ～〉や〈How ＋形容詞 ...!〉の文の形が問われるでしょう。
⇒「とても…なので～」を表す〈so ... that ～〉の形をおさえておきましょう。
⇒「なんて～なのだろう！」を表す〈How ＋形容詞［副詞］!〉の形をおさえておきましょう。

8 読む 📖 **英文を読んで，あとの問いに答えなさい。** アントワーヌ・ド・サン＝テグジュペリ 星の王子さま より

The third planet belonged to a king.

"Quick! Come here!" the king ordered the Little Prince.

"Good afternoon," said the Little Prince.

"Stop! You mustn't say anything without my permission."

The Little Prince yawned. He was tired.

"Stop ①that! You can't yawn without my permission, either. Now yawn again. It's an order!"

The Little Prince had (②) to say, so he went away.

☐(1) 下線部①が指している内容を日本語で答えなさい。

(　　　　　　　　　　　　　　　　　　　　　　　　　　　　　　　　　)

☐(2) （ ② ）に入る適切な語を１つ選び，記号を○で囲みなさい。

　ア something　　イ anything　　ウ nothing

☐(3) 本文の内容に合うように，次の問いに英語で答えなさい。

　① Whose planet is the third one?

　　— _____

　② Why did the Little Prince yawn?

　　— _____

☐(4) 本文の内容に合わないものを１つ選び，記号を○で囲みなさい。

　ア 王子さまは王にそばに来るよう命令した。　　イ 王子さまは王の許可なしに話した。

　ウ 王は王子さまにあくびをするよう命令した。

9 話す 🗣 **次の文を声に出して読み，問題に答え，答えを声に出して読んでみましょう。** 📱 アプリ

　Thank you very much for coming today. Now we have a special event for all of you. We'll bring the lion's cage over here, and put the lion into the tiger's cage. The greatest fight between the lion and the tiger! Gather around!

(注)cage　おり　　fight　たたかい　　gather around　集まる

☐(1) What animal do they put into the tiger's cage?

　　— _____

☐(2) What do the people see in front of the cage?

　　— _____

ヒント　**8** (3)①Whoseは持ち主をたずねるときに使う。答えるときはIt is ....で表す。
　　　　9 (1)本文３文目参照。(2)本文４文目参照。

\\ 定期テスト //

テスト前に
役立つ!

予想問題

テスト前に解いて,
わからない問題や
まちがえた問題は,
もう一度確認して
おこう!

チェック!

- テスト本番を意識し,時間を計って解きましょう。
- 取り組んだあとは,必ず答え合わせを行い,まちがえたところを復習しましょう。
- 観点別評価を活用して,自分の苦手なところを確認しましょう。

教科書の単元		本書のページ	教科書のページ
予想問題 **1**	Starter ~ Lesson 2 GET Part 2	▶ pp.138 ~ 139	pp.6 ~ 25
予想問題 **2**	Lesson 2 USE Read ~ 文法のまとめ③	▶ pp.140 ~ 141	pp.26 ~ 50
予想問題 **3**	Lesson 4 ~ Lesson 5 GET Part 3	▶ pp.142 ~ 143	pp.52 ~ 77
予想問題 **4**	Lesson 5 USE Read ~ Lesson 6 USE Write	▶ pp.144 ~ 145	pp.78 ~ 99
予想問題 **5**	Take Action! Listen 5 ~ READING FOR FUN 2	▶ pp.146 ~ 147	pp.100 ~ 125

リスニングテスト

▶ pp.148 ~ 157
全10回

アプリを使って,リスニング問題を解きましょう。

英作文ができたら
パーフェクトだね!

英作文にチャレンジ!

▶ pp.158 ~ 160

英作文問題に挑戦してみましょう。

定期テスト
予想問題

1

Starter ～
Lesson 2 GET Part 2

時間
30分

／100点

合格
70点

解答
p.32

❶ **クミとブラウン先生の対話文を読んで，あとの問いに答えなさい。** 42点

> *Ms. Brown :* How was your weekend, Kumi?
>
> *Kumi :* It was great.　On Sunday, I went to the library ①to find some English books.　I borrowed *Peter Rabbit*.　I like the book because the pictures are very beautiful.
>
> *Ms. Brown :* Oh, it's my favorite book.　②I (times / when / many / a child / read / was / I / it).
>
> *Kumi :* I read an English book for the first time.　It was difficult for me, but I enjoyed it.
>
> *Ms. Brown :* That's great, Kumi.　To read books in English is good for you.　I have many English books ③to read.
>
> *Kumi :* Really?　④(　　) (　　) borrow some books?
>
> *Ms. Brown :* Sure.　Please come to my house after school today.
>
> *Kumi :* OK.　Thank you, Ms. Brown.

(1) 下線部①，③の不定詞の用法と同じ用法をそれぞれ選び，その記号を書きなさい。

　ア Do you have something to eat?

　イ I want to work at a restaurant.

　ウ I went to the park to run.

(2) 下線部②が「私は子どものときに，それを何回も読みました。」という意味になるように，（　）内の語句を並べかえなさい。

(3) 下線部④が「何冊か借りてもいいですか。」という意味になるように，（　）に適切な語を書きなさい。

(4) 本文の内容に合うように，次の問いに英語で答えなさい。 表

　Why does Kumi like *Peter Rabbit*?

(5) 本文の内容に合うものをすべて選び，その記号を書きなさい。

　ア Kumi went to the library to do her homework on Sunday.

　イ To read an English book was not easy for Kumi.

　ウ Kumi is going to visit Ms. Brown's house after school.

❷ **日本語に合うように，（　）内の語句を並べかえなさい。** 20点

(1) ぼくの夢は医者になることです。(is / to / dream / a doctor / my / be).

(2) 私たちは疲れていたので，歩くことができませんでした。

　We (were / walk / because / tired / we / couldn't).

　成績評価の観点　知…言語や文化についての知識・技能　表…外国語表現の能力

(3) あした晴れたら，ピクニックに行きましょう。

(a picnic / go / if / sunny / let's / it's / on) tomorrow.

(4) あなたが私に電話したとき，私はお風呂に入っていました。

I (a bath / you / when / taking / me / called / was).

❸ 英文を（　）内の指示にしたがって書きかえなさい。 表　　18点

(1) The Internet is useful. 　（「私は…と思います」を加えた文に）

(2) He eats vegetables. 　（「…するのが好きです」という意味の文に）

(3) Hana went to Tokyo. 　（「おじさんに会うために」を加えた文に）

❹ 日本語に合うように，＿＿に適切な語を書きなさい。 　　20点

(1) 私は留学することを望みます。　I ＿＿＿＿ ＿＿＿＿ I can study abroad.

(2) タクはきょう，するべきことがたくさんあります。

Taku has many things ＿＿＿＿ ＿＿＿＿ today.

(3) 残念ながら，あなたは試験に合格できないのではないかと思います。

I'm ＿＿＿＿ you can't ＿＿＿＿ the exam.

(4) ついに私たちはその男を見つけました。　＿＿＿＿ ＿＿＿＿, we ＿＿＿＿ the man.

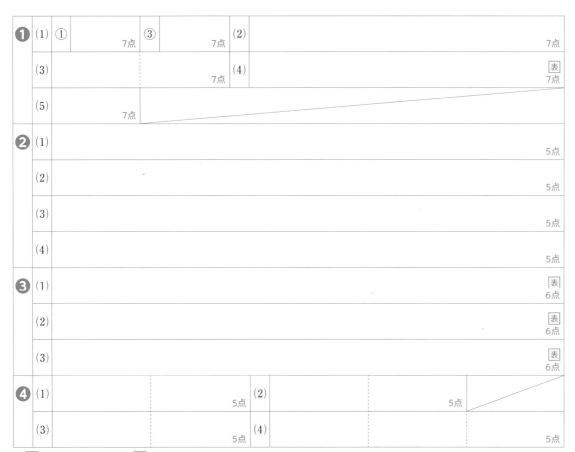

▶ 表 の印がない問題は全て 知 の観点です。

❶ 　　/42点　　❷ 　　/20点　　❸ 　　/18点　　❹ 　　/20点

139

定期テスト予想問題　Starter 〜 Lesson 2 GET Part 2　教科書6〜25ページ

❶ **トシのスピーチ原稿を読んで，あとの問いに答えなさい。** 39点

> Hello, everyone. I'm Toshi. I'm going to talk about my dream. My dream is to be a writer. I have (①) reasons.
>
> First, I like to read books very much. I have about one hundred books at home. I usually read books when I have time.
>
> Second, I want to write about Japanese *manga* in English. I think many foreign people are interested in Japanese *manga*, such as *Dragon Ball* and *Detective Conan*. I hope that many foreign people will enjoy (②) my books, and they will understand well about Japan.
>
> ③(many / to / are / do / there / things) for my dream. For example, I (④) study English very hard. I'm not good at writing English, but I will do my best to become a good writer. Thank you.
>
> (注)writer　作家　　*Detective Conan*　名探偵コナン

(1) (①)に入る適切な数字を英語で書きなさい。

(2) (②)に入る適切な語を選び，その記号を書きなさい。

　　ア reading　　イ to reading　　ウ to read

(3) 下線部③が「ぼくの夢のために，すべきことがたくさんあります。」という意味になるように，

　　( )内の語を並べかえなさい。

(4) (④)に入る適切な語句を選び，その記号を書きなさい。

　　ア may　　イ must　　ウ must not

(5) 本文の内容に合うように，次の問いに( )内の語数の英語で答えなさい。表

　　① What does Toshi want to be? （6語）

　　② Can Toshi write English well? （3語）

❷ **( )内から適切な語句を選び，記号で答えなさい。** 16点

(1) We want (ア working　イ to work) at a farm.

(2) I finished (ア writing　イ to write) a letter to Tom.

(3) (ア Eating　イ Eat) fresh food is good for your health.

(4) Let's start (ア to playing　イ playing) the game.

成績評価の観点　知…言語や文化についての知識・技能　表…外国語表現の能力

❸ 日本語に合うように，（　）内の語句を並べかえなさい。 15点

(1) ぼくは何か新しいものを発明するのが好きです。

（ something / I / to / new / like / invent ）.

(2) 向こうにレストランがいくつかあります。

（ are / there / restaurants / there / some / over ）.

(3) あなたたちは携帯電話の電源を切らなければなりません。

（ turn off / must / you / mobile phones / your ）.

❹ 日本語に合うように，＿＿に適切な語を書きなさい。 30点

(1) 私たちにとって，一生懸命勉強することは大切です。

It's important ＿＿＿＿ ＿＿＿＿ to study hard.

(2) この町には大きな湖がありますか。　＿＿＿＿ ＿＿＿＿ a large lake in this town?

(3) 私たちは，霧のために外に出ることができません。

We can't go outside ＿＿＿＿ ＿＿＿＿ the fog.

(4) それはすてきな写真ですよね。　It's a nice picture, ＿＿＿＿ ＿＿＿＿?

(5) マークはたくさんのカードを集めています。

Mark is collecting ＿＿＿＿ ＿＿＿＿ ＿＿＿＿ cards.

(6) あなたたちは，部屋で走ってはいけません。　You ＿＿＿＿ ＿＿＿＿ run in the room.

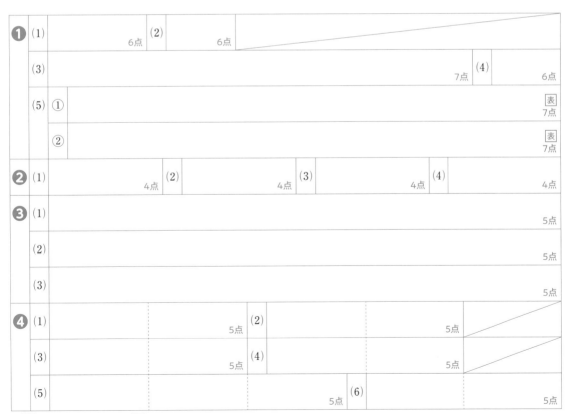

▶ 表 の印がない問題は全て 知 の観点です。

❶ 　/39点　　❷ 　/16点　　❸ 　/15点　　❹ 　/30点

❶ マークとユミの対話文を読んで，あとの問いに答えなさい。

40点

Mark :　These are nice pictures, Yumi. Where did you take them?

Yumi :　In Australia. I visited there with my parents last month. My uncle lives there and he invited us to his home.

Mark :　Great. What did you do there?

Yumi :　We visited a lot of beautiful places. In Australia, there are many good places for sightseeing. ①(the most / me / Uluru / exciting / for / was).

Mark :　Uluru?

Yumi :　Yes. Uluru is a very big rock. The Anangu, the native people deeply respect it.

Mark :　Did you take any pictures of Uluru?

Yumi :　No, I didn't. ②We can't take any pictures there because it's the sacred site for the Anangu.

Mark :　I see. Uluru is very special to them.

Yumi :　Right. ③(can / you / I / pictures / show / some more). My father took a lot.

Mark :　Really? Thank you, Yumi.

Yumi :　That's OK. I'll bring some tomorrow.

(1) 下線部①，③を意味が通るように，（　）内の語句を並べかえなさい。

(2) ユミが下線部②のように言っている理由を日本語で書きなさい。表

(3) 本文の内容に合うように，次の問いに（　）内の語数の英語で答えなさい。表

　① When did Yumi go to Australia?　（2語）

　② Who took many pictures in Australia?　（3語）

　③ Will Yumi bring some pictures to show Mark tomorrow?　（3語）

❷ 英文を（　）内の指示にしたがって書きかえなさい。

25点

(1) I will give her some flowers.　（ to を使って同じ意味の文に）

(2) I wash the dishes after dinner.　（ to を使って「…しなければならない」という意味の文に）

(3) Kate is popular.　（ in her class を加えて最上級の文に）

(4) Your bag is big.　（ than his を加えて比較級の文に）

(5) This flower is beautiful.　（ as that one を加えて「…と同じくらい～」の意味の文に）

❸ 日本語に合うように，（　）内の語句を並べかえなさい。 15点

(1) 私をエミと呼んでもらえますか。(me / you / Emi / can / call)?

(2) 彼の車は私のものより高価です。(more / his car / mine / than / expensive / is).

(3) あなたは何の教科が一番好きですか。(subject / the best / you / what / like / do)?

❹ 日本語に合うように，＿＿＿に適切な語を書きなさい。 20点

(1) 彼の歌は私たちを幸せにしました。　His song ＿＿＿ ＿＿＿ happy.

(2) 彼女はダンサーのように見えます。　She ＿＿＿ ＿＿＿ a dancer.

(3) テニスをしましょうか。　＿＿＿ ＿＿＿ play tennis?

(4) あなたはきょう学校に行かなくてもいいです。

　　You ＿＿＿ ＿＿＿ ＿＿＿ go to school today.

(5) 私はネコよりイヌのほうが好きです。　I like dogs ＿＿＿ ＿＿＿ cats.

❶	(1)	①		6点
		③		6点
	(2)			表 7点
	(3)	①	表7点　②	表 7点
		③	表7点	
❷	(1)			5点
	(2)			5点
	(3)			5点
	(4)			5点
	(5)			5点
❸	(1)			5点
	(2)			5点
	(3)			5点
❹	(1)		4点　(2)	4点
	(3)		4点　(4)	4点
	(5)		4点	

▶ 表 の印がない問題は全て 知 の観点です。

❶ ケイトとソウタの対話文を読んで，あとの問いに答えなさい。 40点

> ***Kate :*** Sota, you go to *judo* lessons, don't you?
>
> ***Sota :*** Yes. *Judo* is a traditional Japanese sport and it is also popular among foreign people.
>
> ***Kate :*** I know. My brother is interested in it, too. Have you learned it ①( ) ( ) ( )?
>
> ***Sota :*** Yes, since I was six years old. So I have learned it for eight years. I practice it every Tuesday and Friday. I like *judo* very much because it's cool.
>
> ***Kate :*** Great.
>
> ***Sota :*** Do you have any lessons, Kate?
>
> ***Kate :*** No, but I've been interested in tea. My mother and I sometimes enjoy tea at a cafe. I like green tea the best. Its flavor makes me happy.
>
> ***Sota :*** I often drink green tea, too. We relax when we drink it. Also, drinking tea every day is good for our health. Now tea is very popular around the world.
>
> ***Kate :*** You're right, Sota.

(1) 次の文は，ソウタの習い事について述べたものです。（ a ）〜（ c ）に適切な日本語を入れて文を完成させなさい。

ソウタは（ a ）のときから（ b ）間，柔道を習っている。ソウタが柔道を好きな理由は，（ c ）からである。

(2) 下線部①が「何年もの間」という意味になるように，（ ）に適切な語を書きなさい。

(3) 本文の内容に合うように，次の問いに（ ）内の語数の英語で答えなさい。 表

① When does Sota practice *judo*? （4語）

② Does Kate enjoy drinking tea at a cafe? （3語）

③ What kind of tea does Kate like the best? （4語）

❷ 日本語に合うように，（ ）内の語句を並べかえなさい。 15点

(1) 映画を見ませんか。 (a movie / we / don't / see / why)?

(2) またあなたにお会いするのを楽しみにしています。

(looking / you / to / again / I'm / seeing / forward).

(3) サッカーは，最もわくわくするスポーツの1つです。

(is / sports / of / one / the most / soccer / exciting).

成績評価の観点 知…言語や文化についての知識・技能 表…外国語表現の能力

❸ 英文を( )内の指示にしたがって書きかえなさい。 15点

(1) I study English. (「3年間」という意味の語句を加えて現在完了形に)

(2) She stays in Kyoto. (「この前の木曜日から」という意味の語句を加えて現在完了形に)

(3) You have known Aki <u>since 2000</u>. (下線部をたずねる疑問文に)

❹ 日本語に合うように，＿＿に適切な語を書きなさい。 30点

(1) ケーキを作ってくれてありがとう。 Thank you ＿＿＿＿ ＿＿＿＿ the cake.

(2) あなたは着物の着方を知っていますか。 Do you know ＿＿＿＿ ＿＿＿＿ put on a *kimono*?

(3) もしもし。めぐみさんをお願いできますか。 Hello. Can I ＿＿＿＿ ＿＿＿＿ Megumi?

(4) この本はあの本よりも高価です。 This book is ＿＿＿＿ ＿＿＿＿ than that book.

(5) 私の母は毎日私より早く起きます。 My mother gets ＿＿＿＿ ＿＿＿＿ than I.

(6) マイクは田中先生と同じくらい背が高いです。

　　 Mike is ＿＿＿＿ ＿＿＿＿ ＿＿＿＿ Mr. Tanaka.

❶	(1)	a		4点	b		4点	c		4点
	(2)					7点	(3) ①			表 7点
	(3) ②			表 7点		③				表 7点
❷	(1)									5点
	(2)									5点
	(3)									5点
❸	(1)									5点
	(2)									5点
	(3)									5点
❹	(1)			5点	(2)					5点
	(3)			5点	(4)					5点
	(5)			5点						
	(6)							5点		

▶ 表 の印がない問題は全て 知 の観点です。

❶ 　　　/40点　❷ 　　　/15点　❸ 　　　/15点　❹ 　　　/30点

Take Action! Listen 5 ～ READING FOR FUN 2

❶ マークの落語に関するスピーチ原稿を読んで，あとの問いに答えなさい。 40点

Hello, everyone. ①(ever / a *rakugo* show / have / seen / you)? Last week, I saw an English *rakugo* show for the first time. My friend, Hana had two tickets for the show and she invited me. I was very happy when I heard ②that because I was interested in *rakugo*.

The *rakugo* show started. The performer was a Japanese woman. She told a story in English and she acted out some characters (③) herself. She used a *sensu* and a *tenugui* in her story, and it was easy for me to understand the story. Her *rakugo* was great.

After the show, we talked with the performer and learned a lot of things. About twenty-five years ago, she started English *rakugo*. She wanted to share Japanese humor with people ④( ) ( ) the world. She believes that the world will be better by spreading laughter. I think she has a great idea. If I have a chance, I'd like to see her *rakugo* again. Thank you.

---

(1) 下線部①を意味が通るように，（ ）内の語句を並べかえなさい。

(2) 下線部②が指している内容を，日本語で説明しなさい。 表

(3) （ ③ ）に入る適切な語を選び，その記号を書きなさい。

　　ア on　　イ to　　ウ by

(4) 下線部④が「世界中の」という意味になるように，（ ）に入る適切な語を書きなさい。

(5) 本文の内容に合うものを２つ選び，その記号を書きなさい。

　　ア Mark has seen a *rakugo* show many times.

　　イ Mark went to an English *rakugo* show because he bought a ticket for it.

　　ウ Mark could understand the story of the *rakugo*.

　　エ The Japanese woman has performed *rakugo* for more than twenty years.

　　オ Mark wants to spread laughter to make the world better.

❷ 英文の（ ）内の語を適切な形にしなさい。ただし，１語とはかぎりません。 20点

(1) Have you (do) your homework yet?

(2) Kumi (bring) some food to the party last night.

(3) I (study) French since I was a child.

(4) I've (be) to the United States three times.

(5) They stopped (laugh).

❸ 日本語に合うように，（ ）内の語句を並べかえなさい。 20点

(1) 私には言うことが何もありません。 (have / to / I / say / nothing).

(2) 事故の数が減ってきています。 (is / of / the number / decreasing / accidents).

(3) 私にヒントをいただけませんか。 (me / you / a hint / give / could)?

(4) 私たちはすでに夕食を終えてしまいました。

(have / dinner / already / we / finished).

❹ 日本語に合うように，＿＿に適切な語を書きなさい。 20点

(1) 私たちは富士山を2回見たことがあります。

We have ＿＿＿＿ Mt. Fuji ＿＿＿＿.

(2) 私はまだ，彼にメールを送っていません。I ＿＿＿＿ sent him an e-mail ＿＿＿＿.

(3) ぼくはとてもお腹がすいていたので，走ることができませんでした。

I was ＿＿＿＿ hungry ＿＿＿＿ I could not run.

(4) 日本語と英語の間には，大きな違いがあります。

There are big differences ＿＿＿＿ Japanese ＿＿＿＿ English.

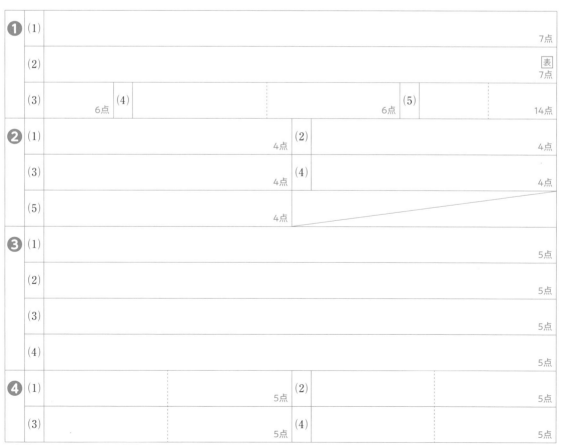

▶ 表 の印がない問題は全て 知 の観点です。

| ❶ | /40点 | ❷ | /20点 | ❸ | /20点 | ❹ | 20点 |

定期テスト予想問題

Take Action! Listen 5 ～ READING FOR FUN 2 教科書100～125ページ

❶ これから４つの英文を読みます。それぞれの内容が絵に合っていれば○を，合っていなければ×を書きなさい。英文は２回読まれます。

(3点×4)

ポケ **1**
リス♪

(1)		(2)		(3)		(4)	

❷ ジェーンとケンは10年前の市と現在の市の２枚の地図を見ながら話しています。これから２人の対話文と，その内容についての２つの質問文を放送します。質問の答えとして最も適切なものをア～エの中から１つずつ選び，記号で答えなさい。英文は２回読まれます。

(4点×2)

ポケ **2**
リス♪

(1) ア Two.
　　イ Three.
　　ウ Four.
　　エ Five.

(2) ア Yes, there is.
　　イ No, there isn't.
　　ウ Yes, there was.
　　エ No, there wasn't.

(1)		(2)	

　　　　　　　　　　　　　　　　　　　　　　　　／20点　解答 p.38

❶ これから3つの対話文を読みます。それぞれの内容に合う絵を1つずつ選び，記号で答えなさい。英文は2回読まれます。

(4点×3)　ポケリス♪❸

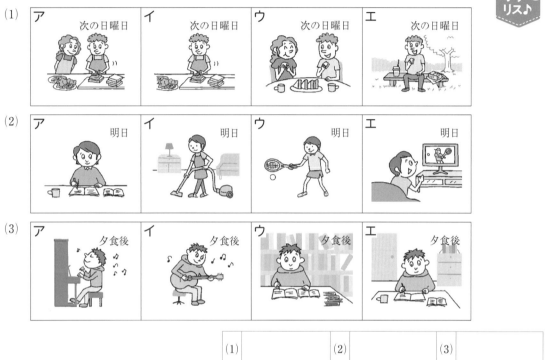

(1)		(2)		(3)	

❷ これからリカがジェーンに残した留守番電話のメッセージの英文と，その内容についての2つの質問文を放送します。質問の答えとして最も適切なものをア〜エの中から1つずつ選び，記号で答えなさい。英文は2回読まれます。

(1) ア　Next Saturday.

(4点×2)　ポケリス♪❹

　　イ　Yesterday.

　　ウ　At one thirty.

　　エ　At three.

(2) ア　She will clean the room.

　　イ　She will buy a CD for Aya.

　　ウ　She will make a cake.

　　エ　She will take pictures.

(1)		(2)	

リスニングテスト

There is[are] 〜．／未来の表現

❶ これから3つの英文を読みます。それぞれの内容が絵に合っていれば〇を, 合っていなければ×を書きなさい。英文は2回読まれます。

(4点×3)

ポケ⑤
リス♪

(1)

(2)

(3)

(1)		(2)		(3)	

❷ これから放送するサリーとマコトの対話文を聞いて, その内容に合うものをア～カの中から2つ選び, 記号で答えなさい。英文は2回読まれます。

ア Makoto wants to write a letter for Mr. Smith.

(4点×2)

ポケ⑥
リス♪

イ Makoto will send a letter to Mr. Smith tomorrow.

ウ Makoto and Sally are going to give Mr. Smith a cake.

エ Mr. Smith will go back to his county next week.

オ Sally is going to give Mr. Smith some flowers.

カ Sally wants to buy some presents for Mr. Smith.

/ 20点

解答
p.39

❶ これから 3 つの対話文を読みます。それぞれの内容に合う絵を 1 つずつ選び，記号で答えなさい。英文は 2 回読まれます。

（4点×3） ポケ リス♪ ❼

(1)

(2)

(3)
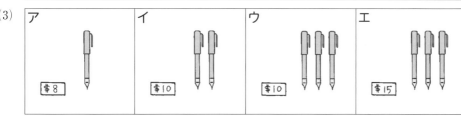

(1)		(2)		(3)	

❷ これから放送するタクヤの書いた英文を聞いて，その内容に合わないものをア〜カの中から 2 つ選び，記号で答えなさい。英文は 2 回読まれます。

（4点×2） ポケ リス♪ ❽

ア Takuya went to the hospital to see his grandmother yesterday.

イ Takuya bought some flowers for his grandmother before he visited her.

ウ Takuya's grandmother was in bed when he went to her room.

エ Takuya's grandmother was happy because she liked the flowers.

オ Takuya talked a lot about his family with his grandmother.

カ Takuya will bring flowers again when he visits his grandmother next time.

❶ これから4つの対話文を読みます。それぞれの内容に合う絵を1つずつ選び，記号で答えなさい。英文は2回読まれます。

(2点×4)　ポケ⑨リス♪

(1)		(2)		(3)		(4)	

❷ これから放送する英文を聞いて，メモの(1)〜(4)に入る適切な日本語を書きなさい。英文は2回読まれます。

(3点×4)　ポケ⑩リス♪

〈メモ〉
・タクヤは（　(1)　）ことが好きだ。
・タクヤは先月（　(2)　）ために京都へ行った。
・タクヤは（　(3)　）ことが楽しかった。
・タクヤはまた（　(4)　）と思っている。

(1)		(2)	
(3)		(4)	

❶ これから 3 つの英文を読みます。それぞれの内容が絵に合っていれば〇を,
合っていなければ×を書きなさい。英文は 2 回読まれます。

(4点×3)　ポケ⓫リス♪

(1)

(2)　　　　　　　　　　　土曜日

(3)　　　　　　　　　　日曜日

(1)		(2)		(3)	

❷ これから放送するメアリーとリョウの対話文を聞いて, その内容に合うものを
ア～カの中から 2 つ選び, 記号で答えなさい。英文は 2 回読まれます。

ア　Mary is going to see the movie with John tomorrow.

(4点×2)　ポケ⓬リス♪

イ　Ryo doesn't have to do his homework before the movie.

ウ　Ryo will go to the movie tomorrow morning.

エ　Ryo has to go to Mary's house at one o'clock tomorrow.

オ　Mary and John will meet at Ryo's house tomorrow.

カ　Ryo will go to the station at two o'clock tomorrow.

❶ これから４つの対話文を読みます。それぞれの内容に合う絵を１つずつ選び，記号で答えなさい。英文は２回読まれます。

(2点×4)

ポケ
リス♪ ⑬

(1)		(2)		(3)		(4)	

❷ これから放送するアヤのスピーチを聞いて，メモの(1)～(4)に入る適切な日本語を書きなさい。英文は２回読まれます。

(3点×4)

ポケ
リス♪ ⑭

〈メモ〉
・アヤの夢は(　(1)　)になることだ。
・アヤは(　(2)　)ことが大好きだ。
・先月の文化祭では，多くの人々が(　(3)　)ことを楽しんだ。
・アヤは将来，(　(4)　)を作りたいと思っている。

(1)		(2)	
(3)		(4)	

❶ これから4つの英文とその内容についての質問文を放送します。質問の答えとして最も適切なものをそれぞれの絵のア～ウの中から1つずつ選び，記号で答えなさい。英文は2回読まれます。

(3点×4)

ポケ
リス♪ ⑮

(1)

(2)

(3)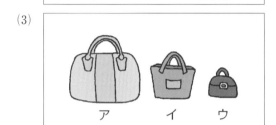

(4)

<table>
<tr><td>(1)</td><td></td><td>(2)</td><td></td><td>(3)</td><td></td><td>(4)</td><td></td></tr>
</table>

❷ これからコウジとベッキーの対話文を放送します。そのあとに対話文の内容について4つの質問文を読みます。質問の答えとして正しくなるように，それぞれの英文の空欄に英語を1語ずつ書きなさい。英文は2回読まれます。

(1) She likes (　　　　　) the (　　　　　).

(2点×4)

ポケ
リス♪ ⑯

(2) (　　　　　) is.

(3) (　　　　　), he (　　　　　).

(4) Becky's (　　　　　) does.

<table>
<tr><td>(1)</td><td></td><td>(2)</td><td></td></tr>
<tr><td>(3)</td><td></td><td>(4)</td><td></td></tr>
</table>

❶ これから放送する対話文を聞いて，その内容についての質問に答える問題です。質問の答えとして最も適切なものをア〜エから1つ選び，記号で答えなさい。英文は2回読まれます。

（8点）　ポケリス♪ ⑰

❷ これからユミの部活動についての説明文を放送します。そのあとに説明文の内容について3つの質問文を読みます。質問の答えとして正しくなるように，それぞれの英文の空欄に英語を1語ずつ書きなさい。英文は2回読まれます。

（4点×3）　ポケリス♪ ⑱

(1) It was held (　　　　) (　　　　) (　　　　).

(2) To (　　　　) (　　　　) (　　　　) to improve their performance.

(3) Because the brass band (　　　　) (　　　　) (　　　　).

(1)		
(2)		
(3)		

❶ これから2つの対話文とその内容についての質問文を放送します。質問の答えとして最も適切なものをア～エの中から1つずつ選び，記号で答えなさい。英文は2回読まれます。

（4点×2）

ポケ
リス♪ **19**

(1) ア Baseball.

　イ Basketball.

　ウ Tennis.

　エ Soccer.

(2) ア To take care of animals.

　イ To teach science.

　ウ To help sick people.

　エ To study math.

(1)		(2)	

❷ これから放送するカナとマイクの対話文を聞いて，表の(1)～(6)に入る適切な日本語を書きなさい。英文は2回読まれます。

（2点×6）

ポケ
リス♪ **20**

〈マイクの東京での予定〉	
金曜日	（ (1) ）で（ (2) ）を見る
土曜日	（ (3) ）で（ (4) ）を見る
日曜日	（ (5) ）で（ (6) ）を見る

(1)		(2)	
(3)		(4)	
(5)		(6)	

❶ 次の１～３の絵はKanaについてのあるできごとを表したものです。順番どおり
に場面の展開を考えて50語程度の英文にまとめなさい。

（注）grow　～を育てる

❷ 自分のお気に入りの場所や行ってみたい場所について紹介する文を，どういっ
た場所なのかがわかる文を少なくとも2つ入れて，40語程度で書きなさい。

❸ ゆりさんは友人と環境のために何ができるかを話し合って家族にも協力してもらおうと思っています。次の〔メモ〕はそのときに書き留めたものです。あなたがゆりさんなら、どのように家族に説明しますか。＜条件＞に従って英語で書きなさい。

〔メモ〕　Protect the environment!
・修理できるものは新しいものを買わずに修理する。　　・地産地消品を買う。
・マイ○○を持つようにする。（マイ箸，マイ水筒，マイバッグ）
・移動は自転車や徒歩でする。　　・水を大切に使う。
・海岸清掃イベント(beach cleaning event)に参加する。
・食べ物を残さない。

(注)protect　～を保護する，守る　　environment　環境

＜条件＞〔メモ〕に書かれた7つのうち2つを選び，書くこと。ただし，文の数や語の数はいくつでもよい。

| |
| |
| |
| |
| |

英作文にチャレンジ！

❹ バケットリスト(bucket list)を作ってみましょう。これは死ぬまでにしたいこと，達成したいことをリストにしたもののことです。まず目標年齢を決めて，それまでにしてみたいことを，その理由も含めて60語程度の英文にまとめなさい。ただし，英文の数はいくつでもよく，符号(，．！" "など)は語数に含めません。

| |
| |
| |
| |
| |
| |

❺ 次の架空のアニメーションの登場人物の特徴をイラストから想像し，これらの人物について述べる英文を３つ書きなさい。ただし，それぞれの文に必ず比べる表現を使うこと。

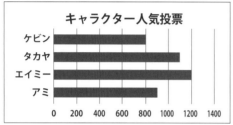

(1)	
(2)	
(3)	

❻ 次のイラストの女の子のセリフを，吹き出しの中のイラストに合うように考えて30語程度で書きなさい。

What are you going to do during the summer vacation?

〈三省堂版・ニュークラウン2年〉
この解答集は取り外してお使いください。

Lesson 1 ～ 文法のまとめ①

pp.6〜7 ぴたトレ1

Words & Phrases

(1)起源，はじまり，発端　(2)刑事，探偵
(3)(肯定文で)だれでも　(4)職業，仕事；務め
(5)実は
(6)…(特に好ましくない状態)になる，かかわる
(7)trouble　(8)story　(9)sick　(10)middle
(11)men　(12)wrote

1 (1)イ　(2)イ　(3)ア　(4)ア

2 (1)swam　(2)lost

3 (1)The boys got into trouble(.)
(2)Anyone can use (this computer.)
(3)In fact, my brother drew (this picture.)
(4)I met a girl with short hair (yesterday.)

 解き方

1 (1)seeの過去形はsaw。　(2)buyの過去形は
bought。　(3)leaveの過去形はleft。
(4)fallの過去形はfell。

2 (1)「私は先週，海で泳ぎました。」swimの過
去形はswam。　(2)「私は先週，傘をなくし
ました。」loseの過去形はlost。

3 (1)「やっかいな事態になる」はget into
troubleで表す。getの過去形はgot。
(2)anyoneは肯定文で使うと，「だれでも」
という意味になる。　(3)「実は」はin factで
表す。　(4)「髪の毛の短い(少女)」は(a girl)
with short hairで表す。

pp.8〜9 ぴたトレ1

Words & Phrases

(1)近ごろ，最近　(2)不満を持っている
(3)おびえた　(4)うまくいく，成功する
(5)lend　(6)worried　(7)spoke　(8)read

1 (1)ア　(2)イ　(3)ア　(4)イ

2 (1)If, are　(2)if, rains

3 (1)Recently, I talked with (Ms. Brown.)
(2)When I do well on a test, (I'm happy.)

(3)(It) wasn't raining when I left home(.)
(4)I'll lend this book to you(.)

解き方

1 (1)(3)「…(する)とき」は〈when＋主語＋動詞
...〉で表す。　(2)(4)「もし…ならば」は〈if＋主
語＋動詞 ...〉で表す。

2 (1)「もし今具合が悪いなら，病院に行きなさ
い。」If 〜,の主語はyouなので，be動詞は
are。　(2)「今度の日曜日に雨が降ったら，
私たちは家にいます。」

3 (1)「最近」recentlyは，コンマ(,)があるので
文頭に置く。　(2)語群にコンマ(,)があるので，
〈when＋主語＋動詞 ...〉を文の前半に置く。
(3)文がItから始まっているので，〈when＋
主語＋動詞 ...〉を文の後半に置く。　(4)「(人)
に…を貸す」は〈lend ... to＋人〉で表す。

pp.10〜11 ぴたトレ1

Words & Phrases

(1)冒険；わくわくするような体験
(2)記事　(3)驚くべき，意外な
(4)スリル満点の，ぞくぞくさせる
(5)…もまた；さらに；そのうえ
(6)絵画，絵；写真
(7)useful　(8)important　(9)district
(10)someday　(11)hope　(12)enjoy

1 (1)イ　(2)ア　(3)イ　(4)イ

2 (1)that　(2)think that

3 (1)(This article) shows that sushi is
popular (in the world.)
(2)(We) hope she will be fine(.)
(3)(He) knows that Kate lived in Osaka
(two years ago.)
(4)(Do you) think that math is difficult(?)

解き方

1 (1)(3)「…と思う」はで表す。　(2)「…だといいなと思う」は
〈hope (that)＋主語＋動詞 ...〉で表す。
(4)疑問文でも〈(that＋)主語＋動詞 ...〉の語
順はかわらない。

2 (1)「私はこの部屋は散らかっていると思いま

す。」　(2)「私はその男性は彼の父親だと思います。」

3 (1)「…ということを示している」は〈show (that)＋主語＋動詞 …〉で表す。　(2)「…することを望んでいる」は〈hope (that)＋主語＋動詞 …〉で表す。ここではthatは省略されている。　(3)「…ということを知っている」は〈know (that)＋主語＋動詞 …〉で表す。　(4)「あなたは…と思いますか。」は〈Do you think (that)＋主語＋動詞 …?〉で表す。

---

pp.12～13　ぴたトレ1

Words & Phrases

(1)かしら(と思う)，だろうか，(…を)不思議に思う　(2)ほんの；ちょっと，ただ
(3)外へ(で)　(4)ある日
(5)(なぜなら)…だから，…なので　(6)never
(7)happen　(8)more　(9)found　(10)caught

1 (1)イ　(2)ア　(3)イ　(4)イ

2 (1)because　(2)Because　(3)Once upon
(4)At last

3 (1)The cat rushed away(.)
(2)He went straight to (the station.)
(3)Because I am sick, I will go to bed (early.)
(4)(I) often go to concerts because I like music(.)

解き方
1 (1)～(3)「…なので」は〈because＋主語＋動詞 …〉で表す。　(4)「(2人のうち)1人は…，もう1人は～」はone …, the other ～で表す。

2 (1)(2)「…なので」は〈because＋主語＋動詞 …〉で表す。　(3)「昔々」はonce upon a timeで表す。　(4)「ついに」はat lastで表す。

3 (1)「勢いよく走り去る」はrush awayで表す。　(2)「まっすぐ…に行く」はgo straight to …で表す。　(3)(4)「…なので」は〈because＋主語＋動詞 …〉で表す。コンマがあるときは，〈because＋主語＋動詞 …〉を文の前半に置く。

---

p.14　ぴたトレ1

Words & Phrases

(1)払う　(2)機械　(3)true　(4)borrow

1 (1)イ　(2)ア　(3)イ

---

2 (1)was in　(2)Where is

解き方
1 (1)「…は何についてですか。」はWhat is[What's] … about?で表す。　(2)「いいじゃない。」はSounds good.で表す。　(3)「…にはだれが出ていますか。」はWho's in …?で表す。Who'sはWho isの省略形。

2 (1)「(ドラマなど)に出ている」はbe in …で表す。　(2)場所をたずねるときはWhereで文を始めて，疑問文の語順(ここでは〈be動詞＋主語＋going to＋動詞の原形 …?〉)を続ける。

---

p.15　ぴたトレ1

Words & Phrases

(1)試着してみる　(2)あとで，のちほど
(3)辞書，辞典　(4)knife　(5)menu
(6)message

1 (1)イ　(2)イ　(3)ア

2 (1)May[Can] I　(2)go ahead

解き方
1 (1)(2)「…してもいいですか。」はMay I …?で表す。　(3)「残念ですが…」はbe afarid (that) …で表す。

2 (1)「…してもいいですか。」と許可を求めるときは，〈May[Can] I＋動詞の原形 …?〉で表す。　(2)相手の依頼を許可して「どうぞ」と言うときはgo aheadで表す。

---

p.17　ぴたトレ1

1 (1)ア　(2)ア　(3)イ　(4)ア

2 (1)When　(2)that he is　(3)if it is

3 (1)(My mother) was making breakfast when (I got up.)
(2)I bought a new umbrella because (I lost mine.)
(3)(Tom) plays soccer, but he's a baseball fan(.)
(4)(I) don't think that he can cook curry(.)

解き方
1 (1)「…と～」は〈… and ～〉で表す。　(2)「…または～」は〈… or ～〉で表す。　(3)「もし…ならば」はifで表す。　(4)「…だと思う」は〈think (that)＋主語＋動詞 …〉で表す。

2 (1)「私が帰宅したとき，姉[妹]は本を読んでいました。」という文にする。「…したとき」はwhenで表す。　(2)「あなたは彼が私たちの新しい英語の先生だと知っていますか。」

という文にする。疑問文でも〈that + 主語 + 動詞 …〉の語順はそのまま。 (3)「もし… ならば」〈if + 主語 + 動詞 …〉の動詞は未来のことも現在形で表す。

3 (1)「…(した)とき」は〈when + 主語 + 動詞 …〉で表す。 (2)「…なので」は〈because + 主語 + 動詞 …〉で表す。 (3)「…だが〜」は〈... but 〜〉で表す。 (4)「…とは思いません」は〈don't think (that) + 主語 + 動詞 …〉で表す。

1 (1)イ　(2)エ　(3)ア　(4)エ

2 (1)May[Can] I　(2)hope that　(3)if it's

3 (1)Do you think that Kate is good at cooking?

(2)My father could ski well when he was a junior high school student.[When my father was a junior high school student, he could ski well.]

(3)Tom was sad because he dropped his wallet.[Because Tom dropped his wallet, he was sad.]

4 (1)I will[I'll] be happy if you like this picture.[If you like this picture, I will[I'll] be happy.]

(2)I went to bed early because I was very tired.[Because I was very tired, I went to bed early.]

5 (1)Once upon

(2)He saw Mr. McGregor.

(3)イ

6 (1)Because she can relax in it.

(2)No, it doesn't.

解き方 1 (1)「私が起きたとき，私の姉[妹]は数学を勉強していました。」 (2)「だれもがブラウン先生が上手に日本語を話すことを知っています。」 (3)「もし時間があるなら，私の家に来てください。」 (4)「きょうはとても暑かったので，私はプールに行きました。」

2 (1)「…してもいいですか。」は〈May[Can] I + 動詞の原形 …?〉で表す。 (2)「…だといいなと思う」は〈hope (that) + 主語 + 動詞 …〉で表す。 (3)「もし…ならば」のように条件を表すとき，〈if + 主語 + 動詞 …〉の動詞は未来のことも現在形にする。ここでは it is の

短縮形 it's にする。

3 (1)「ケイトは料理が得意だと思いますか。」という文にする。「…ということ」は〈(that +) 主語 + 動詞 …〉で表す。 (2)「私の父は中学生のとき，スキーを上手にすることができました。」という文にする。「…(した)とき」は〈when + 主語 + 動詞 …〉で表す。 (3)「トムはさいふを落としたので，悲しかったです。」という文にする。「…なので」は〈because + 主語 + 動詞 …〉で表す。

4 (1)「もし…ならば」は〈if + 主語 + 動詞〉で表す。 (2)「…なので」は〈because + 主語 + 動詞 …〉で表す。理由を表す内容は because のあとに置く。

5 (1)「昔々」は once upon a time で表す。 (2)「ピーターはパセリを探していたとき，何を見ましたか。」最終段落1文目参照。ピーターはマグレガーさんを見た。 (3)アは第1段落の内容と合わない。ピーターは母親と姉妹と暮らしていた。イは第2段落1文目と，第3段落1，2文目の内容と合う。ウは第3段落1文目の内容と合わない。ピーターはいたずら好きだった。

6 (1)「アオイはなぜこたつが好きなのですか。」アオイの最初の発言参照。こたつは中でくつろげるとある。 (2)「こたつはたくさんのエネルギーを使いますか。」アオイの2番目の発言参照。こたつはたくさんのエネルギーを使わないとある。

1 (1)○　(2)×　(3)○

2 (1)ア　(2)ア　(3)イ

3 (1)if you're　(2)and, last　(3)because it
(4)May[Can] I open

4 (1)What, when　(2)What's, about
(3)that

5 (1)How long did you stay　(2)イ
(3)Because Amy is going to come to Japan next summer.　(4)ウ

6 (1)What do you do when you have time?[When you have time, what do you do?]

(2)I will[I'll] play basketball in the park if it is[it's] sunny tomorrow.[If it is[it's] sunny tomorrow, I will[I'll] play basketball in the park.]

(3)I went to the store[shop] because I wanted new shoes.[Because I wanted new shoes, I went to the store[shop].]

❶ (1)trouble[ʌ], rush[ʌ]なので○。
(2)author[ɔː], job[ɑ]なので×。
(3)award[ɔːr], important[ɔːr]なので○。

❷ それぞれ印のついた部分を最も強く発音する。(1)dístrict (2)órigin (3)detéctive

❸ (1)「もし…ならば」は〈if＋主語＋動詞 …〉で表す。 (2)andの前後に同じ動詞を置くと、「どんどん…」という意味になる。「ついに」は at last で表す。 (3)「…なので」は〈because＋主語＋動詞 …〉で表す。
(4)「…してもいいですか。」と相手に許可を求めるときは〈May[Can] I＋動詞の原形 …?〉で表す。

❹ (1)A「あなたがショウタを見かけたとき、彼は何をしていましたか。」B「彼はそのときイヌを散歩させていました。」 (2)A「その本は何についてですか。」B「それは日本の歴史についての本です。」 (3)A「あなたは私のおじがテニス選手だと知っていますか。」B「いいえ、知りません。それは本当ですか？」

❺ (1)次にサキが「5日間です。」と期間を答えているので、「あなたはどれくらい長くそこに滞在しましたか。」とたずねる文にする。「どれくらい長く」はHow longで文を始める。
(2)〈hope (that)＋主語＋動詞 …〉の形にする。 (3)「サキはどうしてうれしいのですか。」サキの最後の発言の2文目参照。because以下が理由を表す部分。 (4)アはサキの最初の発言と合わない。サキは初めてハワイに行った。イはサキの3番目の発言と合わない。ウはサキの4番目の発言と合う。

サキ：私は夏休みの間に初めてハワイに行ったの。
ジャック：へえ、本当に？　それはすばらしいね。きみはそこにどれくらい長く滞在したの？
サキ：5日間よ。
ジャック：きみはそこで何をしたの？
サキ：そこに着いたとき、雨が降っていたの。だから、初日は買い物を楽しんだわ。
ジャック：海で泳いだ？
サキ：ええ。海やプールで泳いだわ。海で泳い

でいるときにエイミーという女の子と友達になったの。彼女は15歳よ。フラダンスをとても上手に踊るの。彼女は私にフラダンスについてたくさん話してくれたわ。
ジャック：きみはハワイですばらしい時間を過ごしたんだね。
サキ：ええ。それにエイミーが来年の夏日本に来る予定だから、とてもうれしいの。
ジャック：そうなの？　彼女が日本で多くのことを楽しんでくれたらいいと思うよ。

❻ 英作力 UP♪ (1)「あなたは時間があるときは何をしますか。」という英文を作る。「…とき」は〈when＋主語＋動詞 …〉を使う。文の前半と後半、どちらに置いてもよい。 (2)「あした晴れたら、私は公園でバスケットボールをするでしょう。」という英文を作る。「…したら」は〈if＋主語＋動詞 …〉を使う。文の前半と後半、どちらに置いてもよい。 (3)「私は新しいくつがほしかったので、その店に行きました。」という英文を作る。becauseのあとに理由を表す内容「新しいくつがほしかった」を置く。

英作文の採点ポイント

（　）内は(1)～(3)それぞれの配点
□単語のつづりが正しい。（2点）
□（　）内に指定された語句を使っている。（2点）
□(1)〈when＋主語＋動詞 …〉を使って正しく書けている。 (2)〈if＋主語＋動詞 …〉を使って正しく書けている。 (3)〈because＋主語＋動詞 …〉を使って正しく書けている。（4点）

Lesson 2 ～ Reading for Information 1

pp.22～23　　　　　　　ぴたトレ1

Words & Phrases

(1)すぐに、まもなく (2)旅行する、旅をする
(3)通訳者 (4)(野菜や果物などが)有機栽培の
(5)外国へ[に、で]、海外へ[に]
(6)農業、農場経営 (7)海の向こうに、海外へ
(8)野菜 (9)画家、絵をかく人 (10)その通り。
(11)why (12)doctor (13)engineer (14)voice
(15)pass (16)something (17)restaurant
(18)fruit (19)actor (20)grandparents

❶ (1)ア (2)ア (3)イ (4)イ

2 (1)to live　(2)is to be

3 (1)She likes to take pictures of (flowers.)

(2)(Maki) wants to listen to music(.)

(3)I want to be a doctor and (save people.)

(4)The school festival is coming soon(.)

解き方
1 (1)「…したい」は〈want to＋動詞の原形〉で表す。　(2)toのあとの動詞は原形。　(3)「…することが好きである」は〈like to＋動詞の原形〉で表す。　(4)toのあとの動詞は原形。be動詞の原形はbe。

2 (1)「私の夢はオーストラリアに住むことです。」　(2)「私の夢は漫画家になることです。」

3 (1)「…するのが好きである」は〈like to＋動詞の原形〉で表す。　(2)「…したい」は〈want to＋動詞の原形〉で表す。　(3)「…して〜したい」はandを使って，〈want to＋動詞の原形 … and＋動詞の原形 〜〉とつなげて表す。　(4)確定している近い未来の予定は現在進行形で表すことができる。

pp.24〜25 ぴたトレ1

Words & Phrases

(1)売る，売っている　(2)毎日の；日常の

(3)さがす，調べる

(4)(映画やテレビの)字幕，スーパー

(5)帰る；返す

(6)(コンピューターで)オンラインで

(7)練習(問題)；運動　(8)市；市場

(9)grow　(10)forget　(11)without

(12)happiness　(13)achieve　(14)better

(15)space　(16)report

1 (1)イ　(2)イ　(3)イ　(4)ア　(5)ア

2 (1)to take　(2)to do

3 (1)(I study English) to watch movies without (subtitles.)

(2)Our town has many places to visit(.)

(3)I went to the teachers' room to clean (it.)

解き方
1 (1)「…するために」は〈to＋動詞の原形〉で表す。　(2)「飲むもの」→「飲むための何か」と考えて，〈(代)名詞＋to＋動詞の原形〉で表す。　(3)be動詞の原形はbe。　(4)「…なしで」はwithoutで表す。　(5)「なぜ」とたずねられて目的を答えるときは〈To＋動詞の原形 ….〉で表す。

2 (1)「私は写真を撮るために動物園を訪れました。」　(2)「私は宿題をするために家にいました。」

3 (1)「…なしで」はwithout …で表す。　(2)「訪れるべき場所」を〈(代)名詞＋to＋動詞の原形〉で表す。　(3)「…するために」を表す部分は文の後半に置く。

pp.26〜27 ぴたトレ1

Words & Phrases

(1)農作物，作物

(2)よりよくする，改良する，改善する

(3)興味，関心　(4)理想的な　(5)監視する

(6)たとえば…のような　(7)要約すると

(8)reason　(9)health　(10)collect　(11)near

(12)everyday　(13)data　(14)became

1 (1)イ　(2)ア　(3)ア　(4)ア

2 (1)bring, together　(2)such as

(3)In short　(4)to help[save]

(5)To make[cook]

3 (1)I want to listen to music(.)

(2)I like to draw pictures(.)

(3)(He went to the shop) to buy something to drink(.)

解き方
1 (1)「…するのが好きだ」は〈like to＋動詞の原形〉で表す。　(2)(4)「…するために」は〈to＋動詞の原形〉で表す。　(3)「読む本」は「読むための本」と考え，〈(代)名詞＋to＋動詞の原形〉で表す。イを選ぶと「私はバスで本を読みたい」となり，日本文に合わない。

2 (1)「…を集める」はbring (…) togetherで表す。　(2)「…のような」はsuch as …で表す。　(3)「要約すると」はin shortで表す。　(4)「…するという〜」は〈名詞＋to＋動詞の原形〉で表すことができる。　(5)「なぜ」とたずねられて目的を答えるときは〈To＋動詞の原形 ….〉で表す。

3 (1)「…したい」は〈want to＋動詞の原形 …〉で表す。　(2)「…することが好きだ」は〈like to＋動詞の原形〉で表す。　(3)「何か飲むもの」は〈(代)名詞＋to＋動詞の原形〉で表し，「買いに」は「買うために」と考え，〈to＋動詞の原形〉で表す。

(1)言う，話す；知らせる，教える　(2)歌詞
(3)tool　(4)invent

1 (1)イ　(2)イ　(3)ア　(4)イ

2 (1)best like　(2)to be[become]
(3)favorite is　(4)have any
(5)volunteers

3 (1)I will study hard to be (a doctor.)
(2)(I) want to invent something useful(.)
(3)(Let's) give a big hand to Ms. Brown(.)
(4)(I'm) afraid we're out of time(.)

解き方

1 (1)「…になりたい」はwant to be ...で表す。
(2)「(人)に話す」は〈tell＋人〉で表す。sayは
あとに「人」を置くことができない。　(3)「…に
親切だ」はbe kind to ...で表す。　(4)「困って
いる人々」はpeople in needで表す。

2 (1)「最善を尽くす」はdo one's best，「…の
ように」はlike ...で表す。　(2)「…になること」
はto be[become] ...で表す。　(3)「お気に入
り(のもの)」は名詞favoriteで表す。
(4)someは疑問文ではanyにする。　(5)立候
補を促すときは，Any volunteers?で表す。

3 (1)「…になるために」はto be ...で表す。
(2)「…したい」は〈want to＋動詞の原形〉，
「何か…なもの」は〈something＋形容詞〉で
表す。　(3)「…に拍手を送る」はgive a hand
to ...で表す。　(4)「残念ながら…」はI'm
afraid ...，「時間がなくなる」はbe out of
timeで表す。

(1)板；台
(2)(意見が)一致する；同意する，賛成する
(3)会長　(4)idea　(5)along　(6)doubt

1 (1)ア　(2)ア

2 (1)I think　(2)agree with　(3)picked up

解き方

1 (1)「間違いありません。」はI have no doubt.
で表す。　(2)「それはいい考えです。」はThat's
a good idea.で表す。

2 (1)「私は…だと思います。」は〈I think (that)
＋主語＋動詞 ....〉で表す。　(2)「私はあなた
に賛成です。」はI agree with you.で表す。
(3)「…を拾う」はpick up ...で表す。

(1)必要な　(2)可能な，実行できる
(3)essay　(4)impossible

1 (1)ア　(2)ア

2 (1)It's, for, to　(2)It, to be　(3)Is it, to

解き方

1 (1)「〜することは…です。」は〈It is ... to＋動
詞の原形〜.〉で表す。　(2)「―が」は〈for ―〉
の形でto不定詞の前に置く。

2 (1)(2)「(―にとって)〜することは…です。」は
〈It is ... (for ―) to＋動詞の原形〜.〉で表
す。　(3)「―が〜することは…ですか。」とい
う疑問文はisを文の最初に置き，〈Is it ...
for ― to＋動詞の原形〜?〉で表す。

1 (1)イ　(2)ア　(3)ア　(4)イ

2 (1)It, to　(2)It, him to　(3)To make[cook]
(4)things to do

3 (1)(My mother's) job is to teach music(.)
(2)I want to know the places to visit (in
Kyoto.)
(3)Is it impossible for us to travel (in
space?)

解き方

1 (1)「…することが好きである」は〈like to＋
動詞の原形〉で表す。　(2)to不定詞が主語の
ときは，3人称単数扱い。　(3)「何か…する
もの」は〈something to＋動詞の原形〉で表
す。　(4)「…するために」と目的を言うときは
〈to＋動詞の原形〉で表す。

2 (1)「〜することは…です。」は〈It is ... to＋
動詞の原形〜.〉で表す。　(2)「―にとって」と
いう意味上の主語は〈for ―〉の形でto不定
詞の前に置く。　(3)Why「なぜ」とたずねら
れて，「…するため」と目的を答えるときは，
〈To＋動詞の原形 ....〉で表す。　(4)「…すべ
き〜」は〈(代)名詞＋to＋動詞の原形〉で表す。

3 (1)「…すること」はto不定詞の名詞用法で表
す。　(2)「…すべき〜」は〈(代)名詞＋to＋動
詞の原形〉で表す。　(3)「―が〜することは…
ですか。」という疑問文はisを文の最初に置
き，〈Is it ... for ― to＋動詞の原形〜?〉で
表す。

Words & Phrases

(1)おとな，成人　(2)設備　(3)とがった
(4)イルカ　(5)prize　(6)forgot　(7)heard
(8)brought

1 (1)イ　(2)ア　(3)イ　(4)イ

2 (1)Come, see　(2)hear, teach
(3)What time　(4)me to

3 (1)We want to join the event(.)
(2)How much is it to buy (the ball?)
(3)If you don't want to go there, (stay home.)
(4)I forgot to bring something to eat(.)

解き方

1 (1)「…は禁止である」→「…してはいけません」と考えて〈Don't＋動詞の原形 ....〉で表す。　(2)「…したい」は〈want to＋動詞の原形〉で表す。　(3)「どこ」と場所をたずねるときはWhereで文を始める。　(4)「いくら」と値段をたずねるときはHow muchで文を始める。

2 (1)「…しに来る」は〈come and＋動詞の原形〉で表す。　(2)willのあとは原形。　(3)「何時に」とたずねるときはWhat timeで文を始める。　(4)「…を～に招待する」はinvite … to ～ で表す。

3 (1)「…したい」は〈want to＋動詞の原形〉で表す。　(2)「…するのにいくらかかりますか。」は〈How much is it to＋動詞の原形 …?〉で表す。　(3)「もし…したくないなら」は〈if＋主語＋don't want to＋動詞の原形 …〉の語順。　(4)「…するのを忘れる」は〈forget to＋動詞の原形〉，「食べ物」は「何か食べるもの」と考え，something to eatで表す。

◆ (1)ア　(2)イ　(3)イ　(4)ア

◆ (1)wants to　(2)Is, for　(3)to rain

◆ (1)I got up early to run in the park.
(2)Kyoko has many places to visit.
(3)What does Tom like to do?

◆ (1)To see[watch] movies is my favorite. [My favorite is to see[watch] movies.]
(2)Do you have anything to eat?

◆ (1)to be[become]
(2)農作物を監視するため。　(3)イ

◆ (1)A team of junior high school students in Osaka did.
(2)It will be helpful for sign language users.

解き方

◆ (1)「私はあなたにすぐ会うことを望んでいます。」toのあとの動詞は原形。　(2)「私は何か読むものがほしいです。」〈(代)名詞＋to＋動詞の原形〉で表す。　(3)「あなたはなぜオーストラリアに行ったのですか。」「英語を勉強するためです。」　(4)「友達といっしょに踊ることは楽しいです。」〈It is … to＋動詞の原形 ～.〉「～することは…です。」

◆ (1)「…したい」は〈want to＋動詞の原形〉で表す。主語が3人称単数なので，wantをwantsにする。　(2)〈It is … for — to＋動詞の原形 ～.〉「—にとって～することは…です。」の疑問文は，be動詞を文の最初に置く。　(3)「…し始める」は〈start to＋動詞の原形〉で表す。

◆ (1)「…するために」という目的は〈to＋動詞の原形〉で表す。　(2)「…すべき～」は〈(代)名詞＋to＋動詞の原形〉で表す。　(3)「トムは何をするのが好きですか。」という文にする。

◆ (1)「…すること」はto不定詞で表す。to不定詞が主語のときは3人称単数扱いなので，be動詞はisにする。　(2)「何か食べるもの」は〈(代)名詞＋to＋動詞の原形〉で表す。疑問文なのでanythingを使う。

◆ (1)「…になりたい」はwant to be[become] … で表す。　(2)第3段落3文目参照。to monitor cropsがthey(＝farmers) use dronesの目的を表す。　(3)アは第2段落3文目の内容と合わない。自分のためでなくみんなのため。イは第3段落4文目の内容と合う。ウは第4段落2・3文目の内容と合わない。野菜を植えたのではなく収穫した。

◆ (1)2文目参照。大阪の中学生チームが開発したとある。　(2)最終文参照。手話の使用者にとって役に立つだろうとある。

❶ (1)○　(2)○　(3)×

❷ (1)イ　(2)ウ　(3)ア

❸ (1)to help　(2)to watch　(3)decided to
(4)It's, to

❹ (1)to cook　(2)to drink　(3)Is, for, can

⑤ (1)It is difficult for me to read
(2)辞書を使うと長い時間がかかるだろうということ。
(3)No, she will not[won't]. (4)ア

⑥ (1)What do you want to be[become]?
(2)I want to buy something to eat.
(3)How long do you study to pass the exam?

解き方

❶ (1)soon[uː]，improve[uː]なので○。
(2)such[ʌ]，subtitle[ʌ]なので○。
(3)abroad[ɔː]，grow[ou]なので×。

❷ それぞれ印をつけた部分を最も強く発音する。
(1)orgánic (2)enginéer (3)póssible

❸ (1)「…する(ための)時間」は〈time to＋動詞の原形〉で表す。 (2)「…するために」という目的はto不定詞で表す。 (3)「…することを決める」は〈decide to＋動詞の原形〉で表す。 (4)「〜することは…です。」は〈It is … to＋動詞の原形 〜.〉で表す。

❹ (1)A「あなたの趣味は料理ですか。」B「はい，そうです。私は料理をすることが大好きです。」 (2)A「あなたはのどがかわいていますか。」B「はい，かわいています。私は何か飲むものがほしいです。」 (3)A「ブラウン先生が漢字を書くことは可能ですか。」B「はい，可能です。彼女は漢字を上手に書くことができます。」

❺ (1)「—にとって〜することは…です。」〈It is … for — to＋動詞の原形〜.〉の文にする。
(2)前文の内容をまとめる。 (3)「リョウコは次の土曜日忙しいですか。」リョウコの4番目の発言参照。忙しいのは次の日曜日。
(4)アはエイミーとリョウコの最初の発言と合う。イはエイミーの4番目の発言と合わない。先週ではなく先月。ウはエイミーとリョウコの最後の発言と合わない。

全訳

エイミー：あなたは今，何をしているの，リョウコ？
リョウコ：私は英語の宿題をしているの。私たちの先生が「英語の本を読んで，それについてのレポートを書きなさい」と言ったの。辞書なしで英語の本を読むのは私には難しいわ。
エイミー：もしそれを使うなら，長い時間がかかるでしょうね。
リョウコ：私もそう思います。全力を尽くすわ。

エイミー：すばらしいわ。私の手助けが必要なら，手伝うわよ。
リョウコ：ありがとう，エイミー。
エイミー：あのね，私は先月水族館に行ったの。またそこへ行きたいのよ。次の日曜日にいっしょにそこへ行きましょう。
リョウコ：ああ，私は次の日曜日，すべきことがたくさんあるの。次の土曜日はどう？
エイミー：次の週末はひまよ。次の土曜日に水族館に行きましょう。
リョウコ：ええ，そうしましょう。

⑥ **英作力UP↗** (1)「あなたは何になりたいですか。」という英文を作る。Whatのあとは疑問文の語順を続ける。 (2)「私は何か食べるものを買いたいです。」という英文を作る。「…したい」は〈want to＋動詞の原形〉，「何か…する(ための)もの」は肯定文では〈something to＋動詞の原形〉で表す。
(3)「あなたは試験に合格するために，どれくらい長く勉強しますか。」という英文を作る。「どれくらい長く」はHow longで文を始めて疑問文の語順を続ける。「…するために」はto不定詞で表す。「試験に合格する」はpass the exam。

┌─────────────────────────┐
│ **英作文の採点ポイント** │
└─────────────────────────┘
(　)内は(1)〜(3)それぞれの配点
□単語のつづりが正しい。(2点)
□(　)内に指定された語数で書いている。(2点)
□(1)want to be[become]を使って正しく書けている。 (2)〈something to＋動詞の原形〉を使って正しく書けている。 (3)指定語the examを使っている。また，How longを使って正しく書けている。(4点)

Lesson 3 〜 文法のまとめ③

pp.40〜41　　　　　　　　ぴたトレ1

Words & Phrases

(1)数える，計算する；重要である
(2)谷(間)，渓谷，山あい (3)霧，もや
(4)本だな (5)ついに；最後に (6)向こうに
(7)round (8)sign (9)because of …
(10)cloud (11)unique (12)cafe

❶ (1)ア (2)イ (3)イ (4)イ，ア
❷ (1)is, on (2)are, in

3 (1)There is a big tree over there(.)

(2)(We) couldn't see the lake because of (the fog.)

(3)Are there any restaurants (near here?) —No, there are not(.)

解き方 **1** 「…がある[いる]」はThere is[are] ....で表す。 (1)a catが単数なので, is。 (2)some benchesが複数なので, are。 (3)過去の文なので, were。 (4)疑問文は文の最初にbe動詞を置き, 答えの文でもthereを使う。

2 (1)「壁に1枚の絵がかかっています。」a pictureが単数なので, be動詞はis。「(壁)に」はon。 (2)「箱の中に3つのリンゴがあります。」three applesが複数なので, be動詞はare。「…の中に」はin。

3 (1)「向こうに」はover thereで表す。 (2)「…のために」はbecause of ...で表す。 (3)「…はありますか。」はIs[Are] there ...?で表す。Noで答えるときはNo, there is[are] not.で表す。

pp.42〜43 ぴたトレ**1**

Words & Phrases

(1)優れた, たいへんよい (2)小さな森, 林

(3)たくさんの… (4)air (5)mystery (6)hike

1 (1)ア (2)ア (3)イ (4)イ

2 (1)swimming (2)enjoyed taking

3 (1)Talking with Kate was a lot of fun(.)

(2)It started raining two hours (ago.)

(3)She does not like cooking(.)

(4)There were many children, weren't there(?)

解き方 **1** (1)「…することが好きである」は〈like＋動詞の-ing形〉で表す。 (2)動名詞が主語のときは, 3人称単数扱い。 (3)「…したい」は〈want to＋動詞の原形〉で表す。wantはto不定詞だけを目的語にとる動詞。 (4)付加疑問文。You are ...の文には〈, aren't you?〉をつける。

2 (1)「私は海で泳いで楽しみました。」swimの-ing形はmを重ねてingをつける。 (2)「私は星の写真を撮って楽しみました。」takeの-ing形はeをとってingをつける。

3 (1)「…するのはとても楽しかったです。」は〈動詞の-ing形 ... was a lot of fun.〉の語順で表す。 (2)「…し始める」は〈start＋動詞

の-ing形〉で表す。 (3)「…することが好きではない」は〈don't[doesn't] like＋動詞の-ing形 ...〉の語順で表す。 (4)There were ....の付加疑問文は〈, weren't there?〉をつける。

p.44 ぴたトレ**1**

Words & Phrases

(1)…を含めて (2)しかしながら, だが

(3)大きい, 広い；大規模な

(4)provide (5)enough (6)lack

1 (1)ア (2)ア

2 (1)turned into

(2)provided, with

解き方 **1** (1)a post officeが単数なので, be動詞はis。否定文なので, isのあとにnotを置く。 (2)any studentsが複数で過去の文なので, be動詞はwere。were notの短縮形はweren't。

2 (1)「…に変わる」はturn into ...で表す。 (2)「…に〜を提供する」はprovide ... with 〜 で表す。

p.45 ぴたトレ**1**

Words & Phrases

(1)ほかに (2)心温まる (3)heard (4)vote

1 (1)イ (2)ア

2 (1)something else (2)It's, for

(3)good choice

解き方 **1** (1)「あなたはどう思いますか。」はWhat do you think?で表す。 (2)「だれがアイデアがありますか。」と考え, Who has an idea?とする。

2 (1)「何かほかのもの」は肯定文ではsomething elseで表す。 (2)「—にとって…することは〜です。」は〈It is 〜 for — to ＋動詞の原形 ....〉で表す。 (3)「よい選択」はgood choiceで表す。

p.46 ぴたトレ**1**

Words & Phrases

(1)集まる, 集める (2)パレード, 行列

(3)非常にたくさんの… (4)recommend

(5)shelf (6)shelves

1 (1)ア (2)イ

2 (1)full of (2)best, join (3)There are

解き方 **1** (1)「…すること」は動名詞で表す。 (2)過去の文なので，joinedが適切。

2 (1)「…がみなぎっている」はbe full of …で表す。 (2)「…するのにいちばんよい〜」はthe best 〜 to …で表す。 (3)「…があります。」はThere is[are] ….で表す。two big festivals「２つの大きな祭り」は複数なので，be動詞はare。

p.47 **ぴたトレ1**

Words & Phrases
(1)草，芝草 (2)大声で，騒々しく
(3)２人で；２倍に (4)rule (5)traffic
(6)obey

1 (1)ア (2)イ

2 (1)must go (2)must not
(3)mustn't swim

解き方 **1** (1)mustのあとの動詞は主語が何であっても原形のまま。

2 (1)「…しなければならない」は〈must＋動詞の原形〉で表す。「寝る」はgo to bed。 (2)(3)「…してはいけない」は〈must not＋動詞の原形〉で表す。must notの短縮形はmustn't。

p.49 **ぴたトレ1**

1 (1)イ (2)イ (3)ア (4)イ，ア

2 (1)There was (2)enjoyed watching
(3)Writing, was (4)between, and

3 (1)I like listening to music (very much.)
(2)(My brother's) hobby is collecting cards(.)
(3)How many students are there (in your class?)
—There are thirty students(.)

解き方 **1** (1)two ballsが複数なので，areが適切。 (2)「…することをやめる」は〈stop＋動詞の-ing形〉で表す。 (3)「…したい」は〈want to＋動詞の原形〉で表す。 (4)any computersが複数なので，areが適切。答えの文でもthereを使う。

2 (1)「…がありました」はThere was[were] ….で表す。a big theaterは単数なので，be動詞はwas。 (2)「…して楽しむ」は〈enjoy

＋動詞の-ing形〉で表す。 (3)「…すること」はここでは動名詞(動詞の-ing形)で表す。動名詞が主語のとき，３人称単数扱い。過去の文なので，be動詞はwas。 (4)「…と〜の間に」はbetween … and 〜 で表す。

3 (1)「…するのが好きである」は〈like＋動詞の-ing形〉で表す。 (2)「…すること」は動名詞で表す。 (3)「何人の…がいますか」は〈How many＋名詞の複数形＋are there …?〉で表す。答えの文では具体的な数を答える。

pp.50〜51 **ぴたトレ2**

1 (1)エ (2)ウ (3)イ (4)ウ

2 (1)like playing (2)There weren't
(3)in reading

3 (1)Tom stopped playing the game.
(2)There are twelve boys in our team.
(3)You must not[mustn't] take pictures here.

4 (1)There is a hospital near my house.
(2)Swimming in the sea is fun.

5 (1)hiking (2)wasn't there
(3)暖かい湿った空気が夜に冷えると，霧になること
(4)ア

6 (1)It's about a manhole toilet.
(2)We have to open the manhole.

解き方 **1** (1)a lot of peopleは複数で，last Saturdayから過去の文だとわかるので，be動詞はwereが適切。 (2)「ジェーンは今，家を出なければなりません。」「…しなければならない」は〈must＋動詞の原形〉で表す。 (3)any textbooksは複数なので，be動詞はareが適切。 (4)enjoyは目的語に動名詞のみをとる動詞なので，skatingが適切。「マークはきのう友達とスケートをして楽しみました。」

2 (1)「…するのが好きである」は〈like＋動詞の-ing形〉で表す。 (2)「…がいませんでした」はThere was[were] not ….で表す。ここでは空所の数よりweren'tを使う。 (3)「…に興味がある」はbe interested in …で表す。前置詞のあとの動詞は-ing形。

3 (1)「…することをやめる」は〈stop＋動詞の-ing形〉で表す。 (2)「私たちのチームには12人の少年がいます。」という文に。「…がいる」

はThere is[are] ....で表す。 (3)「ここで写真を撮ってはいけません」という文にする。「…してはいけない」は〈must not[mustn't]＋動詞の原形〉で表す。

④ (1)「…がある」はThere is[are] ....,「…の近くに」はnear ...で表す。 (2)6語の指定より,「…すること」は動名詞で表す。

⑤ (1)enjoyは目的語に動名詞のみをとる動詞なので,-ing形にする。hikeの-ing形はeをとってingをつける。 (2)「…ですよね」と確認する付加疑問文。There was ....の文なので,wasn't thereをつける。 (3)前文の内容をまとめる。 (4)アはディヌーの最初の発言の2文目の内容と合う。イはブラウン先生とディヌーの2番目の発言の内容と合わない。Why is that?とあるので,ディヌーは霧が出た理由を知らなかったとわかる。ウはディヌーの最後の発言の内容と合わない。ディヌーは興味深いと思った。

⑥ (1)1文目に「これはマンホールトイレです。」とあり,続く文章もマンホールトイレについて書かれている。 (2)3文目の文末にfirstがあるので,3文目の後半の内容をまとめる。

pp.52～53 ぴたトレ3

❶ (1)× (2)○ (3)×

❷ (1)イ (2)イ (3)イ

❸ (1)Is there (2)there is
(3)Seeing[Watching], is
(4)must, eating[having]

❹ (1)like playing (2)Are there
(3)must not

❺ (1)ウ (2)There's
(3)How many members are there in
(4)ウ

❻ (1)I enjoyed taking pictures of flowers yesterday.
(2)I must do my homework now.
(3)How many teachers are there in your[our] school?

解き方 ❶ (1)wood[u], bamboo[u:]なので×。
(2)enough[ʌ], double[ʌ]なので○。
(3)heard[əːr], large[ɑːr]なので×。
❷ それぞれ印のついた部分を最も強く発音する。(1)províde (2)paráde (3)howéver

❸ (1)「…がありますか」はIs[Are] there ...?で表す。a bedが単数なのでIsを使う。 (2)答えの文でもthereを使う。 (3)「…すること」は動名詞で表す。動名詞が主語のとき,3人称単数扱いなので,be動詞はis。 (4)「…しなければならない」は〈must＋動詞の原形〉で表す。before「…の前に」は前置詞。前置詞のあとの動詞は-ing形にして動名詞にする。

❹ (1)A「あなたは何をするのが好きですか。」B「私はサッカーをするのが好きです。」
(2)A「この町には劇場がありますか。」B「いいえ。この町には劇場が1つもありません。」 (3)A「赤ちゃんが眠っています。ピアノを演奏してはいけません。」B「わかりました。」「…してはいけない」は〈must not＋動詞の原形〉で表す。

❺ (1)「…のために」はbecause of ...で表す。 (2)There isの短縮形はThere's。 (3)「あなたのチームには何人の部員がいますか。」という文にする。〈How many＋名詞の複数形＋are there in ...?〉で表す。 (4)アはマークの最初の発言と合わない。マークは先週の日曜日に見に行った。イはルミの2番目の発言と合わない。週末,町の体育館で練習試合をした。ウはルミの最後の発言と合う。

全訳
マーク：ぼくは先週の日曜日,きみたちのバレーボールの試合を見て楽しんだよ。ほんとうにわくわくした。きみはすごく活躍したね,ルミ。きみたちのチームはきみのおかげで勝ったんだよ。

ルミ：ありがとう,マーク。でも,私たちは私たちみんなが熱心にプレーしたから試合に勝ったのよ。

マーク：そうか。きみたちは毎日試合に向けて練習したの？

ルミ：ええ,そうよ。私たちは平日は学校の体育館で練習して,週末は町の体育館で練習したの。私たちの町には大きな体育館があるのよ。私たちはそこでたくさん練習試合をしたわ。

マーク：きみたちのチームには何人の部員がいるの？

ルミ：約40人よ。

マーク：わあ,じゃあ,試合に出るには熱心に練習しないといけないんだね。

ルミ：その通りよ。

マーク：次の試合はいつなの？

ルミ：私たちは来月試合がある予定よ。また見に来てね。

⑥ 英作力 UP↗ (1)「私はきのう花の写真を撮って楽しみました。」という英文を作る。「…して楽しむ」は〈enjoy＋動詞の-ing形〉，「…の写真を撮る」はtake pictures of …で表す。 (2)「私は今宿題をしなければなりません。」という英文を作る。「…しなければならない」は〈must＋動詞の原形〉で表す。 (3)「あなたの学校には何人の先生がいますか。」という英文を作る。数をたずねる〈How many＋名詞の複数形〉で文を始めて疑問文の語順are there …?を続ける。

英作文の採点ポイント

（　）内は(1)～(3)それぞれの配点

□単語のつづりが正しい。（2点）

□（　）内に指定された語数で書けている。（2点）

□(1)〈enjoy＋動詞の-ing形〉を使って正しく書けている。 (2)〈主語＋must＋動詞の原形 …〉を使って正しく書けている。 (3)〈How many＋名詞の複数形＋are there …?〉を使って正しく書けている。（4点）

Lesson 4 ～ Reading for Information 2

pp.54～55　　　ぴたトレ1

Words & Phrases

(1)おもちゃ (2)雑誌，定期刊行物 (3)ツル (4)図表，グラフ (5)…の真ん中(の)，中間(の) (6)観光，見物 (7)さいふ，札入れ (8)ウルル (9)シドニー (10)spend (11)invite (12)aunt (13)coat (14)guidebook (15)winter (16)wear (17)cold (18)glove

1 (1)イ (2)イ (3)ア (4)ア

2 (1)showed, picture (2)gave Toru

3 (1)She will sing Mr. Brown a song(.)
(2)I showed them the way to (the station.)
(3)Who gave you the bicycle(?)
　—My brother gave it to me(.)

解き方 1 (1)「AにBを与える」は〈give＋A＋B〉で表す。 (2)「AにBを作る」は〈make＋A＋B〉で表す。 (3)「AにBを教える」は〈teach＋A＋B〉で表す。 (4)「AにBを見せる」は〈show

＋A＋B〉で表す。

2 (1)「ケンタはお父さんに絵を見せました。」「AにBを見せる」は〈show＋A＋B〉で表す。 (2)「タクヤはトオルにプレゼントをあげました。」「AにBをあげる」は〈give＋A＋B〉で表す。

3 (1)「AにBを歌う」は〈sing＋A＋B〉で表す。 (2)「Aに…への道を教える」は〈show＋A＋the way to …〉で表す。 (3)「だれ」を表すWhoが主語の文。〈Who gave＋A＋B?〉の語順。答えの文では〈give＋B＋to＋A〉の語順にする。B(もの)が代名詞のときは，〈give＋A＋B〉の語順にできないので注意すること。

pp.56～57　　　ぴたトレ1

Words & Phrases

(1)英国(人)の，イギリス(人)の (2)探検家，探検者 (3)(人が)うれしい，うれしく思う (4)困惑した，戸惑った (5)巨大な (6)気難しい (7)眠い (8)落胆した，がっかりした (9)エアーズ・ロック (10)lonely (11)respect (12)hurt (13)native (14)tradition (15)special (16)name (17)sad (18)homework

1 (1)ア (2)イ (3)イ (4)ア

2 (1)made, bored (2)made, excited

3 (1)We call the boy Jun(.)
(2)Her words made me confused(.)
(3)This book made our town famous(.)
(4)What do your classmates call (you?)

解き方 1 (1)「AをBと呼ぶ」は〈call＋A＋B〉で表す。 (2)(4)「AをBにする」は〈make＋A＋B〉で表す。 (3)A(人)が代名詞のときは，meやhimなどの目的格にする。

2 〈make＋A＋B〉の形にする。 (1)「その映画はユイを退屈にさせました。」 (2)「そのサッカーの試合はダイキをわくわくさせました。」

3 (1)「AをBと呼ぶ」は〈call＋A＋B〉で表す。 (2)(3)「AをBにする」は〈make＋A＋B〉で表す。 (4)Whatで文を始めて，疑問文の形〈do＋主語＋call＋A?〉を続ける。

ぴたトレ**1**

Words & Phrases

(1)実際に(は)，実は，本当に
(2)(その)代わりに
(3)それ自身を(に)；それ自身　(4)祖先，先祖
(5)…のように見える　(6)act　(7)law
(8)society　(9)everything　(10)before

1 (1)ア　(2)ア　(3)イ　(4)ア

2 (1)made them　(2)Please, before
(3)bought, as　(4)like, itself
(5)make, better

3 (1)We will welcome you to (our house.)
(2)Do not run in (the aquarium.)
(3)I want to share these pictures with (my friends.)
(4)(His performance) made a lot of people surprised(.)

解き方 **1** (1)「AにBを教える」は〈teach＋A＋B〉で表す。　(2)「AをBにする」は〈make＋A＋B〉で表す。　(3)「(名詞)のように見える」は〈look like＋名詞〉で表す。　(4)「(その)代わりに」はinsteadで表す。

2 (1)(5)「AをBにする」は〈make＋A＋B〉で表す。　(2)「…してください」はplease，「…する前に」はbefore …で表す。　(3)「…として」はas …で表す。「買った」はbuyの過去形bought。　(4)「それ自身」はitselfで表し，直前の語を強めるはたらきをする。

3 (1)「…を〜歓迎する」はwelcome … to 〜で表す。　(2)「…してはいけない」は〈Do not[Don't]＋動詞の原形 ….〉で表す。　(3)「…したい」は〈want to＋動詞の原形〉，「〜と…を共有する」はshare … with 〜で表す。　(4)「AをBにする」は〈make＋A＋B〉で表す。

ぴたトレ**1**

Words & Phrases

(1)観光，見物　(2)(未来の)いつか，そのうち
(3)植物，草木　(4)ハイキング
(5)驚くべき，みごとな　(6)skill　(7)jungle
(8)guide　(9)Brazil　(10)player

1 (1)イ　(2)ア　(3)イ　(4)ア

2 (1)wants to　(2)to see　(3)I'll buy
(4)hope that　(5)teach[tell] us

3 (1)I want to visit World Heritage Sites (in Spain.)
(2)We will visit old temples (in Cambodia.)
(3)I can travel up the Amazon(.)
(4)(I) hope that I can make friends there(.)

解き方 **1** (1)「…に行く」はgo to …で表す。visitを使うときtoは不要。　(2)「…したい」は〈want to＋動詞の原形〉で表す。　(3)〈I hope (that)＋主語＋動詞 ….〉の形。このthatは「…ということ」という意味の接続詞。　(4)「…でしょう」は〈will＋動詞の原形〉で表す。

2 (1)(2)「…したい」は〈want to＋動詞の原形〉で表す。　(3)「…でしょう」は〈will＋動詞の原形〉で表す。空所の数に合わせてI willは短縮形I'llにする。　(4)「…だといいなと思う」は〈I hope (that)＋主語＋動詞 ….〉で表す。　(5)「AにBを教える」は〈teach＋A＋B〉で表す。

3 (1)「…したい」は〈want to＋動詞の原形〉で表す。　(2)「…するつもりだ」は〈will＋動詞の原形〉で表す。　(3)「…の上流に行く」はtravel up …で表す。　(4)「…だといいなと思う」は〈I hope (that)＋主語＋動詞 ….〉で表す。「友達を作る」はmake friends。

ぴたトレ**1**

Words & Phrases

(1)すぐに，ただちに　(2)(舟をオールで)こぐ
(3)(列車・バス・飛行機などの)乗客
(4)boat　(5)accident　(6)gate

1 (1)イ　(2)ア

2 (1)What happened　(2)Tell, more

解き方 **1** (1)「それはどうでしたか。」はHow did you like it?で表す。　(2)「えーと。」はLet me think.で表す。

2 (1)「何が起こったのですか。」はWhat happened?で表す。　(2)「もっと」は「もっと多くの物」と言いかえて，代名詞moreで表す。

ぴたトレ**1**

Words & Phrases

(1)上げる，持ち上げる　(2)終わらせる，終わる
(3)提出する　(4)until　(5)feeling　(6)greet

1 (1)イ　(2)ア

2 (1)has to　(2)didn't, to　(3)do, until

1 (1)あとにtoがあるので、「…しなければならない」を〈have to＋動詞の原形〉で表す。
(2)主語が3人称単数なので、「…する必要はない」は〈doesn't have to＋動詞の原形〉で表す。

2 (1)主語が3人称単数なので、「…しなければならない」は〈has to＋動詞の原形〉で表す。
(2)過去の文なので、「…する必要はなかった」は〈didn't have to＋動詞の原形〉で表す。
(3)「宿題をする」はdo one's homework、「…まで（ずっと）」はuntilで表す。

p.65　ぴたトレ1

1 (1)イ　(2)ア　(3)ア　(4)イ

2 (1)call me　(2)show her　(3)made, angry
(4)has to

3 (1)You must not speak Japanese (here.)
(2)We don't have to do our homework (today.)
(3)May I use this computer(?)
(4)(I) always keep my room clean(.)

1 (1)「A（人）にB（もの）を与える」は〈give＋A（人）＋B（もの）〉で表す。 (2)「AをBと名づける」は〈name＋A＋B〉で表す。 (3)「AをBにする」は〈make＋A＋B〉で表す。
(4)「…してくれませんか。」はCan you …?で表す。

2 (1)「AをBと呼ぶ」は〈call＋A＋B〉で表す。
(2)「A（人）にB（もの）を見せる」は〈show＋A（人）＋B（もの）〉で表す。 (3)「AをBにする」は〈make＋A＋B〉で表す。 (4)「…しなければならない」は〈have to＋動詞の原形〉で表す。主語が3人称単数なので、haveをhasにする。

3 (1)「…してはいけない」は〈must not＋動詞の原形〉で表す。 (2)「…する必要はない」は〈don't have to＋動詞の原形〉で表す。
(3)「…してもいいですか。」はMay I …?で表す。 (4)「AをB（の状態）に保つ」は〈keep＋A＋B〉で表す。

pp.66〜67　ぴたトレ2

1 (1)ウ　(2)ア　(3)エ　(4)イ

2 (1)middle of　(2)doesn't have
(3)named him

3 (1)The news made me sad.
(2)You have to[must] read a lot of books.
(3)Ms. Smith gave us a letter[a letter to us].

4 (1)She taught me math.
(2)The[That] movie makes him happy.

5 (1)彼らはあなた（たち）に彼らの芸術作品を見せるでしょう。 (2)ウ　(3)make
(4)・思い出の品（土産物）として岩（石）を持って行くこと。
　・神聖な場所の写真を撮ること。
(5)イ

6 (1)They look shy.
(2)Because they don't want to drift apart when they are sleeping.

1 (1)〈give＋A（人）＋B（もの）〉で表す。
(2)「トムはきょう早く家を出なければなりません。」主語が3人称単数なのでhas toにする。 (3)〈call＋A＋B〉のAが代名詞のときは、meやherなどの目的格にする。 (4)「私はケイトに数枚の写真[絵]を見せました。」

2 (1)「…の真ん中、中頃」はmiddle of …で表す。 (2)「…しなくてよい」は〈don't have to＋動詞の原形〉で表す。主語が3人称単数なので、doesn'tにする。 (3)「AをBと名づける」は〈name＋A＋B〉で表す。

3 (1)「私はその知らせを聞いたとき悲しかったです。」→「その知らせは私を悲しませました。」 (2)「あなたにとってたくさんの本を読むことは必要です。」→「あなたはたくさんの本を読まなければなりません。」 (3)「私たちはスミス先生から手紙をもらいました。」→「スミス先生は私たちに手紙をくれました。」

4 (1)「AにBを教える」は〈teach＋A＋B〉で表す。 (2)「AをBにする」は〈make＋A＋B〉で表す。

5 (1)〈show＋A＋B〉は「AにBを見せる」という意味。 (2)「AをBと共有する」は〈share＋A＋with＋B〉で表す。 (3)〈make＋A（名詞・代名詞）＋B（形容詞）〉で「AをBにする」という意味。 (4)第1段落6・7文目のDo not ….の内容をそれぞれまとめる。
(5)アは第1段落5文目の内容と合う。イは第1段落8文目の内容と合わない。ウは第1段落最終文の内容と合う。

6 (1)2・3文目参照。彼らは内気そうに見え

るとある。 (2)4・5文目参照。彼らは眠っているときに離れ離れになりたくないとある。

pp.68〜69 ぴたトレ3

① (1)× (2)○ (3)○

② (1)ア (2)イ (3)ア

③ (1)has to (2)named it (3)gave me
(4)made her

④ (1)teaches them (2)call him
(3)have to

⑤ (1)bought me (2)ア
(3)She gave (him) a cap.[She gave a cap to him.]
(4)ウ

⑥ (1)You must not play soccer in this park.
(2)Can[Will] you show us the book?
(3)The[That] news made me surprised.

解き方

① (1)coat[ou], law[ɔː]なので×。
(2)native[ei], sacred[ei]なので○。
(3)giant[ai], guide[ai]なので○。

② それぞれ印のついた部分を最も強く発音する。
(1)súnset (2)instéad (3)pássenger

③ (1)「…しなければならない」は〈have[has] to＋動詞の原形〉で表す。 (2)「AをBと名づける」は〈name＋A＋B〉で表す。 (3)「AにBを与える」は〈give＋A＋B〉で表す。
(4)「何が彼女を驚かせたのですか。」と考える。〈What made＋A（名詞・代名詞）＋B（形容詞）?〉の語順で表す。

④ (1)A「岡先生は彼らの理科の先生ですか。」B「はい，そうです。彼は彼らに理科を教えています。」 (2)A「あなたはあの少年を何と呼んでいますか。」B「私は彼をシュンと呼んでいます。」 (3)A「私は今，皿を洗わなければなりませんか。」B「いいえ，その必要はありません。」

⑤ (1)「A（人）にB（もの）を買う」は〈buy＋A（人）＋B（もの）〉で表す。 (2)「あなたの写真は私を幸せにします。」という文にする。「AをBにする」は〈make＋A＋B〉で表す。
(3)「ルーシーはケンタの誕生日に何をあげましたか。」ケンタの2番目の発言参照。 (4)アはルーシーの最初の発言と合わない。ルーシーは誕生日の翌日にプレゼントを渡した。イはケンタの3番目の発言と合わない。ケーキはケンタの母と姉[妹]が焼いた。ウ

は後半の対話の内容と合う。

全訳

ルーシー：きのうはあなたの誕生日だったわね。お誕生日おめでとう，ケンタ。これはあなたへのプレゼントよ。

ケンタ：ありがとう，ルーシー。それを開けてもいい？

ルーシー：もちろんよ。気に入るといいな。

ケンタ：わあ！ この帽子ほしかったんだよ。とても人気があるから，手に入れるのが難しいんだ。どうもありがとう。

ルーシー：どういたしまして。きのうは楽しい時間を過ごしたの？

ケンタ：うん，過ごしたよ。母と姉[妹]がぼくのためにケーキを焼いてくれたんだ。とてもおいしかったよ。父はぼくにカメラを買ってくれたんだ。ぼくはそれで写真を撮るために，あしたいくつかの寺院を訪れるつもりだよ。

ルーシー：それはすばらしいわ。あなたはよい写真を撮るわよね。私はそれらが好きよ。あなたの写真は私を幸せにしてくれるの。

ケンタ：本当？ それを聞いてうれしいよ。きみは日本の寺院と神社が好きだよね。

ルーシー：ええ，私はそれらが大好きよ。あした，あなたといっしょに行ってもいい？

ケンタ：もちろんだよ。いっしょに行こう。

⑥ **英作力UP↗** (1)「この公園ではサッカーをしてはいけません。」という英文を作る。「…してはいけない」は〈must not＋動詞の原形〉で表す。 (2)「私たちにその本を見せてくれませんか。」という英文を作る。「…してくれませんか。」は〈Can[Will] you＋動詞の原形...?〉，「AにBを見せる」は〈show＋A＋B〉で表す。 (3)「その知らせは私を驚かせました。」という英文を作る。「AをBにする」は〈make＋A＋B〉で表す。

( )内は(1)～(3)それぞれの配点

□単語のつづりが正しい。（2点）

□( )内に指定された語数で書けている。（2点）

□(1)〈must not＋動詞の原形〉を使って正しく書けている。 (2)〈Can[Will] you＋動詞の原形 …?〉，〈show＋A＋B〉を使って正しく書けている。 (3)〈make＋A＋B〉を使って正しく書けている。（4点）

READING FOR FUN 1

p.70 ぴたトレ**1**

Words & Phrases

(1)主人，住職，和尚　(2)少数の

(3)帰る，戻る　(4)worry　(5)shelf

(6)poison

1　(1)ア　(2)ア

2　(1)am, go　(2)Is, visit　(3)Yes, is

解き方 1　(1)be going toのあとの動詞は原形。 (2)主語が3人称単数なので，「…する予定ではない」は〈is not going to＋動詞の原形〉で表す。

2　(1)「…する予定です」は〈be going to＋動詞の原形〉で表す。主語がIなので，be動詞はam。 (2)主語が3人称単数なので，「…する予定ですか。」は〈Is＋主語＋going to＋動詞の原形 …?〉で表す。 (3)答えの文でもbe動詞を使う。

p.71 ぴたトレ**1**

Words & Phrases

(1)(ドアなどを)しめる，閉じる　(2)もの

(3)…を調べる　(4)wipe　(5)smell

(6)sugar

1　(1)ア　(2)イ

2　(1)Shall we　(2)let's not　(3)Shall we

(4)Yes, let's

解き方 1　(1)「…しましょうか。」は〈Shall we＋動詞の原形 …?〉で表す。 (2)誘いに応じるときは，Yes, let's.で表す。

2　(1)(3)「…しましょうか。」は〈Shall we＋動詞の原形 …?〉で表す。 (2)誘いを断るときは，No, let's not.で表す。 (4)誘いに応じるときは，Yes, let's.で表す。

p.72 ぴたトレ**1**

Words & Phrases

(1)冗談を言う，からかう

(2)からの；だれもいない　(3)ちょっと待って。

(4)believe　(5)break

(6)broke

1　(1)イ　(2)イ

2　(1)must be　(2)must be tired

(3)must be in

解き方 1　2　「…であるに違いない」はmust be …で表す。

2　(3)「トラブルに巻き込まれている」はbe in troubleで表す。

p.73 ぴたトレ**1**

Words & Phrases

(1)恐ろしい；ひどい，とても悪い

(2)ああ！，まあ！　(3)いったいどうしたんだ。

(4)ourselves　(5)ring　(6)punish

1　(1)イ　(2)ア　(3)イ

2　(1)will buy　(2)I'll wash　(3)am going to

解き方 1　(1)「…します」という意志は〈will＋動詞の原形〉で表す。 (2)「…する予定である」は〈be going to＋動詞の原形〉で表す。 (3)「…しなくてもよい」は〈don't have to＋動詞の原形〉で表す。

2　(1)「…するつもりである」は〈will＋動詞の原形〉〈be going to＋動詞の原形〉の両方で表せるが，空欄の数からwillを使う。 (2)I willの短縮形I'llを使う。 (3)「…することになっている」はすでに予定されている未来なので，〈be going to＋動詞の原形〉で表す。主語がIなので，be動詞はam。

pp.74～75 ぴたトレ**2**

1　(1)イ　(2)ア　(3)ウ　(4)ア

2　(1)right　(2)Don't worry　(3)going on

3　(1)Shall we go to see a movie (next Saturday?)

(2)What are you going to do (next weekend?)

(3)(I) will help you if you are in trouble(.)

4　(1)She must be angry.

(2)I will be[come, get] back in a few

minutes.

⑤ (1)Yes, let's　(2)check it out

(3)the pot

(4)イ

⑥ (1)He gives a part of his face to them.
[He gives them a part of his face].

(2)He is Baikinman.[It is Baikinman.]

解き方

① (1)「私は次の土曜日，ピアノを練習する予定です。」前にI'mがあるので，〈be going to＋動詞の原形〉の文にする。　(2)「忙しそうですね。私がきょう夕食を作りますよ。」忙しそうな様子を見て，その場できょうの夕食を作ろうと思ったと考え，〈will＋動詞の原形〉で意志を表す文にする。　(3)「放課後テニスをしましょうか。」「はい，そうしましょう。」相手を誘うときは〈Shall we＋動詞の原形 ...?〉で表す。　(4)「あの女性はトムのお母さんに違いありません。」「…に違いない」はmustで表す。

② (1)「その通り。」はYou're right.で表す。　(2)「…しないで。」は〈Don't＋動詞の原形 ....〉で表す。　(3)「いったいどうしたんだ。」はWhat's going on?で表す。

③ (1)「…しましょうか。」と相手を誘うときは〈Shall we＋動詞の原形 ...?〉，「…を見に行く」はgo to see ...で表す。　(2)Whatで文を始めて，be going toの疑問文の語順〈be動詞＋主語＋going to＋動詞の原形 ...?〉を続ける。　(3)「トラブルに巻き込まれている」はbe in troubleで表す。Iから始まっているので，〈if＋主語＋動詞 ...〉は文の後半に置く。

④ (1)「…であるに違いない」はmust be ...で表す。　(2)「数分のうちに」はin a few minutes，「戻ってくる」はbe[come, get] backで表す。

⑤ (1)Shall we ...?「…しましょうか。」という相手の誘いに応じるときはYes, let's.で表す。　(2)前文のcheck it outが省略されている。　(3)珍の2番目の発言のthe pot「つぼ」をさす。　(4)アは安の2番目の発言の2文目の内容と合う。イは珍の2番目と3番目の発言の内容と合わない。珍はつぼの中身が毒ではないのではないかと疑っている。ウは観の最初と2番目の発言の内容と合う。

⑥ (1)アオイの最初の発言の3文目参照。　(2)アオイの最後の発言参照。

Lesson 5 〜 Project 2

pp.76〜77　　　　　　ぴたトレ1

Words & Phrases

(1)重い　(2)北(の)

(3)(日本・フランスなどの)県，府

(4)深い　(5)島　(6)オークランド

(7)country　(8)south　(9)young

(10)America[the U.S.A.]　(11)New Zealand

(12)than

① (1)ア　(2)イ　(3)ア　(4)イ

② (1)younger than　(2)the largest

③ (1)His computer is newer than (mine.)

(2)Our team is the strongest in (this city.)

(3)(This is) the deepest lake in the world(.)

(4)Which is smaller, this T-shirt or that one(?)

解き方

① (1)「〜よりも…」は〈比較級＋than 〜〉で表す。　(2)(3)「〜の中でいちばん…」は〈the＋最上級＋in 〜〉で表す。　(4)「…よりも」はthan ...で表す。

② (1)「ショウタはケンよりも若いです。」youngの比較級は-erをつけてyoungerにする。　(2)「この公園は私の町の中でいちばん大きいです。」largeはeで終わる語なので，最上級は-stをつけてlargestにする。

③ (1)「〜よりも…である」は〈be動詞＋比較級＋than 〜〉で表す。　(2)「〜の中でいちばん…である」は〈be動詞＋the＋最上級＋in 〜〉で表す。　(3)「いちばん…な〜である」は〈be動詞＋the＋最上級＋名詞〉で表す。　(4)「AとBではどちらの方が…ですか。」は〈Which is＋比較級, A or B?〉で表す。

pp.78〜79　　　　　　ぴたトレ1

Words & Phrases

(1)比較する，比べる　(2)含む；含める

(3)文化の，文化的な　(4)高価な，貴重な

(5)独力で　(6)colorful　(7)list

(8)expensive　(9)foreign　(10)tunnel

① (1)ア　(2)イ　(3)ア　(4)ア

② (1)most, of　(2)more, than

③ (1)I am more careful than (my brother.)

　17

(2)The baseball player is the most famous in (Japan.)

(3)Your T-shirt is more colorful than (mine.)

(4)What is the most important thing (for you?)

解き方 **1** (1)difficultの比較級は前にmoreを置く。　(2)popularの最上級は前にmostを置く。形容詞の最上級にはtheをつける。　(3)「すべての中で」はof allで表す。　(4)excitingの比較級は前にmoreを置く。

2 (1)「この本は3冊の中でいちばんおもしろいです。」　(2)「この腕時計はあの腕時計より役に立ちます。」

3 (1)(3)〈主語＋be動詞＋more＋形容詞＋than ....〉の語順。　(2)〈主語＋be動詞＋the most＋形容詞＋in ....〉の語順。　(4)〈What is the most＋形容詞＋名詞 ...?〉の語順。

---

pp.80〜81 ぴたトレ**1**

Words & Phrases

(1)…だけれども，…という事実に関わらず

(2)ほんとうに，とても，かなり，まあまあ

(3)参加する，加わる

(4)(声・音が)大きい，うるさい，大声で，大きな音で

(5)楽しむ

(6)カリグラフィ，(教科の)書写，書道，書法

(7)daughter　(8)fee　(9)seafood

(10)flavor　(11)genre　(12)thick

1 (1)ア　(2)イ　(3)ア　(4)イ

2 (1)as, as　(2)as fast as

3 (1)Yuka practices the piano harder than (Kana.)

(2)(My brother) speaks French as well as you(.)

(3)Which do you like better (, baseball or soccer?)

(4)What sport does Mark like the best(?)

解き方 **1** (1)「〜と同じくらい…」は〈as＋形容詞＋as 〜〉で表す。　(2)earlyの最上級はyをiに変えて-estをつけて，earliestにする。　(3)「〜より…が好き」はlike ... better than 〜で表す。　(4)「〜の中で…がいちばん好き」

は like ... the best of[in] 〜で表す。

2 (1)「彼のかばんは私のものと同じくらい古いです。」　(2)「ケンジはサトルと同じくらい速く走りました。」

3 (1)Yuka practices the piano hard.の副詞hardの部分を〈比較級＋than ...〉にする。　(2)My brother speaks French well.の副詞wellの部分を〈as＋副詞＋as ...〉にする。　(3)「AとB，どちらの方が好きですか。」は〈Which do[does]＋主語＋like better, A or B?〉で表す。　(4)「何の…がいちばん好きですか。」は〈What＋名詞＋do[does]＋主語＋like the best?〉で表す。

---

pp.82〜83 ぴたトレ**1**

Words & Phrases

(1)提供する　(2)それ以上(の)；さらなる

(3)組織する，計画して準備する

(4)要約，まとめ　(5)2，3つの…

(6)…をありがとう　(7)choice　(8)half

(9)opportunity　(10)attach　(11)detail

(12)chose

1 (1)イ　(2)イ　(3)ア

2 (1)for helping　(2)Half of　(3)member of

(4)couple of

(5)forward, seeing[meeting]

3 (1)(That is) the longest river in Japan(.)

(2)My sister gets up as early as (I.)

(3)Lucy likes the sports festival the best of (all the school events.)

(4)My father offered me a room(.)

解き方 **1** (1)「…がいちばん好き」はlike ... the bestで表す。　(2)importantの最上級は前にmostをつけ，最上級の形容詞にはtheをつける。　(3)「…の方が好き」はlike ... betterで表す。

2 (1)「…してくれてありがとう」は〈Thank you for＋動詞の-ing形〉で表す。　(2)「…の半分」はhalf of ...で表す。　(3)「…のメンバー」はa member of ...で表す。　(4)「2，3(つ)の…」はa couple of ...で表す。　(5)「…するのを楽しみに待つ」は〈look forward to＋動詞の-ing形〉で表す。

3 (1)「いちばん〜な…」は〈the＋最上級＋名詞〉で表す。　(2)My sister gets up early.

の副詞earlyの部分をas early as ... にする。　(3)「…がいちばん好き」はlike ... the bestで表す。「…(複数のもの)の中で」はof ...で表す。　(4)「AにBを提供する」は〈offer A＋B〉で表す。

Words & Phrases

(1)バニラ　(2)俳優
(3)(…について)たずねる；問う　(4)味，風味
(5)favorite　(6)famous
(7)traditional　(8)third

1 (1)イ　(2)イ　(3)ア　(4)ア

2 (1)the second　(2)better than
(3)favorite, is　(4)kinds of

3 (1)I really like the character(.)
(2)Who is your favorite singer(?)
(3)The first was vanilla(.)
(4)I like new songs better than old ones(.)

解き方 1 (1)「…だと聞く」は〈hear (that)＋主語＋動詞 ...〉で表す。　(2)「たずねる」はask。　(3)popularの最上級は，前にmostをつける。　(4)「…番目に」は序数を使って表す。「3番目」はthird。
2 (1)「2番目」はthe secondで表す。　(2)「…より～が好き」はlike ～ better than ...で表す。　(3)「大好きな」はfavorite。　(4)「…の種類の～」は ... kind(s) of ～で表す。
3 (1)副詞really「本当に」はふつう一般動詞を修飾するときはその前に置く。　(2)「…はだれですか。」はWho is ...?で表す。　(3)「…番目」を表す序数の前にはふつうtheを置く。　(4)「…より～が好き」はlike ～ better than ...で表す。

Words & Phrases

(1)西洋カボチャ　(2)(年ごとの)記念日
(3)hat　(4)I'd

1 (1)イ，ア　(2)ア

2 (1)Shall, play　(2)let's

解き方 1 (1)電話で「…をお願いできますか。」はCan I speak to ...?で表す。それに対して「私です。」と答えるときはSpeaking.で表す。　(2)「…しませんか。」は〈Why don't we＋動

詞の原形 ...?〉で表す。
2 (1)「…しましょうか。」は〈Shall we＋動詞の原形 ...?〉で表す。　(2)相手の誘いに対して「ええ，そうしましょう。」と答えるときはYes, let's.で表す。

Words & Phrases

(1)会う，出会う　(2)見つける，見いだす
(3)fold　(4)arrange

1 (1)イ　(2)ア

2 (1)how to　(2)when to

解き方 1 (1)「…の仕方」は〈how to＋動詞の原形〉で表す。　(2)「何を…するか」は〈what to＋動詞の原形〉で表す。
2 (1)「どのように…するか」は〈how to＋動詞の原形〉で表す。　(2)「いつ…するか」は〈when to＋動詞の原形〉で表す。

1 (1)ア　(2)イ　(3)イ　(4)ア

2 (1)more, than　(2)the hardest
(3)better, or　(4)where to

3 (1)(This movie) is the most popular in (the world.)
(2)I have more books than (Shota.)
(3)(Can you tell me) how to get to the nearest (station?)
(4)My house is not as new as (yours.)

解き方 1 (1)「…より～」は〈比較級＋than ...〉で表す。youngの比較級はyoungerで表す。　(2)「いちばん上手に」はwellの最上級bestで表す。　(3)「…より」はthan ...で表す。　(4)「…と同じくらい～」は〈as＋形容詞＋as ...〉で表す。
2 (1)「…より～」は〈比較級＋than ...〉で表す。beautifulの比較級は前にmoreを置く。　(2)hardの最上級はhardestで表す。　(3)「AとBではどちらの方が好きですか。」は〈Which do[does]＋主語＋like better, A or B?〉で表す。　(4)「どこで…するか」は〈where to＋動詞の原形〉で表す。
3 (1)「…の中でいちばん～」は〈the＋最上級＋of[in] ...〉で表す。popularの最上級は前にmostを置く。　(2)I have many books.のmanyを比較級moreにして，文末にthan

...を置く。 (3)「…の仕方」は⟨how to＋動詞の原形⟩，「いちばん近い」はnearの最上級nearestで表す。 (4)「…ほど～ない」は⟨not as＋形容詞＋as ...⟩で表す。

pp.90～91 **ぴたトレ1**

Words & Phrases

(1)活動 (2)観光，見物 (3)スノーボード
(4)風景，景色 (5)温泉 (6)タイ
(7)博物館；美術館 (8)cultural (9)clothes
(10)result (11)survey (12)skiing (13)forest
(14)shrine

☐ (1)イ (2)ア (3)ア (4)ア

② (1)not use (2)need
(3)Do not[You mustn't]

③ (1)You must visit the amusement park (when you go to Osaka.)
(2)You can go there on foot(.)
(3)(The mountain) shows us the power of nature(.)
(4)Wash your hands before you have lunch(.)

解き方 ☐ (1)命令文なので，動詞の原形で文を始める。 (2)「…未満」はunder ...で表す。 (3)「…で有名である」はbe famous for ...で表す。 (4)「…ではなく」はnot ...で表す。

② (1)(3)「…してはいけない」という禁止は⟨Do not＋動詞の原形 ...⟩で表す。看板などの表記はDon'tと短縮形にしないことが多い。 (2)「…が必要である」はneed ...で表す。

③ (1)「…しなければならない」は⟨must＋動詞の原形⟩で表す。 (2)「徒歩で」はon footで表す。 (3)「(人)に(もの)を示す」は⟨show＋人＋もの⟩で表す。 (4)「…する前に」はbefore ...で表す。

pp.92～93 **ぴたトレ2**

① (1)エ (2)ア (3)ア (4)エ

② (1)warmer, than (2)for inviting
(3)forward, visiting

③ (1)earlier than (2)most, of
(3)not as, as

④ (1)My brother likes soccer better than basketball.
(2)They knew how to use this computer.

⑤ (1)文化的な活動は観光や買い物と同じくらいおもしろかったです。 (2)ア
(3)①(The tourist) liked wearing a kimono better(.)
②No, it was not[wasn't](.) (4)ア

⑥ (1)He was surprised to see that soccer is more popular than baseball.
(2)Tennis is.

解き方 ① (1)「ダイキはチームでいちばん熱心にサッカーを練習します。」 (2)「このかばんはあのかばんより高価です。」expensiveの比較級は前にmoreを置く。 (3)「オーストラリアでは1月は2月と同じくらい暑いです。」⟨as＋形容詞＋as⟩の形容詞はもとの形。 (4)「富士山は日本でいちばん高い山です。」

② (1)warmの比較級は-erをつけてwarmerとする。「…より」はthan ...で表す。 (2)「…してくれてありがとう。」は⟨Thank you for＋動詞の-ing形 ....⟩で表す。「招待する」はinvite。 (3)「…するのを楽しみに待つ」は⟨look forward to＋動詞の-ing形⟩で表す。

③ (1)「私の母は5時半に起きて，父は6時に起きます。」→「私の母は父より早く起きます。」 (2)「トムは3つの帽子を持っています。ケイトは5つの帽子を持っています。ジュディは15個の帽子を持っています。」→「ジュディは3人の中でいちばん多くの帽子を持っています。」manyの最上級はmost。 (3)「このTシャツはあのTシャツよりも大きいです。」→「あのTシャツはこのTシャツほど大きくありません。」「…ほど～ない」は⟨not as＋形容詞＋as ...⟩で表す。

④ (1)「…より～の方が好き」はlike ～ better than ...で表す。 (2)「…の仕方」は⟨how to＋動詞の原形⟩で表す。

⑤ (1)⟨as＋形容詞＋as ...⟩は「…と同じくらい～」という意味。Theyは前文のcultural activitiesをさす。 (2)「…がいちばん好き」はlike ... the bestで表す。 (3)①「観光客は日本の書道と着物を着ることのどちらの方が好きでしたか。」本文4・5文目参照。 ②「観光客にとって，着物を着ることは買い物よりおもしろかったですか。」本文2・3文目参照。 (4)アは本文1文目の内容と合う。イは本文1～3行目の内容と合わない。ウは本文5文目の内容と合わない。

⑥ (1)「ソラが男子の間で人気のあるスポーツを

知ったとき，どう感じましたか。」ソラの発言の２文目参照。ソラはサッカーが野球より人気があることがわかって驚いたとある。(2)「何が女子の間でいちばん人気のあるスポーツですか。」アオイの発言の１文目参照。テニスがいちばん人気があるとある。

pp.94〜95 **ぴたトレ3**

① (1)〇 (2)× (3)〇

② (1)ア (2)ア (3)イ

③ (1)most exciting (2)newer (3)earliest
(4)bigger (5)more important

④ (1)what to (2)how to (3)the busiest
(4)as, as

⑤ (1)I like winter better than summer.
(2)ウ
(3)(She wants to go there) In December.
(4)ウ

⑥ (1)Your[This] bag is smaller than mine.
(2)What sport(s) do you like the best?
(3)This question was the most difficult
of the three.

解き方 **①** (1)tunnel[ʌ], country[ʌ]なので〇。
(2)north[θ], although[ð]なので×。
(3)heavy[e], member[e]なので〇。
② それぞれ答えの部分を最も強く発音する。
(1)fóreign (2)préfecture (3)particípate
③ (1)前にthe，あとにof all the moviesがあるので最上級にする。excitingの最上級は前にmostを置く。 (2)あとにthanがあるので比較級にする。newの比較級は-erをつけてnewerとする。 (3)前にthe，あとにin my classがあるので最上級にする。earlyの最上級はyをiに変えて-estをつけて，earliestとする。 (4)「あなたのイヌはルーシーのイヌより大きいです。」bigの比較級はgを重ねて-erをつけて，biggerとする。 (5)あとにthanがあるので比較級にする。importantの比較級は前にmoreを置く。
④ (1)「何を…するか」は〈what to＋動詞の原形〉で表す。 (2)「…の仕方」は〈how to＋動詞の原形〉で表す。 (3)busyの最上級はyをiに変えて-estをつけて，busiestとする。 (4)「…ほど〜ない」は〈not as＋形容詞＋as ...〉で表す。

⑤ (1)前後の文脈から，「私は夏より冬の方が好きです。」という文にする。 (2)「私はすべての季節の中で夏がいちばん好きです。」という文にする。 (3)「ケイトはいつオーストラリアに行きたいですか，８月ですか，それとも12月ですか。」ケイトの３番目の発言参照。 (4)アはケイトの最初の発言と合わない。ケイトではなくマナ。イはマナの２番目の発言と合わない。語学学校に通ったのは平日の午前中。ウはマナの４番目の発言と合う。

全訳

ケイト：あなたは２日前にオーストラリアから戻ってきたのよね？　そこにはどのくらい滞在したの？

マナ：約１か月そこに滞在したわ。

ケイト：どうだった？

マナ：平日は，午前中，語学学校で英語を勉強して，午後はクラスメイトといくつかのおもしろい場所を訪れたの。今，オーストラリアは冬だから，私はとても心地よかったわ。私は夏より冬の方が好きなの。きょうはとても暑いから，気分が良くないわ。

ケイト：私はすべての季節の中で夏がいちばん好きよ。もし12月か１月にそこに滞在したら，夏を楽しめるのね。

マナ：その通りよ。あなたはどうして夏が好きなの，ケイト？　とても暑いと，私は具合が悪くなるわ。

ケイト：夏には，花火大会やお祭りのようなイベントを楽しむことができるわ。海やプールで泳いで楽しむこともできるのよ。私は泳ぐことが好きなの。

マナ：なるほどね。あした私たちの町の夏祭りが開かれるわ。私は浴衣を着て姉[妹]といっしょにそのお祭りに行くの。あなたはそれを着たい？

ケイト：ええ，でも私は浴衣を持っていないわ。

マナ：私の浴衣を着られるわ。私はいくつか浴衣を持っているの。

⑥ 英作力 UP♪ (1)「あなたの[この]かばんは私のものより小さいです。」という英文を作る。「…より〜」は〈比較級＋than ...〉で表す。(2)「あなたはどんなスポーツがいちばん好きですか。」という英文を作る。〈What＋名詞〉で文を始めて，do you like the best?を続ける。 (3)「この質問が３つの中でいちば

ん難しかったです。」という英文を作る。「…
の中でいちばん〜」は〈the ＋最上級＋ of[in]
…〉で表す。「３つの中で」はofを使う。

英作文の採点ポイント

（　）内は(1)〜(3)それぞれの配点
□単語のつづりが正しい。（２点）
□（　）内に指定された語数で書いている。（２点）
□(1)〈比較級＋than …〉を使って正しく書けている。
　(2)〈What ＋名詞＋ do you like the best?〉を
　使って正しく書けている。　(3)〈the ＋最上級＋
　of …〉を使って正しく書けている。（４点）

Lesson 6 〜 Reading for Information 4

pp.96〜97　　　　　ぴたトレ1

Words & Phrases

(1)ほとんど，ほぼ　(2)竜，ドラゴン
(3)たくさんの…　(4)…歳　(5)been
(6)known　(7)kept　(8)jazz
1 (1)イ　(2)イ　(3)イ　(4)ア
2 (1)have wanted　(2)has been, since
3 (1)(Satoru) has studied Chinese since
　(last month.)
　(2)(I) have been a soccer fan for (seven
　years.)
　(3)(I) have kept the letter since (I was
　five years old.)
　(4)(Kate) has been interested in
　Japanese since (then.)

解き方 1 (1)現在完了形の文は〈have[has] ＋動詞の過
　去分詞〉で表す。be動詞の過去分詞はbeen。
　(2)主語が３人称単数なのでhasを使う。
　(3)「…から」はsince …で表す。　(4)「５年間」
　なので，for …で表す。
　2 (1)「私たちは何年もの間イヌがほしいと思っ
　ています。」　(2)「ブラウン先生はきのうから
　ずっと忙しいです。」
　3 (1)「先月から」はsince last monthで表す。
　(2)「７年間」はfor seven yearsで表す。
　(3)「…だったころから」は〈since ＋主語＋動
　詞 …〉で表す。　(4)「…に興味がある」はbe
　interested in …で表す。このbe動詞を
　beenにして，has been interested in …
　とする。

pp.98〜99　　　　　ぴたトレ1

Words & Phrases

(1)ほとんど，おおかた；もう少しで
(2)花の咲いている　(3)指導者，リーダー
(4)長い間　(5)達人，名人　(6)ready　(7)lead
(8)manager　(9)coach　(10)skillful
1 (1)ア，イ　(2)イ，イ　(3)イ，ア
2 (1)long has, Since
　(2)long have, been, For
3 (1)Have you known him for (four years?)
　(2)How long has Judy lived in (Japan?)

解き方 1 (1)主語の前にhaveを出す。答えの文でも
　haveを使う。　(2)現在完了形の疑問文の動
　詞は過去分詞。主語が３人称単数なので
　hasを使う。　(3)「どれくらい長く」はHow
　longで文を始める。「３日間」はfor three
　daysで表す。
　2 (1)「サラはどれくらいの間，美術部に所属し
　ていますか。」「昨年からです。」　(2)「あなた
　はどれくらいの間，具合が悪いですか。」
　「数日間です。」
　3 (1)〈Have[Has]＋主語＋動詞の過去分詞 …?〉
　で表す。　(2)「いつから」は「どれくらい長く」
　と考え，〈How long have[has] ＋主語＋動
　詞の過去分詞 …?〉で表す。

pp.100〜101　　　　　ぴたトレ1

Words & Phrases

(1)食事　(2)専門家
(3)(肉を)焼く，あぶる；(豆やお茶などを)いる
(4)湿気の多い，じめじめした
(5)ふつう；一般に　(6)東アジア　(7)理解する
(8)型，タイプ，種類　(9)…の間(のいつか)に
(10)苦い；つらい　(11)中国人，中国語
(12)このようにして　(13)prepare　(14)root
(15)medicine　(16)leaves　(17)rich
(18)Europe　(19)active　(20)gift　(21)same
(22)age　(23)century　(24)different
1 (1)イ　(2)ア　(3)ア　(4)イ
2 (1)In, way　(2)any other
　(3)second highest　(4)has been, since
3 (1)We have been in Australia for (three
　months.)
　(2)(My brother) has been a tennis fan for

a long time(.)

(3)(My father) has been busy for a week(.)

(4)(The cat) has been on the bench since last night(.)

1 (1)(4)現在完了形の文なので，has been が適切。 (2)主語が複数なので，have を使う。 (3)直前に have，直後に形容詞の sick があるので，been が適切。

2 (1)「このようにして」は in this way で表す。 (2)「ほかのどの…より～」は〈比較級＋than any other ＋名詞の単数形〉で表す。 (3)「…番目に～な―」は〈the ＋序数＋最上級＋名詞〉で表す。 (4)「ずっと…である」は have[has] been …で表す。主語が 3 人称単数なので has を使う。「…から」は since …で表す。

3 (1)「ずっと…にいる」は〈have[has] been ＋場所を表す語句〉で表す。「…の間」は for …で表す。 (2)「長い間」は for a long time で表す。 (3)「ずっと…である」は〈have[has] been ＋名詞・形容詞など〉で表す。 (4)「ベンチの上に」は on the bench，「昨夜から」は since last night で表す。

pp.102～103 ぴたトレ**1**

Words & Phrases

(1)意味 (2)フクロウ (3)心から；敬具
(4)日本式の (5)stress (6)towel (7)wrap
(8)kitchen

1 (1)イ (2)ア (3)イ (4)ア (5)イ

2 (1)tastes like (2)Try using
(3)I hope (4)put, by

3 (1)I like the shape of the bookmark(.)
(2)This paper craft is a gift for you(.)
(3)This design has a meaning(.)
(4)(Japanese people) have used it as a lucky charm(.)

1 (1)「…は何ですか。」は〈What ＋ be 動詞 …?〉で表す。ここでは What is の短縮形 What's にする。 (2)Tシャツにかかれている絵について述べているので，on が適切。何かに接しているものを言うときは on を使う。 (3)「(言語)で」は〈in ＋言語名〉で表す。 (4)「…として」は as …で表す。 (5)「…なしで」は without …で表す。

2 (1)「…のような味がする」は taste like …で表す。主語が 3 人称単数なので，tastes とする。 (2)「試しに…する」は〈try ＋動詞の -ing 形〉で表す。 (3)「…だといいなと思う。」は〈I hope (that) ＋主語＋動詞 ….〉で表す。 (4)「…を置く」は put，「…のそばに」は by …で表す。

3 (1)「…の形」は the shape of …で表す。 (2)「…への贈り物」は a gift for …で表す。 (3)「意味がある」→「意味を持っている」と考える。 (4)「ずっと…している」は現在完了形〈have[has] ＋動詞の過去分詞〉で表す。「…として」は as …で表す。

pp.104～105 ぴたトレ**1**

Words & Phrases

(1)サービス係，係員
(2)困ったこと；故障，ぐあいの悪い所
(3)逃げる (4)感謝する (5)行方不明の
(6)…を求める (7)カピバラ
(8)はい，お願いします。 (9)under
(10)train (11)staff (12)meter
(13)centimeter (14)pocket (15)help (16)tall

1 (1)ア (2)イ (3)ア (4)イ

2 (1)Do, need (2)appreciate
(3)have, problem (4)is under
(5)is missing

3 (1)(The pencil) is about fifteen centimeters long(.)
(2)(I) think the key fell out in the park(.)
(3)We asked Mr. Brown for help(.)
(4)Shall I open the window(?)
—Yes, please(.)

1 (1)(4)「…しましょうか。」と言う場合，その動作をするのは話し手なので，主語は I。 (2)「トラブルに巻き込まれている」は be in trouble で表す。 (3)「いったいどうしたの？」は What's the matter with you? で表す。

2 (1)「…が必要ですか。」は〈Do[Does] ＋主語＋ need …?〉で表す。 (2)「感謝します。」は I appreciate it. で表す。 (3)「問題がある」→「問題を持っている」と考える。 (4)「(…に)いる」は be 動詞，「…の下に」は under …で表す。 (5)「…が行方不明です。」は〈主語＋ be 動詞＋ missing.〉で表す。

3 (1)「…の長さ」は〈 ... ＋単位＋long〉で表す。 (2)「落ちる」はfall outで表す。 (3)「…に助けを求める」はask ... for helpで表す。 (4)「…しましょうか。」は〈Shall I＋動詞の原形 ...?〉で表し、申し出を受けるときはYes, please.で表す。

p.106 **ぴたトレ1**

Words & Phrases

(1)(教室などで配る)プリント (2)音量
(3)大きくする (4)copy (5)slowly (6)hint

1 (1)ア (2)イ

2 (1)Could you (2)of course

解き方
1 (1)「…していただけませんか。」は〈Could you＋動詞の原形 ...?〉で表す。 (2)依頼を断るときはI'm afraid I can't.などで表す。

2 (1)「…していただけませんか。」は〈Could you＋動詞の原形 ...?〉で表す。文末に〈, please?〉をつけるとよりていねいになる。 (2)依頼を承諾するときはYes, of course.などで表す。

p.107 **ぴたトレ1**

1 (1)ア (2)イ (3)ア

2 (1)Boil, until (2)on, add
(3)can[may], instead (4)Enjoy, meal

解き方
1 (1)「…の間」は〈for＋時間〉で表す。 (2)「…で」と道具を表すときはwith ...で表す。 (3)「…を〜に切る」は〈cut ... into 〜〉で表す。

2 (1)「…を煮る」はboil、「…するまで」は〈until＋主語＋動詞 ...〉で表す。 (2)「…次第で」はdepending on ...、「…を加える」はaddで表す。 (3)「…してもよい」は〈can[may]＋動詞の原形〉で表す。「…の代わりに」はinstead of ...で表す。 (4)「食事をお楽しみください。」はEnjoy your meal.で表す。

pp.108〜109 **ぴたトレ2**

1 (1)エ (2)ア (3)ウ (4)ア
2 (1)Could you (2)has been
(3)long have
3 (1)taught, since (2)have, for
(3)have, for
4 (1)I have been tired since yesterday.

(2)Yuri has stayed in China since last month.
5 (1)How long have you worked there(?)
(2)(中国茶の達人になるための)試験
(3)①Yes, she has.
②(She wants to be) A Chinese tea master.
(4)イ
6 (1)They gathered at a little village in Spain.
(2)They started to throw tomatoes at each other.

解き方
1 (1)「先週からずっと晴れています。」主語が3人称単数なので、hasが適切。 (2)「私たちは10年間札幌に住んでいます。」主語が複数なので、haveが適切。 (3)「私の兄[弟]は長い間コンピューターをほしいと思っています。」「長い間」はfor a long time。 (4)「私の父は少年のころからギターを演奏しています。」「…のころから」は〈since＋主語＋動詞 ...〉で表す。
2 (1)「…していただけますか。」とていねいに依頼するときは〈Could you＋動詞の原形 ...?〉で表す。 (2)主語がVisiting Australia「オーストラリアを訪れること」で3人称単数なので、〈has＋動詞の過去分詞〉の形にする。be動詞の過去分詞はbeen。 (3)「どれくらい長く」を表すHow longで文を始めて、現在完了形の疑問文の語順〈have[has]＋主語＋動詞の過去分詞 ...?〉を続ける。
3 (1)「ブラウン先生は昨年から英語を教えています。」という現在完了形の文にする。「…から」はsince ...で表す。 (2)「私は3年間看護師です。」という現在完了形の文にする。「…の間」はfor ...で表す。 (3)「彼らは数日間大阪に滞在しています。」という現在完了形の文にする。「…の間」はfor ...で表す。
4 (1)「きのうからずっと…である」は〈have[has] been＋形容詞＋since yesterday〉で表す。「疲れて」はtired。 (2)stayの過去分詞はstayed。「先月から」はsince last monthで表す。
5 (1)〈How long have[has]＋主語＋動詞の過去分詞 ...?〉の語順。 (2)itがさすのは前文のa test。 (3)①メイの最初と2番目の発言と、リクの最初の発言参照。②メイの2

番目の発言参照。　(4)アはメイの２番目の発言の３文目の内容と合わない。テストは来月ではなく来週。イはメイの最後の発言の４文目の内容と合う。ウはリクの最後の発言の内容と合わない。

◆ (1)本文２文目参照。たくさんの人々がスペインのある小さな村に集まったとある。
(2)本文３文目参照。人々はおたがいにトマトを投げ合い始めたとある。

pp.110〜111　ぴたトレ3

❶ (1)×　(2)○　(3)○
❷ (1)イ　(2)ア　(3)ア
❸ (1)you answer　(2)stayed, since
(3)has been, for　(4)Have you
❹ (1)we haven't　(2)For　(3)has, since
❺ (1)You have lived in Japan for three years(.)
(2)イ
(3)(She has taught it) For two months.
(4)ウ
❻ (1)I have been busy since this morning.
(2)I have used this guitar for eight years.
(3)How long have you lived in Japan?

解き方

❶ (1)r<u>ea</u>dy[e]，l<u>ea</u>d[i:]なので×。
(2)c<u>oa</u>ch[ou]，r<u>oa</u>st[ou]なので○。
(3)<u>ow</u>l[au]，t<u>ow</u>el[au]なので○。
❷ それぞれ印のついた部分を最も強く発音する。
(1)prepáre　(2)mánager　(3)céntimeter
❸ (1)「…していただけますか。」は〈Could you＋動詞の原形 ...?〉で表す。　(2)前にI haveがあるので，現在完了形の文。「滞在する」はstay，「…から」はsince ...で表す。
(3)「この本は２か月間ずっと人気です。」と考える。「ずっと…である」は〈have[has]been ...〉で表す。「…の間」はfor ...で表す。
(4)現在完了形の疑問文は〈Have[Has]＋主語＋動詞の過去分詞 ...?〉で表す。
❹ (1)A「あなたとケイトは長い間よい友達ですか。」B「いいえ，ちがいます。私たちは昨年友達になりました。」　(2)A「どれくらい長く晴れているのですか。」B「約５日間です。」
(3)A「あなたのお父さんは上手な野球選手ですね。」B「はい。彼は中学生のときからそれをしています。」
❺ (1)「あなたは３年間日本に住んでいるのです

ね。」という現在完了形の文にする。〈have＋動詞の過去分詞〉の形。　(2)「…を楽しみに待つ」は〈look forward to＋動詞の-ing形〉で表す。　(3)「スミス先生はどれくらいの間サオリの学校で英語を教えているのですか。」という質問。スミス先生の２番目の発言の２文目参照。「２か月前に教え始めた」→「２か月間教えている」(4)アはサオリの最初の発言の２文目の内容と合う。イはスミス先生の３番目の発言の内容と合う。日本語の読み書きは簡単ではないと言っている。ウはスミス先生の４番目の発言の１文目の内容と合わない。高校ではなく大学。

全訳

サオリ：私は学校新聞を書いています。その中で，先生についての記事を書きたいと思っています。いくつか質問してもいいですか。

スミス先生：もちろんです。

サオリ：先生はイギリス出身ですよね。いつ日本に来たのですか。

スミス先生：私は３年前に日本に来て，横浜の学校で英語の先生になりました。それから，２か月前に東京のこの学校でそれを教え始めました。

サオリ：先生は３年間日本に住んでいるのですね。授業では先生は英語しか話しませんが，日本語を話すのですか。

スミス先生：はい，でも私にとってそれを読んだり書いたりするのは簡単ではありません。

サオリ：先生はどのようにして日本語を学んだのですか。

スミス先生：私はイギリスの大学で日本語を勉強しました。高校生だったとき，ある日本映画を見ました。そのあと，日本に興味を持ちました。私は映画や音楽のような日本文化が好きです。それらについて生徒たちと話したいです。

サオリ：いいですね！　しましょう。お時間をとっていただきありがとうございました。

スミス先生：学校新聞を読むのが楽しみです。

❻ 英作力UP↑　(1)「私は今朝からずっと忙しいです。」という英文を作る。「ずっと…である」は〈have been＋形容詞〉で表す。
(2)「私は８年間このギターを使っています。」

という英文を作る。「ずっと…している」は
〈have＋動詞の過去分詞〉で表す。 (3)「あな
たはどれくらい長く日本に住んでいるので
すか。」という英文を作る。

英作文の採点ポイント

( )内は(1)〜(3)それぞれの配点
□単語のつづりが正しい。（2点）
□( )内に指定された語数で書けている。（2点）
□(1)〈I have been ... since 〜.〉を使って正しく
書けている。 (2)〈I have＋動詞の過去分詞 ...
for 〜.〉を使って正しく書けている。 (3)〈How
long have you＋動詞の過去分詞 ...?〉を使っ
て正しく書けている。（4点）

Lesson 7 〜 Project 3

pp.112〜113 ぴたトレ**1**

Words & Phrases

(1)前(の)；前方(の) (2)だれか，ある人
(3)(手足などを)伸ばす (4)市役所
(5)遅い，ゆっくりとした (6)…してはどうか。
(7)喜んで。 (8)breath (9)lucky (10)arrive
(11)done (12)sent (13)just (14)yet

1 (1)ア (2)イ (3)ア (4)イ
2 (1)has already (2)have already left
3 (1)Do you have a minute(?)
(2)Why don't you visit the museum(?)
(3)I have not seen the movie yet(.)
(4)I have just heard the news(.)

解き方
1 (1)「ちょうど」はjustを過去分詞の前に置く。
(2)否定文で「まだ」と言うときは，yetを文末
に置く。 (3)肯定文で「もう」と言うときは，
alreadyを過去分詞の前に置く。 (4)「もう
…しましたか。」は〈Have[Has]＋主語＋動
詞の過去分詞 ... yet?〉で表す。
2 (1)「リョウはその本をもう読み終えました。」
(2)「私の両親はもう家を出ました。」
3 (1)「ちょっといいですか。」→「少し時間はあ
りますか。」 (2)「…してはどうですか。」は
〈Why don't you＋動詞の原形 ...?〉で表す。
(3)「まだ…していません。」は〈主語＋have[has]
not＋動詞の過去分詞 ... yet.〉で表す。
(4)「ちょうど…したところです。」は〈主語＋
have[has] just＋動詞の過去分詞 ....〉で表す。

pp.114〜115 ぴたトレ**1**

Words & Phrases

(1)始まる，始める (2)たった，ほんの
(3)表す，意味する (4)たった1つ（1人）の
(5)…へようこそ。 (6)演じる
(7)conversation (8)ever (9)twice
(10)riding (11)seen (12)worn

1 (1)イ (2)ア，ア (3)イ
2 (1)climbed, twice (2)have baked, times
3 (1)Welcome to our school(.)
(2)Has Kate ever eaten *natto*(?)
　—Yes, she has(.)
(3)I have never worn a kimono(.)

解き方
1 (1)「3回」はthree timesで表す。 (2)「今ま
でに」はeverで表す。haven'tはhave not
の短縮形。No, I never.とは言わない。
(3)「一度も…したことがない」は〈have[has]
never＋動詞の過去分詞〉で表す。neverに
否定の意味があるので，hasn't neverとは
しない。
2 (1)「カナは2回富士山に登ったことがありま
す。」「2回」はtwiceで表す。 (2)「私は何度
もクッキーを焼いたことがあります。」「何
度も」はmany timesで表す。
3 (1)「…へようこそ。」はWelcome to ....で表
す。 (2)「今までに…したことがありますか。」
は〈Have[Has]＋主語＋ever＋動詞の過去
分詞 ...?〉で表す。答えの文でもhave[has]
を使う。 (3)「一度も…したことがありませ
ん。」は〈主語＋have[has] never＋動詞の
過去分詞 ....〉で表す。

pp.116〜117 ぴたトレ**1**

Words & Phrases

(1)わかる心，感覚 (2)笑い
(3)ユーモア，おかしさ，こっけい
(4)広げる，広める；広がる (5)共通して
(6)アメリカ合衆国 (7)冗談，しゃれ
(8)difference (9)explain (10)opinion
(11)custom (12)difficulty (13)continue
(14)manners

1 (1)イ (2)ア (3)イ (4)イ，イ
2 (1)pleasure (2)all over
(3)make sounds (4)In, opinion
3 (1)Judy has never seen the movie(.)

(2)How long has Keita been busy(?)

(3)Have you ever been to (Okinawa?)
—(No.) I have never been there(.)

解き方 1 (1)be動詞の過去分詞はbeen。 (2)あとにtoがあるのでvisitedは不可。have[has] been to ...で「…に行ったことがある」という意味。 (3)「一度も…ない」はneverで表す。 (4)「どれくらい長く」はHow long,「…から」はsince ...で表す。

2 (1)「どういたしまして。」はMy pleasure.で表す。 (2)「世界中で[の]」はall over the worldで表す。 (3)「音を立てる」はmake soundsで表す。 (4)「私の意見では」はin my opinionで表す。

3 (1)「一度も…したことがありません。」は〈主語 + have[has] never + 動詞の過去分詞 ....〉で表す。 (2)「いつから」と期間をたずねるときはHow longで文を始めて,現在完了形の疑問文の語順〈have[has] + 主語 + 動詞の過去分詞 ...?〉を続ける。 (3)「今までに…したことがありますか。」は〈Have[Has] + 主語 + ever + 動詞の過去分詞 ...?〉の語順。「一度もそこへ行ったことがない」はhave[has] never been thereで表す。

p.118 ぴたトレ**1**

1 (1)ア (2)イ (3)ア

2 (1)Is, so (2)Let's change
(3)Thank you for (4)Where, best

解き方 1 (1)「何」とたずねるときはWhatで文を始める。Whenは「いつ」と時をたずねるときに使う。 (2)「…してください。」というていねいな命令文は,命令文にpleaseをつける。 (3)「…していただけますか。」とていねいに依頼するときは,〈Could you + 動詞の原形 ...?〉で表す。

2 (1)「本当にそうなの。」はIs that so?で表す。 (2)「話題を変えましょう。」はLet's change the topic.で表す。 (3)「お時間をありがとうございます。」はThank you for your time.で表す。 (4)「どこ」と場所をたずねるときはWhereで文を始める。「最もよい」はgoodの最上級bestで表す。

p.119 ぴたトレ**1**

Words & Phrases

(1)毎年の,年1回の;1年の
(2)次の,次に続く (3)beginner (4)bass

1 (1)ア (2)イ (3)イ

2 (1)more information (2)open to

解き方 1 (1)「…をさがす」はlook for ...で表す。 (2)whoが主語のとき,3人称単数扱いなので,wantは3人称単数現在形のwantsにする。 (3)「…する必要はない」は〈don't[doesn't] need to + 動詞の原形〉で表す。

2 (1)「より詳しい情報のために」と考え,For more informationとする。 (2)「…に開かれた」はbe open to ...で表す。

pp.120～121 ぴたトレ**1**

Words & Phrases

(1)…かもしれない (2)関係,つながり
(3)そして,さらに
(4)…すべきである,…するほうがいい
(5)(ふとした)思いつき,考え,アイデア;意見;見当,想像
(6)quality (7)both (8)promise (9)bad
(10)cookie

1 (1)イ (2)ア (3)イ (4)ア

2 (1)have an (2)but (3)How about
(4)What should (5)Both, run

3 (1)You should get up earlier(.)
(2)That's not a bad idea(.)
(3)I think that she wants (an English book.)
(4)Visiting Kyoto might be better(.)

解き方 1 (1)「…すべきである」はshouldで表す。 (2)「…かもしれない」はmightで表す。 (3)「それはもっともです。」はYou have a point.で表す。ideaは前にanがつくので不可。 (4)「…より～の方が好きである」はlike ～ better than ...で表す。

2 (1)「考えを持っている」と考え,動詞はhaveを使う。ideaは母音で始まる語なので,anをつける。 (2)「しかし」はbutで表す。 (3)「…はどうですか。」はHow about ...?で表す。 (4)「何を…すべきですか。」は〈What should + 主語 + 動詞の原形 ...?〉で表す。 (5)「…の両方とも」はboth of ...で表す。

both は複数扱い。

3 (1)「…すべきである」は〈should＋動詞の原形〉で表す。 (2)「それは…ではありません。」は That's[That is] not[That isn't] …. で表す。 (3)「私は…だと思います。」は〈I think (that)＋主語＋動詞 ….〉で表す。 (4)動名詞が主語の文。「…かもしれない」は〈might＋動詞の原形〉で表す。

p.123 ぴたトレ1

1 (1)イ (2)イ (3)イ, ア (4)イ, ア
2 (1)have just (2)has never
(3)Has, yet, hasn't, yet (4)been, once
3 (1)I have not taken a bath yet(.)
(2)(Ms. Smith) has taught at this school since (2018.)
(3)He has already finished reading (the book.)

解き方
1 (1)I've は I have の短縮形なので，現在完了形〈have[has]＋動詞の過去分詞〉の文。 (2)主語が3人称単数なので has を使う。 (3)「今までに」は ever。現在完了形の疑問文は，答えの文でも have[has] を使う。 (4)「どれくらい長く」は How long で表す。「…の間」は〈for＋期間を表す語句〉で表す。
2 (1)「ちょうど…したところだ」は〈have[has] just＋動詞の過去分詞〉で表す。 (2)「一度も…したことがない」は〈have[has] never＋動詞の過去分詞〉で表す。 (3)「もう…しましたか。」は〈Have[Has]＋主語＋動詞の過去分詞 … yet?〉で表す。「まだ…していません。」は〈主語＋have[has] not＋動詞の過去分詞 … yet.〉で表す。 (4)「…に行ったことがある」は have[has] been to … で表す。
3 (1)「まだ…していません。」は〈主語＋have[has] not＋動詞の過去分詞 … yet.〉で表す。「風呂に入る」は take a bath。 (2)「…から～している」は〈have[has]＋動詞の過去分詞 ～ since …〉で表す。 (3)「すでに…した」は〈have[has] already＋動詞の過去分詞 …〉で表す。

pp.124～125 ぴたトレ1

Words & Phrases
(1)いくつかの，いく人かの (2)産物；製品
(3)宣伝する (4)以前は…であった

(5)chance (6)poor (7)decrease
(8)brought
1 (1)ア (2)イ (3)イ (4)ア
2 (1)past few[several] (2)is, colder
(3)Let's, vote (4)is for (5)Why do
3 (1)Do you have any questions for (Amy?)
(2)I think that we should do volunteer work(.)
(3)This book made children happy(.)
(4)It will be a good chance to bring people (together.)

解き方
1 (1)空所のあとに we があり，疑問文なので，「…しましょう。」は〈Shall we＋動詞の原形 …?〉で表す。 (2)「あなたはどう思いますか。」は What do you think? で表す。日本語にまどわされて How を選ばないこと。 (3)who が主語のとき，3人称単数扱いなので，has。 (4)「以前は…であった[した]」は〈used to＋動詞の原形〉で表す。
2 (1)「ここ数年で」は in the past few[several] years で表す。 (2)「だんだん…になってきている」は〈be動詞＋getting＋形容詞の比較級〉で表す。 (3)「…しましょう。」は〈Let's＋動詞の原形 ….〉で表す。「採決をとる」は take a vote で表す。 (4)who が主語のとき，3人称単数扱いなので，be動詞は is。「…に賛成して」は for … で表す。 (5)「どうして」は Why で文を始める。主語が you の一般動詞の疑問文なので，do を使う。
3 (1)「…に何か質問はありますか。」は Do you have any questions for …? で表す。 (2)「私は…だと思う。」は〈I think (that)＋主語＋動詞 ….〉で表す。 (3)「AをBにする」は〈make＋A(名詞・代名詞)＋B(形容詞)〉で表す。 (4)「…するよい機会」は to 不定詞の形容詞用法を使って〈a good chance＋to＋動詞の原形〉で表す。「…を集める」は bring … together で表す。

pp.126～127 ぴたトレ2

1 (1)イ (2)エ (3)ウ (4)ウ
2 (1)haven't, yet (2)has just
(3)I've, times
3 (1)Tom has already done his work.
(2)Have they ever climbed Mt. Fuji?
— No, they have not[haven't][they've

not].

(3)My brother has lost his umbrella.

④ (1)I have never seen[met] her.

(2)My brother has visited the[that] museum twice.

⑤ (1)私はちょうど宿題を終えたところです。

(2)ウ

(3)①No, he is not[he's not / he isn't].

②(She got) Two (tickets).

(4)ウ

⑥ (1)Yes, they do.

(2)Halal marks do.

① (1)「あなたはもう皿を洗いましたか。」

(2)「誕生日パーティーがちょうど始まったところです。」just, startedがあるので, 現在完了形の文。 (3)「私はすでにイヌを散歩させました。」I'veはI haveの短縮形。

(4)「トムは今までにロンドンへ行ったことがありますか。」has been to …は「…へ行ったことがある」という意味。

② (1)「まだ…していません」なので, 現在完了形の文にする。「まだ…ない」は否定文の文末にyetを置く。have notの短縮形haven'tを使う。 (2)「ちょうど…したところだ」は〈have[has] just＋動詞の過去分詞〉で表す。

(3)I haveの短縮形はI've。「数回」はseveral times。

③ (1)「トムはもう彼の仕事をしました。」という現在完了形の文にする。alreadyは過去分詞の前に置く。 (2)「彼らは今までに富士山に登ったことがありますか。」「いいえ, ありません。」 (3)「私の兄[弟]は傘をなくしてしまいました。」という現在完了形の文にする。現在完了形で表すと, 「傘をなくしてしまった」という過去の事実と, 「今, 手元にない」という現在の事実をともに表すことができる。

④ (1)「一度も…したことがない」は〈have[has] never＋動詞の過去分詞〉で表す。 (2)「…したことがある」という経験は現在完了形で表す。「2回」はtwice。

⑤ (1)〈have just＋動詞の過去分詞〉は「ちょうど…したところだ」と訳す。 (2)「…しませんか。」は〈Why don't you＋動詞の原形 …?〉で表す。 (3)①花の最初の発言とマークの最初の発言参照。②花の2番目の発言の2文

目参照。 (4)アは花の2番目の発言とマークの2番目の発言の内容と合う。イは花の3番目の発言の1文目の内容と合う。ウはマークの最後の発言の2文目の内容と合わない。マークは長い間, 落語に興味を持っている。

⑥ (1)本文2, 3文目参照。「だから, イスラム教徒はハラールの食べ物を食べないのですか。」「いいえ, 食べます。」このときのYesは「ハラールの食べ物を食べる」と肯定していることを表している。 (2)本文4文目参照。ハラール・マークが手助けしてくれるとある。

pp.128〜129 ぴたトレ3

① (1)〇 (2)× (3)×

② (1)ア (2)ウ (3)ウ

③ (1)Welcome to (2)between, and

(3)make sounds (4)pleasure

④ (1)he has (2)have never[not]

(3)have been

⑤ (1)あなたはもう昼食を食べましたか。

(2)ウ (3)Why don't

(4)Shota's friend's sister does. (5)ウ

⑥ (1)I have just finished writing the[a] letter.

(2)I have not read the book yet.

(3)Have you ever been to Hiroshima?

① (1)front[ʌ], lucky[ʌ]なので〇。

(2)arrive[ai], begin[i]なので×。

(3)only[ou], following[ə]なので×。

② それぞれ印のついた部分を最も強く発音する。

(1)ánnual (2)represént

(3)conversátion

③ (1)「…へようこそ。」はWelcome to ….で表す。 (2)「AとBの間に」はbetween A and Bで表す。 (3)「音を立てる」はmake soundsで表す。 (4)「どういたしまして。」はMy pleasure.で表す。

④ (1)A「あなたのお父さんはもう帰宅しましたか。」B「はい, 帰宅しました。」 (2)A「私はすき焼きが大好きです。」B「私はそれを一度も食べてみたことがありません。私はそれを食べてみたいです。」 (3)A「あなたがこの寺を訪れるのは初めてですか。」B「いいえ。私

29

は数回そこに行ったことがあります。」

❺ (1)〈Have[Has] ＋主語＋動詞の過去分詞 … yet?〉「…はもう〜しましたか。」 (2)前後の内容から，「私はそこへ一度も行ったことがありません」という意味になる。「一度も…ない」はnever。 (3)「…しませんか。」は〈Why don't you＋動詞の原形 …?〉で表す。 (4)「だれがその新しいレストランで働いていますか。」という質問。ショウタの3番目の発言の2文目参照。 (5)アはジャックの最初の発言と合う。イはジャックの2番目の発言の1文目の内容と合う。ウはショウタの4番目の発言の2文目の内容と合わない。ショウタはコンビニエンスストアで何か食べるものを買うつもりである。

全訳

ショウタ：君はもう昼食を食べた？

ジャック：うん，ぼくはもう昼食を食べたよ。

ショウタ：何を食べたの？

ジャック：駅の近くの新しいレストランを知ってる？　そこでスパゲッティを食べたよ。とてもおいしかった。

ショウタ：ぼくはそこへ一度も行ったことがないけど，そのレストランを知っているよ。ぼくの友達のお姉さんがそこで働いているんだ。そこに行きたいとずっと思っているんだよ。彼女は「そのレストランのピザとスパゲッティがおすすめよ。」と言っていたんだ。

ジャック：おお，そうなの？　今度はピザを食べてみるよ。

ショウタ：ああ，とてもおなかがすいたよ。ぼくはあまり時間がないから，コンビニエンスストアに行って何か食べるものを買うよ。

ジャック：昼食後は何をするつもり？

ショウタ：ぼくは友達とサッカーをするつもりだよ。ぼくたちといっしょにしない？

ジャック：ぜひ。

❻ 英作力UP↗ (1)「私はちょうど手紙を書き終えたところです。」という英文を作る。「…し終える」は〈finish＋動詞の-ing形〉で表す。 (2)「私はまだその本を読んでいません。」という英文を作る。「まだ…していない」は〈have[has] not＋動詞の過去分詞 … yet.〉

で表す。 (3)「あなたは今までに広島に行ったことがありますか。」という英文を作る。「…に行ったことがある」はhave[has] been to …で表す。

（　）内は(1)〜(3)それぞれの配点

□単語のつづりが正しい。（2点）

□（　）内に指定された語数で書けている。（2点）

□(1)〈I have just＋動詞の過去分詞 ….〉を使って正しく書けている。 (2)〈I have not＋動詞の過去分詞 … yet.〉を使って正しく書けている。 (3)Have you ever been to …?を使って正しく書けている。（4点）

READING FOR FUN 2

pp.130〜131　　　　　ぴたトレ1

Words & Phrases

(1)加える，（数値を）足す

(2)ひとりで，単独で　(3)百万（の）

(4)ただ単に　(5)合計で　(6)旅行　(7)王子さま

(8)忙しい　(9)星

(10)(必要を満たすのに)十分な

(11)notice　(12)nothing　(13)planet

(14)businessman　(15)somebody　(16)own

(17)discover　(18)number　(19)make　(20)rich

1 (1)イ　(2)ア　(3)ア　(4)イ

2 (1)was sitting　(2)plus, makes[is]

(3)said　(4)Why, be[become]

(5)will, with

3 (1)(We) were so hungry that we went to (a restaurant.)

(2)(I'm) so busy that I cannot go to (the festival.)

(3)She is so kind that everyone likes her(.)

(4)Ken got up so early that he made (breakfast.)

解き方 1 (1)「旅行に行く」はgo on a tripで表す。 (2)「合計で」はin totalで表す。 (3)「ひとりで」はaloneで表す。 (4)「とても…なので〜」はso … that 〜で表す。

2 (1)「…していました」は過去進行形〈was[were]＋動詞の-ing形〉で表す。 (2)「A足すBは

…〉はA plus B makes[is] ....で表す。　(3)『…。』と～は言いました。」は "...," said ～.で表す。物語文では，引用符("...")のあとにsaid ～がくることがよくある。　(4)「なぜ」はWhyで文を始める。「…になりたい」はwant to be[become] ...で表す。　(5)「…するつもり」はここでは〈will＋動詞の原形〉，「…を使って」はwith ...で表す。

③ 「とても…なので～」は〈so＋形容詞[副詞]＋that＋主語＋動詞 ～〉で表す。　(4)soのあとに副詞earlyがくる文。

pp.132～133　　　　　ぴたトレ1

Words & Phrases

(1)外出する　(2)記述する
(3)悲しそうに，残念ながら　(4)…もまた
(5)許し，許可　(6)書き留める　(7)地理学者
(8)決して…ない，まだ一度も…ない
(9)行ってしまう
(10)quick　(11)order　(12)yawn　(13)explore
(14)earth　(15)exactly　(16)afternoon
(17)strange　(18)desert

① (1)ア　(2)イ　(3)ア　(4)イ　(5)イ
② (1)How　(2)What an　(3)either
　(4)wrote down
③ (1)The bicycle belongs to her(.)
　(2)They had nothing to eat(.)
　(3)You mustn't go there without (my permission.)
　(4)We have not cleaned our classroom yet(.)

解き方
① (1)「…はどうですか。」はWhat about ...?で表せる。　(2)「外出する」はgo outで表す。　(3)「こんにちは。」という午後のあいさつはGood afternoon.で表す。　(4)「行ってしまう」はgo awayで表す。　(5)「その通りです」は1語でexactlyで表せる。
② (1)「なんて…なのだろう！」は〈How＋形容詞[副詞]!〉で表す。　(2)「なんて…な～なのだろう！」は〈What(＋a[an])＋形容詞＋名詞!〉で表す。　(3)「…も～ない」は〈否定文，either.〉で表す。　(4)「書き留める」はwrite downで表す。
③ (1)「…のものである」はbelong to ...で表す。　(2)〈nothing to＋動詞の原形〉の語順。

---

(3)「…なしに」はwithout ...で表す。　(4)「まだ…していない」は現在完了形〈have[has] not＋動詞の過去分詞 ... yet〉で表す。

pp.134～136　　　　　ぴたトレ2

① (1)ア　(2)イ　(3)エ　(4)ウ　(5)エ
② (1)lived　(2)sitting　(3)to buy
　(4)is　(5)said　(6)seen
③ (1)Good afternoon　(2)What[How] about
　(3)write down　(4)go out　(5)went away
　(6)so thirsty
④ (1)belongs, me　(2)mustn't swim
　(3)so, that
⑤ (1)Those books over there are all my brother's(.)
　(2)He went on a trip to some countries(.)
　(3)(I) had nothing to do last night(.)
⑥ (1)There are no children in the park.
　(2)Yuka and Jane were taking some pictures.
　(3)What will Ms. Kato do tomorrow?
⑦ (1)How boring!
　(2)Why do you want to be[become] a doctor?
　(3)I was so tired that I went to bed early.
⑧ (1)あくびをすること
　(2)ウ
　(3)①It is[It's] a king's.
　　②Because he was tired.
　(4)ア
⑨ (1)They put a lion into the tiger's cage.
　(2)They see the greatest fight between the lion and the tiger.

解き方
① (1)「合計で」はin totalで表す。　(2)「…で」と道具を表すときはwithを使う。　(3)「なんて美しいのだろう！」は〈How＋形容詞!〉で表す。　(4)「…も～ない」は〈否定文，either.〉で表す。　(5)「私はまだその本を読んでいません。」
② (1)two years ago「2年前」という過去を表す語句があるので，liveを過去形にする。　(2)前にwasがあるので，過去進行形〈was[were]＋動詞の-ing形〉の文。sitの-ing形はtを重ねてingをつける。　(3)wantはあと

にto不定詞のみをとる動詞。 (4)「あした晴れなら，私たちはテニスができます。」条件を表す〈if＋主語＋動詞 ...〉は未来のことも現在形で表す。 (5)前文が過去形なので，sayも過去形にする。 (6)前にhas neverがあるので，現在完了形〈have[has]＋動詞の過去分詞〉の文。

❸ (1)午後のあいさつはGood afternoon.で表す。 (2)「…はどうですか。」はWhat[How] about ...?で表す。 (3)「書き留める」はwrite downで表す。 (4)「外出する」はgo outで表す。 (5)「行ってしまう」はgo awayで表す。 (6)「とても…なので〜」は〈so ... that ＋主語＋動詞 〜〉で表す。「のどがかわいた」はthirsty。

❹ (1)「この傘は私のものです。」「…のものである」はmineのような所有代名詞やbelong to ...で表す。 (2)「この川で泳いではいけません。」「…してはいけません。」は〈Don't＋動詞の原形 ....〉や〈You must not[mustn't]＋動詞の原形 ....〉で表す。 (3)「私の母はとても忙しかったので，私たちといっしょに動物園に行けませんでした。」「とても…なので〜」は〈so ... that＋主語＋動詞 〜〉で表す。

❺ (1)「向こうにあるあれらの本は」がこの文の主語。those books over thereで表す。「すべて」allはbe動詞のあとに置く。 (2)「旅行に行く」はgo on a tripで表す。 (3)「…すべきことが何もない」は〈nothing to＋動詞の原形〉で表す。

❻ (1)「公園には子どもたちが1人もいません。」〈no＋名詞〉で「1人[つ]も…ない」で表す。 (2)「ユカとジェーンは数枚の写真を撮っていました。」という文にする。過去進行形は〈was[were]＋動詞の-ing形〉の形。主語が複数なのでwereを使う。 (3)「加藤先生はあした何をするつもりですか。」という文にする。

❼ (1)「なんて…なのだろう！」は〈How＋形容詞[副詞]!〉で表す。「(物事が)退屈な」はboring。 (2)「なぜ…になりたいのですか。」は〈Why do[does]＋主語＋want to be[become] ...?〉で表す。 (3)「とても…なので〜」は〈so＋形容詞[副詞]＋that＋主語＋動詞 〜〉で表す。

❽ (1)あくびをした王子さまに対して「それをやめなさい！」と言っている。 (2)話の流れか

ら，「王子さまには言うことが何もなかったので，行ってしまいました。」という文にする。 (3)①本文1行目参照。②本文5行目参照。 (4)アは本文2行目の内容と合わない。王が王子さまに命令した。イは本文3〜4行目の内容と合う。ウは本文6〜7行目の内容と合う。

❾ (1)本文3文目参照。ライオンをトラのおりの中に入れるとある。 (2)本文4文目参照。ライオンとトラとの間のすばらしいたたかいとある。

定期テスト予想問題
〈解答〉 pp.138〜147

出題傾向

いろいろな接続詞の意味と使い方をしっかりマスターしておこう。また，不定詞の3つの用法(名詞用法，副詞用法，形容詞用法)について問われる。

❶ (1)①ウ　③ア
　(2)(I) read it many times when I was a child(.)
　(3)May[Can] I
　(4)例Because the pictures are very beautiful.
　(5)イ，ウ

❷ (1)My dream is to be a doctor(.)
　(2)(We) couldn't walk because we were tired(.)
　(3)Let's go on a picnic if it's sunny (tomorrow.)
　(4)(I) was taking a bath when you called me(.)

❸ (1)I think (that) the Internet is useful.
　(2)He likes to eat[eating] vegetables.
　(3)Hana went to Tokyo to see[meet] her uncle.

❹ (1)hope that　(2)to do
　(3)afraid, pass　(4)At last, found

解き方 ❶ (1)①「私は英語の本を見つけるために図書館に行きました。」不定詞の副詞用法。ウ「私は

走るために公園に行きました。」③「私は読むための英語の本をたくさん持っています。」不定詞の形容詞用法。ア「何か食べるもの（食べるためのもの）を持っていますか。」(2)when「…したとき」が文の後半にくる形。many times「何度も」 (3)「…してもいいですか」はMay[Can] I ...?で表す。 (4)「クミはなぜピーターラビットが好きなのですか。」クミの最初の発言の最終文から、絵がきれいだからだとわかる。because「なぜなら…です」を使って理由を表す。 (5)ア「クミは日曜日、宿題をするために図書館に行きました。」クミの最初の発言の2文目の内容に合わないので×。イ「英語の本を読むことは、クミにとって簡単ではありませんでした。」クミの2番目の発言に合うので○。ウ「クミは放課後、ブラウン先生の家を訪れる予定です。」ブラウン先生とクミの最後の発言の内容に合うので○。

全訳

ブラウン先生：週末はどうでしたか、クミ？

クミ：すばらしかったです。日曜日に、私は英語の本を見つけるために図書館に行きました。私はピーターラビットを借りました。絵がとてもきれいなので、私はその本が好きです。

ブラウン先生：ああ、それは私の大好きな本です。私は子どものとき、それを何度も読みました。

クミ：私は英語の本を初めて読みました。それは私にとって難しかったですが、私は楽しみました。

ブラウン先生：それはすばらしいです、クミ。英語で本を読むことは、あなたにとっていいことです。私は、読むための英語の本をたくさん持っていますよ。

クミ：本当ですか？　何冊か借りてもいいですか。

ブラウン先生：いいですよ。きょうの放課後、私の家に来てください。

クミ：わかりました。ありがとうございます、ブラウン先生。

❷ (1)to be「なること」不定詞の名詞用法。
(2)because「…なので」が文の後半にくる。
(3)if「もし…ならば」が文の後半にくる。「ピクニックに行く」はgo on a picnic。
(4)when「…したとき」が文の後半にくる。

❸ (1)「…と思う」を表すI think thatに、もとの文をそのまま続ける。接続詞thatは省略可能。 (2)「…するのが好き」は不定詞の名詞用法〈like to ...〉で表す。あとには動詞の原形を置く。〈like + 動詞の-ing形〉でも表せる。主語が3人称単数なので、likesにする。(3)「…するために」不定詞の副詞用法。文の最後に続ける。

❹ (1)「…することを望む」はI hope that ....で表す。 (2)「するべきこと」不定詞の形容詞用法を使う。 (3)「…ではないかと思う」は、I'm afraid (that) ...で表す。 (4)「ついに」at last。「見つける」findの過去形はfound。

pp.140〜141　　　　予想問題 2

出題傾向

It is ... for A to 〜.の文，There is[are] ....の文，動名詞，付加疑問文について問われる。また、いろいろな助動詞の意味と用法を理解しておこう。

❶ (1)two　(2)ア
(3)There are many things to do (for my dream.)
(4)イ
(5)①He wants to be a writer.
②No, he can't[cannot].

❷ (1)イ　(2)ア　(3)ア　(4)イ

❸ (1)I like to invent something new(.)
(2)There are some restaurants over there(.)
(3)You must turn off your mobile phones(.)

❹ (1)for us　(2)Is there
(3)because of　(4)isn't it
(5)a lot of　(6)must not

解き方 ❶ (1)第2・3段落で2つの理由を述べていることから、twoを入れるのが適切。
(2)〈enjoy ...ing〉で「…することを楽しむ」という意味。 (3)「…があります。」はThere is[are] ....で表す。「…すべき、…するための」は不定詞の形容詞用法to doで表す。
(4)④を含む文が「例えば、ぼくは英語を一生懸命勉強しなければなりません。」という意味になると考えると話の流れに合う。
(5)①「トシは何になりたいと思っています

か。」第１段落４文目から作家になりたいことがわかる。②「トシは英語を上手に書くことができますか。」最終段落３文目から，英語を書くのは得意ではないとわかる。

全訳

みなさん，こんにちは。ぼくはトシです。ぼくは，自分の夢について話します。ぼくの夢は，作家になることです。理由は２つあります。

１つ目に，ぼくは読書がとても好きです。ぼくは，家に約100冊の本を持っています。ぼくはひまなときたいてい読書をします。

２つ目に，ぼくは英語で日本のマンガについて書きたいです。ぼくは，多くの外国人は，ドラゴンボールや名探偵コナンのような日本のマンガに興味を持っていると思います。ぼくは，多くの外国人がぼくの本を読んで楽しんでくれて，日本についてよく理解してくれることを望みます。

ぼくの夢のために，すべきことがたくさんあります。例えば，ぼくは英語をいっしょうけんめいに勉強しなければなりません。ぼくは英語を書くのが得意ではありませんが，いい作家になるために全力を尽くすつもりです。ありがとうございました。

❷ (1)want to ...「…したい」不定詞の名詞用法。 (2)finish -ing「…し終える」finishのあとは動名詞〈動詞の-ing形〉がくる。 (3)Eating fresh food「新鮮な食べ物を食べること」が主語になる。 (4)startは目的語に不定詞・動名詞の両方が使えるが，toのあとは動詞の原形。

❸ (1)「何か新しいもの」はsomething new。 (2)「…があります。」はThere is[are] ....で表す。「向こうに」はover there。 (3)「…しなければならない」はmust。そのあとには動詞の原形を置く。

❹ (1)「Aにとって…することは～です」は〈It is ～ for A to ...〉で表す。 (2)「…がありますか。」はThere is[are] ....の疑問文で表す。be動詞を文の最初に置く。 (3)「…のために」はbecause of ...。 (4)「…ですよね」は付加疑問文で表す。文の前半がIt's ...なので，isn't it?とする。 (5)「たくさんの」はa lot ofで表せる。 (6)「…してはならない」は〈must not＋動詞の原形〉で表す。

---

pp.142～143 　　　　　　　　予想問題 ❸

出題傾向

比較級・最上級の文について問われる。〈give＋人＋もの〉などの文とその書きかえや，〈make＋A＋B〉などの文についてもおさえておこう。

❶ (1)①Uluru was the most exciting for me(.)
　③I can show you some more pictures(.)
　(2)ウルルはアナング族にとって神聖な場所だから。
　(3)①Last month.
　②Yumi's father did.
　③Yes, she will.

❷ (1)I will give some flowers to her.
　(2)I have to wash the dishes after dinner.
　(3)Kate is the most popular in her class.
　(4)Your bag is bigger than his.
　(5)This flower is as beautiful as that one.

❸ (1)Can you call me Emi(?)
　(2)His car is more expensive than mine(.)
　(3)What subject do you like the best(?)

❹ (1)made us　(2)looks like
　(3)Shall we　(4)don't have to
　(5)better than

解き方

❶ (1)①the mostがあるので，最上級の文とわかる。the most exciting「最もわくわくさせる」③〈show＋人＋もの〉で「人にものを見せる」 (2)直後にbecauseがあるので，ここで理由が述べられていると考える。
(3)①「ユミはいつオーストラリアに行きましたか。」ユミの最初の発言の２文目から先月訪れたことがわかる。②「誰がオーストラリアでたくさんの写真を撮りましたか。」ユミの５番目の発言の３文目から，ユミの父親がたくさん撮ったとわかる。③「ユミはあした，マークに見せるために写真を何枚か持ってきますか。」ユミの最後の発言の２文目にあてはまるので，yesで答える。

全訳

マーク：これらはすてきな写真だね，ユミ。どこで撮ったの？
ユミ：オーストラリアよ。先月両親とそこを訪

れたの。おじがそこに住んでいて，私たちを家に招待してくれたの。

マーク：すごいね。きみたちは，そこで何をしたの？

ユミ：たくさんの美しい場所を訪れたわ。オーストラリアでは，観光にいい場所がたくさんあるの。ウルルが私にとって一番わくわくしたわ。

マーク：ウルル？

ユミ：そうよ。ウルルはとても大きな岩なの。アナング族という先住民がそれを深く尊重しているの。

マーク：きみはウルルの写真を撮ったの？

ユミ：ううん，撮ってないわ。アナング族にとって神聖な場所なので，そこでは写真を撮ることができないの。

マーク：なるほど。ウルルは彼らにとってとても特別なんだね。

ユミ：その通りよ。あなたにもう何枚か写真を見せてあげられるわ。お父さんがたくさん撮ったの。

マーク：本当に？　ありがとう，ユミ。

ユミ：どういたしまして。あした何枚か持ってくるわ。

② (1)〈give＋人＋もの〉は〈give＋もの＋to＋人〉と書きかえられる。　(2)「…しなければならない」は〈have[has] to＋動詞の原形〉で表す。　(3)popularなどのつづりが長い形容詞の最上級は，語の前にthe mostを置く。　(4)「あなたのかばんは彼のものよりも大きいです。」という文にする。bigの比較級は，語尾のgを重ねてbiggerとする。
(5)「この花はあの花と同じくらいきれいです。」という文にする。「…と同じくらい～」はas ～ as …で表す。

③ (1)「…してもらえますか。」はCan you …?，「AをBと呼ぶ」は〈call A＋B〉で表す。
(2)more expensive than …「…より高価な」。　(3)What subjectを文の最初に置き，そのあとは疑問文の語順を続ける。the bestを文の最後に置く。

④ (1)「AをBにする」は〈make＋A＋B〉で表す。makeを過去形にする。　(2)「…のように見える」は〈look like＋名詞〉で表す。　(3)「…しましょうか」はShall we …?で表せる。
(4)「…しなくてもよい」はdon't[doesn't] have to …で表す。　(5)「…より～が好き」はlike ～ better than …で表す。

出題傾向

現在完了形の継続用法について，しっかりマスターしておこう。不規則動詞の過去分詞やforとsinceの使い分けなどをよく理解しておこう。

❶ (1)a 6歳　b 8年　cかっこいい
(2)for many years
(3)①Every Tuesday and Friday.
②Yes, she does.
③She likes green tea.

❷ (1)Why don't we see a movie(?)
(2)I'm looking forward to seeing you again(.)
(3)Soccer is one of the most exciting sports(.)

❸ (1)I have[I've] studied English for three years.
(2)She has stayed in Kyoto since last Thursday.
(3)How long have you known Aki?

❹ (1)for making[baking]　(2)how to
(3)speak to　(4)more expensive
(5)up earlier　(6)as tall as

解き方

❶ (1)ソウタの2番目の発言に注目する。since …は「…以来」，for …は「…の間」。また，発言の後半のbecause …から，柔道が好きな理由がわかる。　(2)「何年もの間」はfor many yearsで表す。　(3)①「ソウタはいつ柔道を練習しますか。」ソウタの2番目の発言の3文目から，毎週火曜日と金曜日に練習があるとわかる。②「ケイトはカフェでお茶を飲むのを楽しみますか。」ケイトの4番目の発言の2文目から，母とカフェでお茶を楽しんでいるとわかる。③「ケイトはどんな種類のお茶が一番好きですか。」ケイトの4番目の発言の3文目から，彼女は緑茶が一番好きだとわかる。

全訳

ケイト：ソウタ，あなたは柔道の習い事をしているのよね？

ソウタ：うん。柔道は伝統的な日本のスポーツで，外国の人々の間でも人気だよ。

ケイト：知ってるわ。私の兄もそれに興味があるの。あなたは何年もの間それを習っ

ているの？

ソウタ：うん，6歳のときからだよ。だから，8年間習っているよ。ぼくは毎週火曜日と金曜日にそれを練習しているんだ。柔道はかっこいいから，ぼくは柔道がとても好きなんだ。

ケイト：すばらしいわね。

ソウタ：きみは何か習い事をしているの，ケイト？

ケイト：ううん，でも私はずっとお茶に興味があるの。母と私は，ときどきカフェでお茶を楽しむのよ。私は緑茶が一番好きなの。その香りは私を幸せにしてくれるの。

ソウタ：ぼくもよく緑茶を飲むよ。それを飲むとくつろぐんだ。それに，毎日お茶を飲むことは，健康にいいよ。今やお茶は世界中でとても人気があるね。

ケイト：その通りね，ソウタ。

2 (1)「…しませんか。」はWhy don't we …?で表す。 (2)「…を楽しみにする」はlook forward to …で表す。 (3)「最も…の1つ」は〈one of the＋最上級＋複数名詞〉で表す。「最もわくわくするスポーツ」はthe most exciting sports.

3 (1)現在完了形は〈have[has]＋過去分詞形〉で表す。「3年間」はfor three years. (2)「この前の木曜日から」はsince last Thursdayで表す。 (3)「どれくらいの間，あなたはアキのことを知っていますか。」とたずねる文にする。〈How long＋have＋主語＋過去分詞 …?〉で表す。

4 (1)「…してくれてありがとう」は〈Thank you for＋動詞の-ing形〉で表す。 (2)「…の仕方」は〈how to＋動詞の原形〉で表す。 (3)電話での会話。「…さんをお願いできますか。」は，Can[May] I speak to …?で表す。 (4)「～よりも…」は〈比較級＋than ～〉で表す。「高価な」expensiveの比較級はmore expensive. (5)「起きる」はget up.「早い」はearlyで表し，その比較級はyをiに変えてerをつけて，earlierにする。 (6)「～と同じくらい…」は〈as＋形容詞＋as ～〉で表す。「背が高い」はtall.

出題傾向

不規則動詞の過去分詞を覚えておこう。現在完了形の完了用法，経験用法をそれぞれしっかりマスターしておこう。

1 (1)Have you ever seen a *rakugo* show(?)
(2)友人のハナが英語の落語ショーのチケットを2枚持っていて，マークを招待してくれたこと。
(3)ウ　(4)all over
(5)ウ，エ

2 (1)done　(2)brought
(3)have studied　(4)been
(5)laughing

3 (1)I have nothing to say(.)
(2)The number of accidents is decreasing(.)
(3)Could you give me a hint(?)
(4)We have already finished dinner(.)

4 (1)seen, twice　(2)haven't, yet
(3)so, that　(4)between, and

解き方

1 (1)「あなた（たち）は今までに落語ショーを見たことがありますか。」という文にすると話の流れに合う。「今までに…したことがありますか。」は〈Have you ever＋過去分詞 …?〉で表す。現在完了形の経験用法。
(2)②を含む文は「ぼくは落語に興味があったので，それを聞いたときとてもうれしかったです。」という意味。「それ」は直前の文全体の内容をさすと考える。 (3)by oneselfで「独力で」という意味。 (4)all over the worldで「世界中の」という意味。 (5)ア「マークは何度も落語ショーを見たことがある。」第1段落3文目の内容に合わないので×。イ「マークはチケットを買ったので，落語ショーに行った。」第1段落3〜4文目の内容に合わないので×。ウ「マークは落語の話を理解することができた。」第2段落4文目の内容と合うので○。エ「その日本人女性は，20年以上落語を演じている。」最終段落2文目の内容と合うので○。オ「マークは世界をよりよくするために，笑いを広めたいと思っている。」最終段落4文目の内容と合わないので×。

みなさん，こんにちは。あなた(たち)は今までに落語ショーを見たことがありますか。先週，ぼくは初めて英語の落語ショーを見ました。ぼくの友人のハナがショーのチケットを2枚持っていて，ぼくを招待してくれたのです。ぼくは落語に興味があったので，それを聞いたときとてもうれしかったです。

落語ショーが始まりました。演者は日本人の女性でした。彼女は英語で話をし，独力で何人かの人物を演じました。彼女は扇子や手ぬぐいを話の中で使い，ぼくにとって話を理解するのは簡単でした。彼女の落語はすばらしかったです。

ショーのあと，ぼくたちはその演者と話をして，たくさんのことを学びました。約25年前，彼女は英語落語を始めました。彼女は，日本のユーモアを世界中の人と共有したかったのです。彼女は，笑いを広めることによって世界がよりよくなると信じています。ぼくは彼女はすばらしい考えを持っていると思います。もし機会があれば，ぼくは彼女の落語をまた見たいです。ありがとうございました。

❷ (1)〈Have you＋過去分詞 ... yet?〉「もう…してしまいましたか。」現在完了形の完了用法。 (2)文末にlast nightがあるので，過去の文。 (3)文末にsince I was a child「子どものころから(ずっと)」があることから，現在までの継続を表す文と考える。現在完了形の継続用法。 (4)文頭にI've，文末にthree timesがあることから，現在完了形の経験用法「3回…したことがある」という文になると考える。have been to ...で「…へ行ったことがある」という意味。

(5)〈stop＋動詞の-ing形〉で「…するのを止める」という意味。

❸ (1)「言うことが何もない」nothing to sayで表す。 (2)「…の数」はthe number of ...で表す。 (3)「…していただけませんか。」はCould you ...?で表す。〈give＋人＋もの〉の語順に注意。 (4)「すでに…してしまいました」は〈have already＋過去分詞〉で表す。

❹ (1)「…したことがある」は現在完了形の経験用法。seeの過去分詞形seenを使う。「2回」はtwice。 (2)「まだ…していない」は現在完了形の完了用法。「まだ」は文末にyetを置く。 (3)「とても…なので～」は，〈so ... that ～〉で表す。 (4)「AとBの間に」はbetween A and Bで表す。

リスニングテスト
〈解答〉

① There is[are] 〜.

❶ (1)○　(2)×　(3)×　(4)○

ココを聞きトレ⑥　There is[are] 〜.の文は，「〜」の部分にくる名詞とその数に注意。文の終わりに〈前置詞＋語句〉の形で場所を表す表現がくるので，ものや人の位置を正しく聞き取ろう。

英文 (1)There is a bag under the table. There are some books on the table. (2)There is a clock on the wall. But there are not any pictures on the wall. (3)There is a bed by the door. Two cats are sleeping on the bed. (4)There are two girls in the room. One is watching TV. The other is reading a book.

日本語訳 (1)テーブルの下にかばんが1個あります。テーブルの上に本が何冊かあります。 (2)壁に時計が1個かかっています。しかし壁に絵は1枚もかかっていません。 (3)ドアのそばにベッドが1つあります。ベッドの上で2匹のネコが眠っています。 (4)部屋の中に女の子が2人います。1人はテレビを見ています。もう1人は本を読んでいます。

❷ (1)イ　(2)ア

ココを聞きトレ⑥　それぞれの文が表す時と，ものの数を正しく聞き取ろう。There is[are] 〜.の文では，be動詞がwasやwereになると過去のことを表す。ten years agoやnowなど，時を表す表現も手がかりにしよう。

英文 *Jane*：J, *Ken*：K

J：Look, Ken. There were seven junior high schools in this city ten years ago.

K：Right, Jane. Now there are five junior high schools. We had two libraries ten years ago, but we have three libraries now.

J：Good. How about hospitals? There was only one hospital ten years ago

K：Oh, we have four hospitals now. There is one near my house.

Q：(1)How many libraries are there in this city?

(2)Is there a hospital near Ken's house?

日本語訳

J：見て，ケン。10年前，この市には7校の中学校があったのね。

K：そうだね，ジェーン。今は5校の中学校があるね。10年前には2つの図書館があったけれど，今は3つの図書館があるよ。

J：いいわね。病院はどう？ 10年前には1つの病院しかなかったわ。

K：ああ，今は4つ病院があるね。ぼくの家の近くにも1つあるよ。

質問：(1)この市にはいくつ図書館がありますか。
　　　(2)ケンの家の近くには病院がありますか。

② 未来の表現

❶ (1)エ　(2)ウ　(3)イ

ココを聞きトレ⑥　未来の予定の聞き取りがポイント。willやbe going toは未来を表す表現。next Sunday, tomorrowなどの時間を表す語に注目し，その時間にだれが何をするのかを正しく聞き取ろう。

英文 *Woman*：W, *Man*：M

(1)W：Kevin, I'll make sandwiches for you next Sunday.

　M：Thank you, Mom. I'll eat them in the park.

(2)M：What are you going to do tomorrow, Yumi?

　W：I'm going to play tennis. So today I'll study and clean my room.

(3)W：Are you going to do your homework after dinner, Ken?

　M：Well, I'll study in the library after school. I'm going to practice the guitar after dinner.

日本語訳

(1)W：ケビン，次の日曜日，私はあなたにサンドイッチを作ります。

　M：ありがとう，お母さん。私は公園でそれを食べます。

(2)M：あなたは明日何をするつもりですか，ユミ。

　W：私はテニスをするつもりです。だから今日は勉強して，部屋をそうじします。

(3)W：あなたは夕食後に宿題をするつもりですか，ケン。

M：ええと，私は放課後に図書館で勉強します。夕食後はギターの練習をするつもりです。

❷ (1)エ　(2)ア

ココを聞きトレ🎧 時刻と登場人物の行動の聞き取りがポイント。質問文のwhat timeは「時刻」をたずねる疑問詞なので，数字に特に注意しよう。登場人物が多い場合には，それぞれの人についての情報を整理してから選択肢を読もう。

英文 Hello, Jane. This is Rika. Emi and I will have a birthday party for Aya at my house next Saturday. The party will begin at three. I'm going to clean the room before the party. Please come to my house at one thirty and help me. I bought a CD for Aya yesterday. Emi is going to make a cake. Can you bring your camera and take some pictures at the party? Thanks. Bye.

Q：(1)What time will Aya's birthday party start?

　　(2)What will Rika do before Aya's birthday party?

日本語訳 こんにちは，ジェーン。リカです。エミと私は次の土曜日に，私の家でアヤの誕生日パーティーを開きます。パーティーは3時に始まります。私はパーティーの前に部屋をそうじするつもりです。1時30分に私の家に来て，私を手伝ってください。私は昨日アヤのためにCDを買いました。エミはケーキを作るつもりです。あなたはカメラを持ってきて，パーティーで写真をとってもらえますか。ありがとう。さようなら。

質問：(1)アヤの誕生日パーティーは何時に始まりますか。

　　(2)リカはアヤの誕生日パーティーの前に何をしますか。

③ 5つの文構造

❶ (1)×　(2)○　(3)×

ココを聞きトレ🎧 動詞のあとにくる目的語や補語に注目しよう。だれがだれに何をするのか，だれがだれをどうするのかなどを正しく聞き取ろう。

英文 (1)Yesterday was my brother's birthday. I gave him a jacket, and my father gave him a camera.

(2)I visited Jun's house last week. He showed me his album, and his mother made us some cookies.

(3)My grandmother has a cat and a dog. She calls the cat Ken. And she calls the dog Sam.

日本語訳 (1)昨日は私の兄弟の誕生日でした。私は彼にジャケットをあげて，私の父は彼にカメラをあげました。

(2)私は先週ジュンの家を訪れました。彼は私に彼のアルバムを見せてくれて，彼のお母さんは私たちにいくつかクッキーを作ってくれました。

(3)私の祖母は1匹のネコと1匹のイヌを飼っています。彼女はそのネコをケンと呼びます。そして，彼女はそのイヌをサムと呼びます。

❷ ウ，エ

ココを聞きトレ🎧 目的語の聞き取りがポイント。動詞の意味に注意し，だれがだれに何をするのかを正しく聞き取ろう。

英文 *Makoto*：M，*Sally*：S

M：Mr. Smith will go back to Canada next week.

S：I know. Are you going to give him a present?

M：I'll give him some flowers. And you?

S：I'll write a letter and make a cake for him tomorrow.

M：That's good! I want to make it with you.

S：Sure. Mr. Smith will be happy.

日本語訳

M：来週，スミス先生がカナダに帰ってしまうよ。

S：そうね。何か彼にプレゼントをあげるつもり？

M：ぼくは彼に花をあげるつもりだよ。君は？

S：私は彼に手紙を書いて，明日は彼のためにケーキを作るの。

M：それはいいね！ぼくも明日君といっしょにそれを作りたいな。

S：もちろん。スミス先生が喜ぶわ。

④ 接続詞

❶ (1)イ　(2)ウ　(3)ウ

ココを聞きトレ🎧 whenやifのあとにくる「時」や「条件」の内容に注意。時や条件とそれに対応する事柄の関係を正しく聞き取ろう。数字の聞き取りも重要なポイント。

Man : M, **Woman** : W

(1)M : Were you watching TV when I called you, Miki?

　W : No. I was helping my mother. She was washing the dishes.

(2)W : Will you play baseball tomorrow, Yuta?

　M : Yes. But if it rains, I will play the guitar in my room.

(3)M : Is this pen five dollars?

　W : Yes. But if you buy two pens, they will be eight dollars. And if you buy three, they will be ten dollars.

日本語訳

(1)M : 私が電話したとき，あなたはテレビを見ていましたか，ミキ。

　W : いいえ。私は母を手伝っていました。彼女は皿を洗っていました。

(2)W : あなたは明日，野球をしますか，ユウタ。

　M : はい。でも雨が降ったら，私は部屋でギターをひきます。

(3)M : このペンは5ドルですか。

　W : はい。でも2本買えば，8ドルになります。そして3本買えば，10ドルになります。

② オ，カ

ココを聞きトレ⑥　時を表す表現に注意し，時の経過を意識して英文を聞こう。say や think, hope のあとに続く〈that + 文〉は，言ったり思ったりする内容を表す。that は省略されることも多いので注意。

英文　Yesterday, I visited my grandmother at the hospital. I bought some flowers for her before going there. When I arrived at the hospital, she was in her bed in her room. I gave her the flowers. She looked very happy. She said that she liked them very much. I told her many things about my friends. When I left the hospital, she said, "Please come again." I think I will show her some pictures of my friends next time. I hope she will get well soon.

日本語訳　昨日，私は病院に祖母のお見舞いに行きました。私はそこへ行く前に，彼女に花を買いました。私が病院に到着したとき，彼女は部屋のベッドに寝ていました。私は彼女に花をあげました。彼女はとてもうれしそうでした。彼女はそれがとても気に入ったと言いました。私は友だちに

ついて多くのことを彼女に話しました。私が病院を出るとき，彼女は「また来てね」と言いました。私は，次は友だちの写真を彼女に見せようと思います。私は彼女がすぐによくなってほしいと思っています。

⑤ 不定詞

❶ (1)カ　(2)オ　(3)イ　(4)ウ

ココを聞きトレ⑥　不定詞が表す動作の内容に注意して答えを選ぶ。不定詞は動作の目的を表したり，名詞を説明したりすることもあるので，正しく意味を理解しよう。

英文　**Man** : M, **Woman** : W

(1)M : Where is Jun?

　W : He went to the sports shop to buy a soccer ball.

(2)W : Let's play soccer in the park, Jun.

　M : Sorry, Emma. I have a lot of homework to do.

(3)W : Did Jun play soccer with his friend in the park yesterday?

　M : No. He went to the library to borrow some books.

(4)W : What do you want to do next weekend, Jun?

　M : I want to see a soccer game at the stadium.

日本語訳

(1)M : ジュンはどこですか。

　W : 彼はサッカーボールを買うためにスポーツ用品店に行きました。

(2)W : 公園でサッカーをしましょう，ジュン。

　M : ごめん，エマ。やらなければならない宿題がたくさんあるんだ。

(3)W : ジュンは昨日彼の友人といっしょに公園でサッカーをしましたか。

　M : いいえ。彼は本を借りるために図書館に行きました。

(4)W : あなたは次の週末に何をしたいですか，ジュン。

　M : 私はスタジアムでサッカーの試合を見たいです。

❷ (1)歴史を学ぶ　(2)寺院を訪れる
　(3)大仏を見る　(4)和菓子を食べたい

ココを聞きトレ⑥　不定詞の表す内容の聞き取りがポ

イント。あらかじめ空所の前後に目を通しておき，放送される英文の中から，必要な情報をもれなく聞き取るようにしよう。

英文 Takuya likes to learn about history. He went to Kyoto to visit some temples last month. It has a long history. There are a lot of things to see in Kyoto. Takuya visited many temples. They had some *Daibutsu*. Seeing *Daibutsu* was very fun for Takuya. Also, he ate some Japanese sweets at a shop. They were delicious. He wants to eat them again.

日本語訳 タクヤは歴史を学ぶことが好きです。彼は先月寺院を訪れるため，京都に行きました。それは長い歴史があります。京都には見るべきものがたくさんあります。タクヤはたくさんの寺院を訪れました。そこにはいくつか大仏がありました。タクヤにとって大仏を見ることはとても楽しかったです。さらに，彼はお店で和菓子を食べました。それらはおいしかったです。彼はまたそれを食べたいと思っています。

---

⑥ 助動詞／have to

① (1)○　(2)×　(3)×

ココを聞きトレ⑥ しなければいけないこと，してはいけないこと，しなくてよいことを正しく聞き取ろう。曜日や時刻の情報にも注意。

英文 (1)Kumi must write a letter to Mr. Brown in English. He doesn't understand Japanese, so Kumi must not use any Japanese. (2)Today is Saturday. Takashi's mother must work every Saturday, so Takashi and his father have to make dinner every Saturday. (3)Emma usually practices tennis before class, so she has to get up at six. But on weekends she doesn't have to get up at six.

日本語訳 (1)クミはブラウン先生に英語で手紙を書かなければなりません。彼は日本語がわからないので，クミは日本語を使ってはなりません。(2)今日は土曜日です。タカシのお母さんは毎週土曜日に働かなければならないので，タカシとお父さんは毎週土曜日に夕食を作らなければなりません。(3)エマはたいてい授業前にテニスを練習す

るので，6時に起きなければなりません。しかし週末は6時に起きなくてよいです。

② ア，カ

ココを聞きトレ⑥ 助動詞の意味に注意して，登場人物の予定を聞き取ろう。提案や申し出などの場面を正しく理解すること。日時や場所の情報を聞き逃さないようにしよう。

英文 *Mary* : M, *Ryo* : R

M : Hi, Ryo. John and I will go to a movie tomorrow. Can you come with us?

R : Yes, but I must do my homework first. Maybe I'll finish it in the morning.

M : OK. Let's go to the movie in the afternoon.

R : Great. Shall I go to your house at one o'clock?

M : Oh, you don't have to come to my house. John and I will meet at the station. Shall we meet there at two o'clock?

R : Sure. See you then.

日本語訳

M : こんにちは，リョウ。ジョンと私は明日，映画に行くの。私たちといっしょに来ない？

R : うん，でもまず宿題をしなくてはいけないんだ。たぶん午前中には終わるよ。

M : わかったわ。午後に映画に行きましょう。

R : いいね。1時にきみの家に行こうか？

M : あら，私の家に来なくていいわ。ジョンと私は駅で会うの。2時にそこで会いましょうか。

R : わかったよ。じゃあそのときにね。

---

⑦ 動名詞

① (1)ウ　(2)エ　(3)ア　(4)オ

ココを聞きトレ⑥ 動名詞が表す動作の内容に注意して答えを選ぶ。

英文 *Man* : M, *Woman* : W

(1)M : What is Mary's hobby?

　W : Her hobby is listening to music.

(2)W : Does Mary play tennis well?

　M : Yes. She is good at it.

(3)W : Did Mary play tennis yesterday?

　M : No. She enjoyed swimming in the river.

(4)W : What do you like to do?

M：I like singing songs.

日本語訳
(1)M：メアリーの趣味は何ですか。

W：彼女の趣味は音楽を聞くことです。

(2)W：メアリーは上手にテニスをしますか。

M：はい。彼女はテニスをすることが得意です。

(3)W：メアリーは昨日テニスをしましたか。

M：いいえ，彼女は川で泳ぐことを楽しみました。

(4)W：あなたは何をすることが好きですか。

M：私は歌を歌うことが好きです。

❷ (1)音楽家　(2)ピアノをひく
(3)アヤといっしょに歌う　(4)自分自身のCD

ココを聞きトレ❻　動名詞が表す内容に注意。あらかじめ空所の前後に目を通しておき，どんな情報が必要かを考えて聞き取るようにしよう。

英文　Hi. I'm Aya. I'm going to talk about my dream. I want to be a musician. I like playing the piano very much. Last month, I played the piano and sang some songs at the school festival. Many people enjoyed singing together with me. I was very happy. Of course I have to practice the piano very hard to be a musician. But I hope to make my own CD in the future. Thank you for listening.

日本語訳　こんにちは。私はアヤです。私は自分の夢について話すつもりです。私は音楽家になりたいです。私はピアノをひくことが大好きです。先月，文化祭でピアノをひいて，何曲かの歌を歌いました。多くの人々が私といっしょに歌うことを楽しみました。私はとてもうれしかったです。もちろん，音楽家になるためには，私はとても一生懸命にピアノを練習しなければなりません。しかし，私は将来，自分自身のCDを作りたいと思っています。聞いてくれてありがとう。

⑧ 比較表現

❶ (1)イ　(2)ア　(3)イ　(4)ウ

ココを聞きトレ❻　比較の文では，何と何が比較されていて，その差がどうなのかを正しく聞き取ろう。比較級の語尾の-erや最上級の語尾の-est，比較の対象を表すthanや同じくらいであることを表すas ～ asなどの表現を聞き逃さないように注意。

英文
(1)Aya is eleven years old and Emi is ten years old. Kana is older than Aya.

Q : Who is the youngest of the three?

(2)Takeshi is taller than Ken. Jun is as tall as Takeshi.

Q : Which boy is Ken?

(3)The green bag is bigger than the blue one. The red one is the biggest.

Q : Which is the green bag?

(4)Mary runs faster than Emma. Kate does not run as fast as Emma.

Q : Which girl is Kate?

日本語訳
(1)アヤは11歳でエミは10歳です。カナはアヤより年上です。

質問：3人の中で最も年下なのはだれですか。

(2)タケシはケンより背が高いです。ジュンはタケシと同じくらいの背の高さです。

質問：どの男の子がケンですか。

(3)緑のかばんは青いのより大きいです。赤いのは最も大きいです。

質問：緑のかばんはどれですか。

(4)メアリーはエマより速く走ります。ケイトはエマほど速く走りません。

質問：どの女の子がケイトですか。

❷ (1)spring, best　(2)Summer
(3)Yes, does　(4)brother

ココを聞きトレ❻　betterやbestなどの比較表現を正しく聞き取ろう。人名や季節名がポイントになるので，1度目の放送で聞き逃した情報は2度目の放送で確認しよう。

英文　***Koji :*** K, ***Becky :*** B

K : Becky, which season do you like?

B : Well, I like spring the best, because there are a lot of flowers in spring. My parents and my sister like summer the best.

K : I see. I like winter better than summer. I can enjoy some winter sports.

B : Really? No one likes winter in my family. My brother likes fall the best.

Q : (1)Which season does Becky like the best?

(2)What is the most popular season in Becky's family?

(3)Does Koji like winter better than summer?

(4)Who likes fall the best in Becky's family?

日本語訳

K：ベッキー，きみはどの季節が好き？

B：ええと，私は春が最も好きよ。春はたくさんの花があるから。私の両親と姉は夏が最も好きね。

K：そう。ぼくは夏より冬が好きだな。冬のスポーツを楽しむことができるからね。

B：ほんと？　私の家族ではだれも冬が好きじゃないわ。兄は秋が最も好きよ。

質問：(1)ベッキーはどの季節が最も好きですか。

(2)ベッキーの家族で最も人気がある季節は何ですか。

(3)コウジは夏よりも冬が好きですか。

(4)ベッキーの家族で秋が最も好きなのはだれですか。

⑨ SVOO（that 節）

1 エ

ココを聞きトレ⑥　２つの目的語がある文の２つ目の目的語がthat節になる場合があることに注意しよう。showはこの形でよく使われる動詞の１つ。

英文 *Steve*：S, *Beth*：B

S：Did you see Kate yesterday, Beth?

B：Yes. I played tennis with her. She talked about your brother. Is he on the baseball team, Steve?

S：Yes. He is a very good player.

B：Do you play baseball, too?

S：No. I'm on the basketball team.

B：Really? That team has a lot of good players.

S：That's right. I want to be a starter, so I have to show the coach that I can play very well.

Q：What does Steve have to show the coach?

日本語訳

S：昨日ケイトに会ったの，ベス？

B：ええ。彼女とテニスをしたよ。彼女があなたのお兄さんのことを話してたよ。彼は野球部に所属しているの，スティーブ？

S：うん。彼はとてもうまい選手だよ。

B：あなたも野球をするの？

S：いや。ぼくはバスケットボール部に所属してるよ。

B：本当？　チームにはいい選手がたくさんいるでしょ。

S：そのとおり。先発メンバーになりたいから，コーチにとてもうまくプレーできることを見せなきゃいけないんだ。

質問：スティーブはコーチに何を見せなければいけませんか。

2 (1)four months ago　(2)do their best
(3)performed very well

ココを聞きトレ⑥　that節が動詞の目的語になる場合，thatはふつう弱く発音されることに注意。また，省略される場合もあることも頭に入れておく。

英文

Yumi is in her school's brass band. It held a concert four months ago. The performance wasn't very good. Yumi's music teacher is Ms. Tanaka. She told the members of the band that they should do their best to make their performance better. Her words made them strong and positive.

Yumi and the other members practiced very hard to prepare for the next concert. It was held last Sunday. They performed very well this time. Everyone was smiling at the end of the concert. It was a very exciting experience for Yumi.

Q：(1)When was the first concert held?

(2)What did Ms. Tanaka want the members of the brass band to do?

(3)Why was everyone smiling at the end of the second concert?

日本語訳

ユミは学校のブラスバンド部に所属しています。４か月前にコンサートを開きました。その演奏はあまりよくなかったのです。ユミの音楽の先生はタナカ先生です。彼女は部員に，演奏をよりよくするために最善を尽くすべきだと言いました。彼女の言葉は彼らを強く積極的にしました。

ユミと他の部員は，次のコンサートに備えるためにとても熱心に練習しました。それはこの前の日曜日に開かれました。今回，彼らはとてもうまく演奏しました。コンサートの最後では，みんなほほえんでいました。それはユミにとって，とて

も興奮した経験でした。

質問(1)1回目のコンサートはいつ開かれましたか。
　　(2)タナカ先生はブラスバンド部員にどうして
　　　もらいたかったのですか。
　　(3)2回目のコンサートの最後で，みんながほ
　　　ほえんでいたのはなぜですか。

⑩ 1年間の総まとめ

1 (1)イ　(2)イ

ココを聞きトレ⑥　比較表現や不定詞の表現を正しく
聞き取ろう。スポーツ名や職業名など，ポイント
になる単語を聞き逃さないように注意。

英文　*Man : M, Woman : W*

(1)W : Do you enjoy playing baseball, Tom?
　M : Yes, Miki. But I like tennis better
　　　than baseball. I sometimes play
　　　soccer, too.
　W : I see. I can't play soccer well. I like
　　　basketball the best.
　Q : What sport does Miki like the best?
(2)M : I like animals a lot, so I want to be a
　　　science teacher. Do you have a
　　　dream for the future, Jane?
　W : Yes, Ken. My dream is to be a doctor
　　　and help sick people, so I have to
　　　study math hard.
　Q : What does Ken want to do in the
　　　future?

日本語訳

(1)W : 野球をするのは楽しい，トム？
　M : うん，ミキ。でも野球よりテニスのほうが
　　　好きだな。ときどきサッカーもするよ。
　W : そう。私はサッカーが上手にできないの。
　　　バスケットボールが最も好きね。
　質問：ミキは何のスポーツが最も好きですか。
(2)M : ぼくは動物が大好きだから，理科の教師に
　　　なりたい。きみには将来の夢がある，
　　　ジェーン？
　W : ええ，ケン。私の夢は医師になり病人を助
　　　けること。だから数学を一生懸命勉強しな
　　　いと。
　質問：ケンは将来何がしたいと思っていますか。

2 (1)美術館[博物館]　(2)日本の絵画
　　(3)動物園　(4)パンダ　(5)スタジアム[野球場]
　　(6)野球の試合

ココを聞きトレ⑥　曜日と登場人物の行動予定の聞き
取りがポイント。themのような指示語が何を指
しているかにも注意しよう。

英文　*Kana : K, Mike : M*

K : Are you going to visit your uncle in
　　Tokyo soon, Mike?
M : Oh, yes, Kana. I'm going to stay there
　　from Friday to Sunday.
K : Great. I went to the zoo in Tokyo last
　　year. I saw pandas.
M : Really? I want to see them, too. I'll go
　　there on Saturday. I'll visit a museum
　　to see Japanese pictures on Friday.
K : What are you going to do on the last
　　day?
M : Well, I want to watch a baseball game,
　　so my uncle is going to take me to the
　　stadium.
K : Sounds good. Enjoy your trip!

日本語訳

K : もうすぐ東京のおじさんを訪ねるの，マイク？
M : ああ，そうだよ，カナ。金曜日から日曜日ま
　　でそこに滞在するんだ。
K : いいわね。私は昨年，東京の動物園に行った
　　わ。パンダを見たのよ。
M : ほんと？　ぼくも見たいな。土曜日にそこへ
　　行くよ。金曜日には日本の絵画を見るために
　　美術館に行くつもりだよ。
K : 最終日には何をするつもり？
M : ええと，野球の試合を見たいから，おじさん
　　がぼくをスタジアムに連れて行ってくれる予
　　定なんだ。
K : おもしろそうね。旅行を楽しんでね。

❶ Kana did not like vegetables. One day, she visited her grandfather. He was taking care of vegetables. He taught her how to grow vegetables. She didn't know it was difficult to grow vegetables. She can eat vegetables now. She is glad that she can eat her grandfather's vegetables.

英作力 UP♪　まず，絵から話の流れを考える。三段構成で話がまとまったら書き始める。　1は「Kanaは野菜が嫌いで食べられない」という場面。2は「野菜作りをしている人の大変さを知る」「野菜がどう育って食べられるようになるのかを学ぶ」という場面。3は，「野菜を食べられるようになった」という場面。それぞれのイラストから，状況や人々の感情を自由に考えて英文を作っていく。〈It is …＋to＋動詞の原形〉は「～するのは…です」という意味。howやwhatの疑問詞のあとに〈to＋動詞の原形〉が続くと，「どのように～するか」「何を～すべきか」という意味になる。

❷ Machu Picchu in Peru is a very beautiful place. It is recognized as a World Heritage Site. People often call it the "city in the sky" because it is in a very high place in the Andes Mountains.

英作力 UP♪　その場所についての情報を短い文で表せるよう整理する。どこの国，または地域にあるのか，どのような印象を受ける場所なのかといった内容は書き始めやすい。どのような場所にあり，だれが建てたのか，どれだけの人がそこを訪れるかなどの情報を盛り込むとよい。また，その場所が何か特別な名前で呼ばれているのであれば，〈call＋A＋B〉「AをBと呼ぶ」の形でも表せる。

❸ We must protect the Earth. We should use water more carefully. I am going to go to the beach cleaning event next Sunday. Do you want to join me?

英作力 UP♪　「～しなければならない」という意味の助動詞must，「～すべきである」という意味の

助動詞shouldや，「～するつもりです」など未来を表す表現方法を使って条件に合うように書く。家族に提案，誘うような文を入れるなどさまざまな言い方を試して書いてみる。

❹ I want to win the Akutagawa Prize by the age of 18. The Akutagawa Prize is one of the most famous book prizes in Japan. In 2003, a 19-year-old woman won the prize. It is important to get the prize because I want to be a writer in the future. I want to be the youngest winner in history.

英作力 UP♪　具体的な目標を，それを達成したい年齢も考えて文を作る。by the age of ～, before I am ～ years oldで「～歳までに」という意味。理由を示す文は，becauseでつなげてもよいし，〈It is …＋to＋動詞の原形〉「～するのは…です」という意味の文で説明してもよい。60語程度という語数制限に合うように，自分の考えを述べる。

❺ 1. Ami is the best tennis player of the four. / Amy is the most popular character of the four. 2. I like Kevin better than Takaya. / Kevin is older than Ami. / Kevin is as tall as Amy. 3. I think Ami is nicer than Amy. / Takaya is a better baseball player than Kevin.

英作力 UP♪　「AはBよりも…だ」，「Aは～の中で最も…だ」といった文を作る。形容詞や副詞の語尾にer, estをつけて比較級・最上級を表す。長い形容詞にはmoreやmostをつける。また，good-better-best, little-less-least などの不規則変化する語も覚える。

❻ I'm going to visit Australia with my family during summer vacation. I want to go to the beach. I will eat delicious dinner. I am looking forward to going to Australia.

英作力 UP♪　まず質問への返答として，「～へ行く予定です」という文を〈be going to＋動詞の原形〉で作る。次に，そこで何をするつもりなのか，あるいは何がしたいのか，旅行前には何を用意しようと思っているのかなど，実際にある場所を想

定して書いたり，空想の場所を思い描いて書いた
りしてもよい。ただし，イラストに合うように書
くよう気を付けること。

赤シート✕直前対策！

ぴた
トレ

mini book

テストに出る！

重要文
重要単語
チェック！

三省堂版　英語2年

赤シートでかくしてチェック！

⬅ 「ぴたトレ mini book」は取り外してお使いください。

重要文 チェック！

●赤字の部分に注意し，日本語を見て英文が言えるようになりましょう。
●英文が言えるようになったら，□に✓(チェックマーク)を入れましょう。

過去進行形

□私はそのときテレビを見ていました。 — I was watching TV then.

□彼らは昨夜，数学を勉強していました。 — They were studying math last night.

□ビルは9時に野球をしていませんでした。 — Bill was not playing baseball at nine.

□彼はそのとき本を読んでいましたか。 — Was he reading a book at that time?

　―はい，読んでいました。/ — — Yes, he was. / No, he was not.

　いいえ，読んでいませんでした。

未来の表現

□彼は来週，おばを訪ねるつもりです。 — He is going to visit his aunt next week.

□私はバスに乗るつもりはありません。 — I am not going to take a bus.

□リカはケーキを作るつもりですか。 — Is Rika going to make a cake?

　―はい，作るつもりです。/ — — Yes, she is. / No, she is not.

　いいえ，作るつもりはありません。

□あなたは明日，何をするつもりですか。 — What are you going to do tomorrow?

□彼は来月，京都を訪れるでしょう。 — He will visit Kyoto next month.

□私の弟はこの本を読まないでしょう。 — My brother will not read this book.

□あなたはカメラを買うつもりですか。 — Will you buy a camera?

　―はい，買うつもりです。 — — Yes, I will.

□彼らは今日大阪に滞在するでしょうか。 — Will they stay in Osaka today?

　―いいえ，滞在しないでしょう。 — — No, they will not.

助動詞 / have to

□私は英語を勉強しなければなりません。 — I have to study English.

□彼は一生懸命ギターを練習しなければな — He has to practice the guitar hard.
りません。

□トモコは今日，彼女のお母さんを手伝わなくてよいです。	Tomoko does not have to help her mother today.
□あなたは今夜，宿題を終えなければなりませんか。	Do you have to finish your homework tonight?
―はい，終えなければなりません。	— Yes, I do.
□私は明日，働かなければなりません。	I must work tomorrow.
□ドアを開けてはなりません。	You must not open the door.
□私たちは走らなければなりませんか。	Must we run?
―いいえ，走らなくてよいです。	— No, you don't have to.
□あなたは部屋をそうじするべきです。	You should clean your room.
□窓を開けてもらえますか。	Will you open the window?
□あなたのかばんを運びましょうか。	Shall I carry your bag?
□パーティーに行きませんか。	Shall we go to the party?
□この電話を使ってもろしいですか。	May I use this phone?

不定詞

□私の兄は音楽を聞くのが好きです。	My brother likes to listen to music.
□彼らは走るために公園へ行きました。	They went to the park to run.
□私には何か飲むものが必要です。	I need something to drink.

動名詞

□私たちはテニスをして楽しみました。	We enjoyed playing tennis.
□海で泳ぐことは楽しいです。	Swimming in the sea is fun.
□私の趣味はケーキを作ることです。	My hobby is making cakes.
□ユミはピアノをひくのが得意です。	Yumi is good at playing the piano.

接続詞

□私が電話したとき，彼は眠っていました。	He was sleeping when I called him.
□私は，彼は野球が上手だと思います。	I think that he is a good baseball player.
□もし質問があれば，私にたずねてください。	If you have any questions, please ask me.

There is[are] ~.

□窓の近くにベッドがあります。　　　There is a bed near the window.

□その動物園には5匹のコアラがいます。　There are five koalas in the zoo.

□箱の中にはボールが1つもありません。　There are not any balls in the box.

□机の上にペンがありますか。　　　Is there a pen on the desk?

　―はい，あります。／　　　　　― Yes, there is. / No, there is not.

　いいえ，ありません。

いろいろな文

□あなたは今日，幸せそうに見えます。　You look happy today.

□その計画はよさそうに聞こえます。　The plan sounds good.

□ケンは有名な歌手のように見えます。　Ken looks like the famous singer.

□私の父が私にこの本をくれました。　My father gave me this book.

□私の母は私にCDを買ってくれました。　My mother bought me a CD.

□私にあなたの写真を見せてください。　Please show me your pictures.

比較表現

□タカシはマコトよりも年上です。　Takashi is older than Makoto.

□この鳥はあの鳥より美しいです。　This bird is more beautiful than that one.

□私はジムより速く泳ぐことができます。　I can swim faster than Jim.

□これはすべての中で最も難しい質問です。　This is the most difficult question of all.

□この車は4台の中で最も速く走ります。　This car runs the fastest of the four.

□私の家はトムの家と同じくらい広いです。　My house is as large as Tom's.

□私たちは 5 年間大阪に住んでいます。.	We have lived in Osaka for five years.
□彼は 3 年間中国語を勉強しています。	He has studied Chinese for three years.
□私は昨日から神戸にいます。	I have been in Kobe since yesterday.
□あなたは長い間東京に住んでいるのですか。	Have you lived in Tokyo for a long time?
—はい，住んでいます。/	— Yes, I have. / No, I have not.
いいえ，住んでいません。	
□あなたはどのくらい日本にいますか。	How long have you been in Japan?
—10年間です。	— For ten years.
□私は以前その絵を見たことがあります。	I have seen the picture before.
□エミは今までに北海道に行ったことがありますか。	Has Emi ever been to Hokkaido?
□私はそんなに悲しい話を一度も聞いたことがありません。	I have never heard such a sad story.
□私の父はちょうど仕事を終えたところです。	My father has just finished his work.
□私はまだ昼食を食べていません。	I have not had lunch yet.
□あなたはもう部屋をそうじしましたか。	Have you cleaned your room yet?

教科書 pp.6 〜 7

Starter

☐	anyone	[肯定文で]だれでも
☐	around	〜のあちらこちらを
☐	author	著者
☐	character	登場人物
☐	clever	頭のいい
☐	come from	〜から生じる
☐	detective	探偵
☐	fact	事実
☐	famous	有名な
☐	get into	〜になる
☐	hair	髪の毛
☐	investigate	調査する
☐	job	仕事
☐	letter	手紙
☐	main	おもな
☐	man	男性
☐	middle	真ん中(の)
☐	naughty	いたずら好きな
☐	origin	起源，はじまり
☐	popular	人気のある
☐	series	シリーズ
☐	sick	病気の
☐	sister	姉妹
☐	situation	立場，状態

☐	story	話，物語
☐	strange	奇妙な
☐	trouble	やっかいな事態
☐	wrote	writeの過去形

Lesson 1

☐	adventure	冒険
☐	among	~の間に[で, の]
☐	anything	[疑問文・否定文で]何か, [否定文で]何も(~ない)
☐	article	記事
☐	away	別の場所へ, (遠くへ)去って
☐	because	(なぜなら)~だから
☐	caught	catchの過去形, 過去分詞
☐	clear	晴れた
☐	came	comeの過去形
☐	comfortable	ここちよい
☐	district	地方, 地域
☐	found	findの過去形, 過去分詞
☐	frustrated	不満を持っている
☐	happen	起こる, 生じる
☐	hid	hideの過去形, 過去分詞
☐	hope	希望する, 望む
☐	if	もし~ならば
☐	important	重要な
☐	just	ほんの, ちょっと
☐	lend	貸す
☐	lonely	孤独な, ひとりぼっちの
☐	more	もっと多くの

☐	never	決して~ない
☐	once	かつて, 昔
☐	outside	外へ[で]
☐	recently	最近
☐	rush	勢いよく走る
☐	safe	安全な
☐	scared	おびえた
☐	shout	叫ぶ
☐	someday	いつか
☐	spoke	speakの過去形
☐	surprising	驚くべき, 意外な
☐	test	試験
☐	thrilling	スリル満点の
☐	trouble	やっかいな事態
☐	useful	便利な, 役に立つ
☐	wonder	かしら(と思う)
☐	worried	不安で, 心配して

Take Action! Listen 1

☐	back	もとのところへ
☐	borrow	借りる
☐	machine	機械
☐	pay	支払う

Take Action! Talk 1

☐	award	賞
☐	forest	森林
☐	true	本当の

GET Plus 1

☐	afraid	こわがって
☐	try on	試しに着てみる

Lesson 2

☐	abroad	外国に[で，へ]，海外に[で，へ]
☐	achieve	手に入れる，達成する
☐	became	becomeの過去形
☐	better	もっとよい
☐	collect	集める
☐	connect	結びつける
☐	farming	農業
☐	forget	忘れる
☐	grow	育つ
☐	happiness	幸福
☐	health	健康
☐	ideal	理想的な
☐	improve	改善する
☐	interest	興味，関心
☐	market	市場
☐	near	近く
☐	overseas	海外へ
☐	pass	合格する
☐	reason	理由
☐	report	報告
☐	return	戻る，返す
☐	search	さがす，調べる

☐	sell	売る
☐	something	何か
☐	soon	すぐに
☐	space	宇宙
☐	such	そのような
☐	tourist	旅行者，観光客
☐	travel	旅行する
☐	visitor	観光客，訪問者
☐	voice	声
☐	way	方法，やり方
☐	without	～なしで

Project 1

☐	lyric	歌詞
☐	tell	話す，言う

Take Action! Listen 2

☐	board	板，台

Take Action! Talk 2

☐	agree	賛成する
☐	along	～に沿って
☐	doubt	疑い，疑念
☐	idea	考え

Word Bank

☐	impossible	不可能な
☐	necessary	必要な
☐	possible	可能な，実行できる

教科書 pp.39 ～ 50

Lesson 3

☐	air	空気
☐	bamboo	竹
☐	bookshelf	本だな
☐	build	建てる
☐	count	数える
☐	eco-friendly	環境にやさしい
☐	electricity	電気
☐	else	ほかに
☐	enough	十分な
☐	excellent	優れた
☐	fiber	繊維
☐	finally	最後に，ついに
☐	fog	霧
☐	gather	集まる
☐	heard	hearの過去形，過去分詞
☐	heartwarming	心温まる
☐	hiking	ハイキング
☐	however	しかしながら
☐	including	～を含めて
☐	knit	編む
☐	lack	不足
☐	large	大きい
☐	material	材料
☐	moist	湿気のある
☐	mystery	ミステリー
☐	natural	自然の
☐	net	網
☐	part	地域
☐	point	要点
☐	pot	つぼ
☐	process	過程
☐	provide	供給する
☐	recommend	推奨する
☐	round	丸い
☐	sign	標識，看板
☐	simple	簡単な
☐	solution	解決策
☐	tiny	とても小さい
☐	unique	独特な
☐	valley	谷
☐	vapor	蒸気
☐	vote	投票する
☐	waste	無駄に使う
☐	wood	小さな森

GET Plus 3

☐	must	～しなければならない
☐	rule	規則，ルール

Word Bank

☐	double	2人で，2倍に
☐	obey	従う
☐	traffic	交通

Lesson 4

☐	act	行動する
☐	actually	実は
☐	ancestor	先祖
☐	area	地域，地方
☐	attract	〜を引きつける
☐	aunt	おば
☐	before	〜する前に
☐	coat	コート
☐	confused	困惑した
☐	consider	よく考える
☐	deeply	深く
☐	everything	すべてのこと[もの]
☐	explorer	探検家
☐	giant	巨大な
☐	glad	うれしい
☐	heritage	遺跡
☐	hurt	傷つける
☐	instead	その代わりに
☐	invite	招待する
☐	itself	それ自身を[に]
☐	law	法律
☐	native	その土地に生まれた
☐	plant	植物
☐	protect	守る，保護する

☐	site	場所
☐	skill	技術，技能
☐	society	社会
☐	spend	(時間を)過ごす
☐	sunrise	日の出
☐	sunset	日没
☐	tradition	伝統

Take Action! Listen 3

☐	gate	門，搭乗口
☐	immediately	すぐに，ただちに
☐	passenger	乗客

Take Action! Talk 3

☐	accident	事故
☐	boat	ボート
☐	row	列

GET Plus 4

☐	note	メモ，覚書

Word Bank

☐	feeling	気持ち
☐	express	表現する
☐	finish	終わらせる
☐	raise	上げる
☐	uniform	制服

READING FOR FUN 1

☐	a few	少しの
☐	ah	ああ！まあ！
☐	awful	とても悪い
☐	be back	帰る
☐	be in trouble	トラブルに巻き込まれている
☐	believe	信じる
☐	broke	breakの過去形
☐	careful	注意深い
☐	check out	調べる
☐	clean	きれいにする
☐	empty	からの
☐	floor	床
☐	kid	冗談を言う
☐	master	和尚
☐	must	～にちがいない
☐	ourselves	私たち自身を
☐	poison	毒
☐	punish	罰する
☐	ring	鳴る
☐	Shall I ～?	～しましょうか。
☐	shelf	たな
☐	shut	閉める
☐	smell	～のにおいがする

☐	special	特別の
☐	stuff	もの
☐	sugar	砂糖
☐	Wait a minute.	ちょっと待って
☐	wipe	ふく
☐	worry	心配する

Lesson 5

☐	although	～だけれども
☐	attach	付ける，添付する
☐	choice	選択
☐	chose	chooseの過去形
☐	colorful	色彩に富んだ
☐	compare	比べる，比較する
☐	country	国
☐	couple	2.3つ
☐	daughter	娘
☐	deep	深い
☐	detail	細部，詳細
☐	expensive	高価な，高い
☐	fee	料金
☐	file	ファイル
☐	flavor	味，風味
☐	foreign	外国の
☐	further	それ以上の，さらなる
☐	half	半分
☐	heavy	重い
☐	island	島
☐	keep	保つ，続ける
☐	list	一覧表，リスト
☐	look forward to	～を楽しみに待つ
☐	loud	大声で
☐	member	会員，メンバー

☐	most	最も，いちばん
☐	north	北(の)
☐	offer	～を提供する
☐	opportunity	機会
☐	organize	組織する
☐	participate	参加する
☐	prefecture	県
☐	quite	ほんとうに，とても
☐	relax	くつろぐ
☐	seafood	海鮮
☐	south	南(の)
☐	summary	要約
☐	than	～よりも
☐	valuable	高価な
☐	young	若い
☐	yourself	あなた自身を[に，で]

Take Action! Listen 4

☐	anniversary	記念日

Word Bank

☐	arrange	整える
☐	fold	折りたたむ

Project 2

☐	landscape	景色，風景
☐	result	結果
☐	survey	調査

Lesson 6		
☐ active	活発な	
☐ Asia	アジア	
☐ been	beの過去分詞	
☐ cutout	切り抜き（絵）	
☐ dragon	ドラゴン	
☐ east	東（の）	
☐ Europe	ヨーロッパ	
☐ expert	専門家	
☐ for a long time	長い間	
☐ generally	一般的に	
☐ gift	贈り物	
☐ humid	湿気の多い	
☐ in this way	このようにして	
☐ jazz	ジャズ	
☐ kept	keepの過去形，過去分詞	
☐ known	knowの過去分詞	
☐ lead	主要な	
☐ leaf	葉	
☐ manager	管理する人，監督	
☐ meal	食事	
☐ medicine	薬	
☐ nearly	ほとんど，ほぼ	
☐ owl	フクロウ	
☐ plenty	たくさん	
☐ prepare	準備をする	

☐ ready	用意ができて	
☐ rich	豊かな	
☐ roast	焼く，あぶる	
☐ root	ふるさと，ルーツ	
☐ since	以来	
☐ sincerely	心から，敬具	
☐ stress	ストレス	
☐ towel	タオル	
☐ type	類，型，タイプ	
☐ wrap	包む	

Take Action! Listen 5		
☐ centimeter	センチメートル	
☐ escape	逃げる	
☐ meter	メートル	
☐ staff	職員	

Take Action! Talk 5		
☐ appreciate	感謝する	
☐ matter	困った事	
☐ pocket	ポケット	
☐ train	列車，電車	

Word Bank		
☐ copy	コピー，複製	
☐ handout	プリント	
☐ hint	ヒント	
☐ slowly	ゆっくりと	
☐ volume	音量	

13

重要単語 チェック！ **Lesson 7** ~ Take Action! Talk 6

教科書 pp.105 ~ 116

Lesson 7

☐	arrive	到着する
☐	annual	毎年の
☐	balance	バランスをとる
☐	bass	ベース
☐	begin	始まる
☐	beginner	初心者
☐	common	ふつうの，よくある
☐	continue	続ける
☐	conversation	会話
☐	custom	習慣
☐	difference	ちがい
☐	difficulty	困難，難しさ
☐	done	doの過去分詞
☐	ever	今までに
☐	explain	説明する
☐	following	次の
☐	front	前(の)
☐	hall	会館
☐	humor	ユーモア，おかしさ
☐	joke	冗談
☐	laugh	笑う
☐	laughter	笑い
☐	lucky	幸運な
☐	manners	マナー，行儀
☐	only	たった，ほんの

☐	opinion	意見
☐	peaceful	平和な，おだやかな
☐	pleasure	喜び
☐	represent	表す
☐	seen	seeの過去分詞
☐	sense	感覚
☐	sent	sendの過去形，過去分詞
☐	single	たった１つの
☐	someone	だれか
☐	spread	広める
☐	stretch	伸ばす
☐	tour	旅行，ツアー
☐	twice	２回，２度，２倍
☐	worn	wearの過去分詞
☐	yet	[疑問文で]もう，[否定文で]まだ

Take Action! Listen 6

☐	both	両方
☐	connection	関係，つながり
☐	plus	～を加えた
☐	quality	品質
☐	should	～すべきである

Take Action! Talk 6

☐	might	～かもしれない

重要単語 チェック！ Project 3 ～ READING FOR FUN 2

教科書 pp.118 ～ 125

Project 3

☐	adult	おとな
☐	advertise	宣伝する
☐	brought	bringの過去形, 過去分詞
☐	chance	機会
☐	decrease	減る
☐	environment	環境
☐	focus	集中する
☐	grass-roots	草の根の
☐	host	(会などを)主催する
☐	international	国際的な
☐	musical	音楽の
☐	musician	音楽家
☐	past	過去
☐	poor	貧乏な
☐	product	製品
☐	several	いくつかの
☐	used to	以前は～であった

READING FOR FUN 2

☐	add	加える
☐	alone	ひとりで
☐	businessman	実業家
☐	describe	記述する
☐	desert	砂漠
☐	earth	地球

☐	either	～もまた
☐	exactly	正確に, そのとおりです
☐	explore	探検する
☐	geographer	地理学者
☐	go away	行ってしまう
☐	good afternoon	こんにちは
☐	million	百万(の)
☐	nothing	何も～ない
☐	notice	気がつく
☐	order	命じる, 言いつける
☐	permission	許可
☐	planet	惑星
☐	quick	速い
☐	sadly	残念ながら
☐	simply	ただ単に
☐	somebody	だれか
☐	total	合計
☐	yawn	あくびをする

三省堂版・中学英語2年